铁路专业系列教材

铁路电力

中国国家铁路集团有限公司工电部　主编

中国铁道出版社有限公司

2025年·北京

内 容 简 介

为加强铁路专业技术和技能人才队伍建设，增强铁路职业教育和技术业务培训的系统性、针对性，中国国家铁路集团有限公司组织编写了铁路专业系列教材。

《铁路电力》为铁路专业系列教材之一，全书包含铁路电力概述，铁路电力设备，运行与管理，铁路电力安全工作，铁路施工管理与新线建设，典型案例，职工队伍建设等内容。

本书既可作为高等职业学校铁道类相关专业基本教材，又可作为普通高等学校铁路专业入门教材，同时也可作为铁路企业管理人员、专业技术人员、技能人员岗位培训和业务学习参考用书。

图书在版编目（CIP）数据

铁路电力/中国国家铁路集团有限公司工电部主编．—北京：中国铁道出版社有限公司，2022．8（2025．1 重印）

铁路专业系列教材

ISBN 978-7-113-29186-0

Ⅰ．①铁…　Ⅱ．①中…　Ⅲ．①铁路工程-电力工程-教材　Ⅳ．①U221

中国版本图书馆 CIP 数据核字（2022）第 095840 号

书　　名：铁路电力
作　　者：中国国家铁路集团有限公司工电部

责任编辑：田　甜　　　**编辑部电话：**（010）51873116
封面设计：崔丽芳
责任校对：苗　丹
责任印制：高春晓

出版发行：中国铁道出版社有限公司（100054，北京市西城区右安门西街 8 号）
网　　址：https://www.tdpress.com
印　　刷：北京联兴盛业印刷股份有限公司
版　　次：2022 年 8 月第 1 版　2025 年 1 月第 6 次印刷
开　　本：787 mm×1 092 mm　1/16　**印张：**16.5　**字数：**371 千
书　　号：ISBN 978-7-113-29186-0
定　　价：50.00 元

前言

为加强铁路专业技术和技能人才队伍建设，增强铁路职业教育和技术业务培训的系统性、针对性，在全国铁道职业教育教学指导委员会指导下，中国国家铁路集团有限公司组织编写了铁路专业系列教材。

近年来，随着我国铁路事业的快速发展，铁路技术装备加快升级，铁路生产组织、作业方式、作业规章发生了较大变化，对铁路专业技术及技能人才的知识结构、技能结构提出了更高要求。从对院校铁路专业教学调研的情况看，部分院校专业教材存在知识老化、与现场岗位技能要求脱节的问题，影响了铁路技能人才培养质量。中国国家铁路集团有限公司组织编写本套教材，旨在引导院校加强铁路主专业建设，将铁路企业现场新技术、新规章、新技能融入专业教材中，指导院校完善课程体系，改进专业教学，提高铁路人才队伍源头培养质量。

本套教材由中国国家铁路集团有限公司各业务部门组织铁路企业专业技术人员及院校专家共同编写，历时一年完成。在教材编写过程中，广泛征求了铁路企业和院校专家意见，并经多次修改完善。整套教材紧扣铁路现代化发展，系统梳理了近年来我国铁路发展特别是高速铁路发展理论和实践经验，全面概括了铁路各专业学科的基本内容、基本要求，是我国铁路专业教材建设的重要成果。本教材有以下主要特点：

第一，系统性。系列教材涵盖铁路主要行车工种对应的行车、客运、货运、机务、车辆、动车组、工务、信号、通信、供电等各专业，编写思路清晰，结构科学严谨。通用教材与专业教材承接紧密，各专业教材之间协调互补，构建了全面、系统的铁路专业知识体系，反映了铁路专业学科特色和基本要求。

第二，权威性。坚持专业领航、产教融合、校企合作，组建“企业（技术管理、运营维护、科学研究、生产制造）+院校”的编写团队，由中国国家铁路集团有限公司各业务部门牵头把关，组织来自铁路局集团公司、铁科院集团公司、高等学校、高职院校以及生产制造企业的数百名专业人士，潜心撰写，深入研讨，既有理论阐释，又有现场作业演示，全方位、多视角呈现了铁路专业学科知识。

第三，实用性。坚持学以致用，注重对最新规章标准文件的运用和解读，针对铁路现场岗位技能要求，确保教材内容与铁路运输岗位标准相契合，突出铁路职工岗位必知必会内容。本套教材减少大篇幅的理论推导和施工报告式的工艺流程堆砌，避免晦涩难懂的专业术语和理论运算，体现实用性和可读性相互兼顾。根据普通高校、职业院校和铁路职工岗位专业学习的特点，系列教材既有一般教材的共性，又有铁路专业学科的知识体系、逻辑结构和体例风格，特别是结合现场工作要求，突出岗位技能，使广大师生和铁路从业人员学得懂、用得上。

第四，融合性。坚持融合出版，本套教材收入了大量的现场设备及现场作业实景图片，图文并茂，生动易懂。在编写和出版过程中，积极运用“互联网+职业教育”的思维方法，推动传统教学理论变革，打造立体化新型教材，推进学术性与知识性结合。同时，充分运用现代信息技术，融合电子图书、课程视频、知识库等多种数字资源，进一步丰富教材内容，通过手机浏览器扫描二维码，下载安装教材 App，获得电子教材与规章标准数据联通共享，知识内容检索等增值服务，便于读者深入学习和拓展阅读。

本套教材既可作为高等职业学校铁道类专业基本教材，又可作为普通高等学校铁路专业入门教材，同时也可作为铁路企业管理人员、专业技术人员、技能人员岗位培训和业务学习参考用书。

本书为《铁路电力》，包含铁路电力概述，铁路电力设备，运行与管理，铁路电力安全工作，铁路施工管理与新线建设，典型案例，职工队伍建设等内容。

本书由中国国家铁路集团有限公司工电部主编。参加编写的人员有：中国国家铁路集团有限公司工电部李焱、乔凯庆，北京局集团公司腾飞、张诚（第一章、第二章）；上海局集团公司赵融、芈赞、孙元新、张力、朱磊（第三章、第六章、第七章）；哈尔滨局集团公司董琳，南宁局集团公司谭贵宾、陈志勇（第四章）；西安局集团公司王琳（第五章第一节）；南昌局集团公司梁青、熊彪（第五章第二节）。审定人员有：中国国家铁路集团有限公司韦友春、郭小青、安拓，沈阳局集团公司葛涛，广州局集团公司蒋明、冯湘波，郑州局集团公司刘庆伟、亢筱涵，天津铁道职业技术学院杨乐、张凤。

本书在编写过程中得到了天津铁道职业技术学院、铁科院集团公司和各铁路局集团公司的大力支持，在此一并表示感谢。

由于编者水平有限，书中难免有遗漏和不妥之处，诚请读者批评指正。

编　者

2022 年 7 月

目录

第一章

铁路电力概述

学习任务

铁路是国民经济发展的大动脉，而电力则为铁路运输生产提供重要的能源，是铁路的重要组成部分。铁路电力系统对提高铁路的运输能力以及保障行车安全起着非常重要的作用，其供电可靠性直接关系到铁路设备运行稳定与铁路运输的畅通，提供安全、稳定、可靠的电源，是铁路电力工作的基本任务。

本章从铁路电力输配电网络的组成结构，铁路电力的特点、负荷等级、管辖范围和供电指标，铁路电力贯通线的运行和维护方式，铁路电力系统的接地方式及其特点，高速铁路全电缆贯通线外铠和金属屏蔽层接地方式及其特点等方面进行介绍。

通过学习，了解铁路电力输配电的基本知识，掌握电力贯通线的运行维护方式及铁路电力系统的接地方式，掌握高速铁路全电缆贯通线外铠和金属屏蔽层的接地方式及特点，以提高对铁路电力的认识。

第一节　铁路电力输配电网络

铁路电力的作用是把从国家电网取得的电能，通过输电、变电、配电等技术措施，供给铁路运输车站、枢纽、站段等地面处所的信号、通信、道岔、调度等用电设备使用。

铁路电力具有特殊性，由于铁路运输是连续的，哪怕一个车站（信号）的停电，也可能打乱整条铁路线的运输秩序，造成列车晚点，甚至引发设备故障。为此，铁路建立了独立的、庞大的输、变、配电网络，以保证铁路沿线车站、枢纽、信号、通信、动车段、调度所等关键处所的供电可靠性。

输电：长距离输送电能。电压越高，输送距离越长。铁路电力一般采用 35 kV 或 10 kV。

变电：在用电处所，通过降压变压器将中高电压变为用户使用的 380 V/220 V 电压。

配电：通过配电柜将电能分配给各个用户使用，标志是“一电源多馈出”。

铁路电力沿铁路线平均 50 ~ 60 km 设置 1 座中高压变配电所，从国家电网取得外部电源,通过电力贯通线将各所连接起来,形成输电网络;沿线用电处所设置低压变电所、箱式变电站,从电力贯通线接引电源,通过所内、箱内配电柜供给铁路用电设备使用。

铁路枢纽、站区、动车段、调度所等关键地区,单独设置中高压变配电所,通过环网形式为这些处所提供可靠电源。

为保证铁路电力输、变、配电网络的可靠运行,及时排除故障并恢复无故障区段供电,铁路同步建设了电力远程监控 SCADA 系统,高速铁路电力由铁路局集团公司电调中心负责监控网络运行,普速铁路由供电段调度中心负责监控网络运行。其网络运行示意如图 1-1 所示(图中箱变为箱式变电站的简称,下文同)。

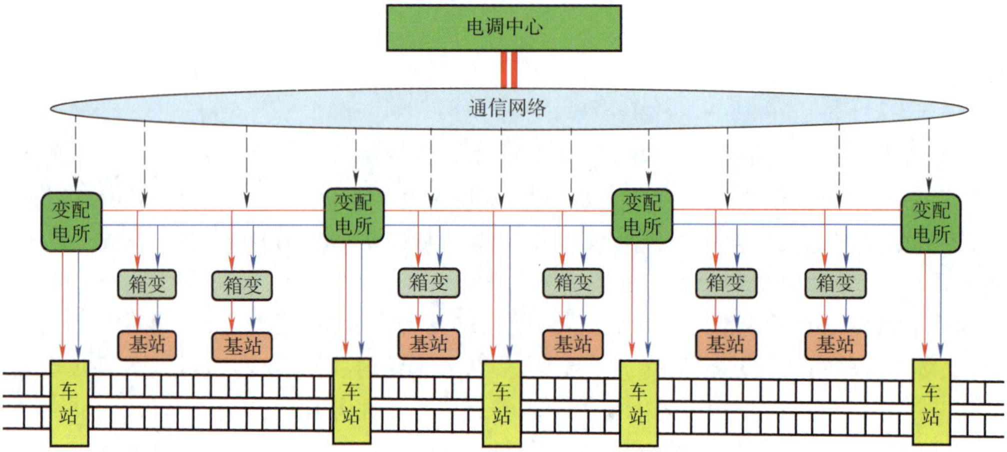

图 1-1 电调监控网络运行示意

截至"十三五"末,铁路电力输变配电网络基本覆盖全路,如图 1-2 所示,共有中高压电力线路约 30 万 km,其中高速铁路电缆贯通线约 8 万 km,普速电力贯通线约 16 万 km,低压配电线路约 10 万 km;电力高压变配电所 3 000 余座,低压变电所和箱式变电站 4 万余座。

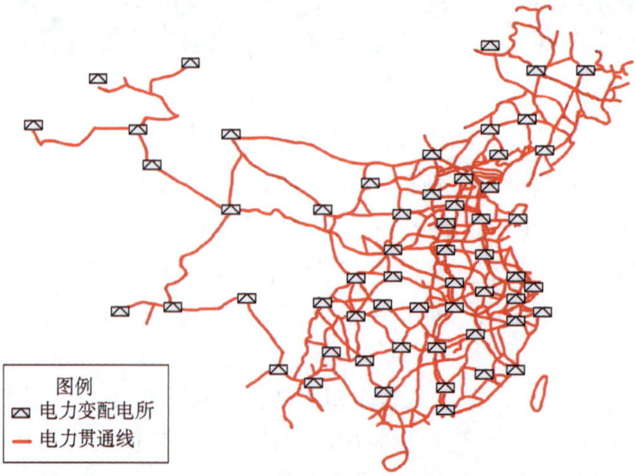

图 1-2 铁路电力输变配电网络示意

第二节 铁路电力的特点

一、电力贯通线特点

1. 电力贯通线具备分别从两个方向供电，主备运行，因此，不惧怕其中一座变配电所外电源停电。如图 1-3 所示，当变配电所 A 外部电源停电，供电臂 AB 间电力贯通可由变配电所 B 供电；反之，若变配电所 B 外部电源停电，可由变配电所 A 供电，两者互为备用。

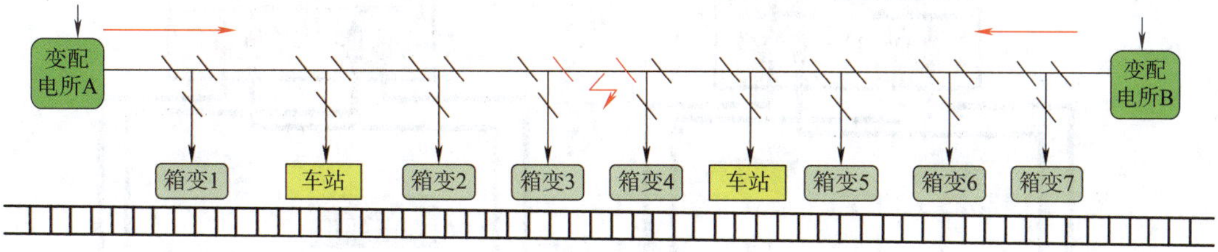

图 1-3 电力贯通线路示意

2. 当某个区段发生故障时，将导致变配电所保护跳闸，整个供电臂无电，故障抢修首先切断故障点两侧开关，隔离故障区段，即可恢复无故障区段供电，保证所有用电设备的供电。因此，不惧怕线路“单点”故障。如图 1-3 所示，在箱变 3 与箱变 4 之间发生“单点”故障，则首先断开故障点两侧开关，变配电所 A 通过贯通线送电至箱变 3，变配电所 B 通过贯通线送电至箱变 4，能最快速度恢复无故障区段供电，保障所有用电设备的供电。

3. 铁路车站、信号、通信等重要负荷需要双电源，为此，修建了双回贯通线，如图 1-4 所示。

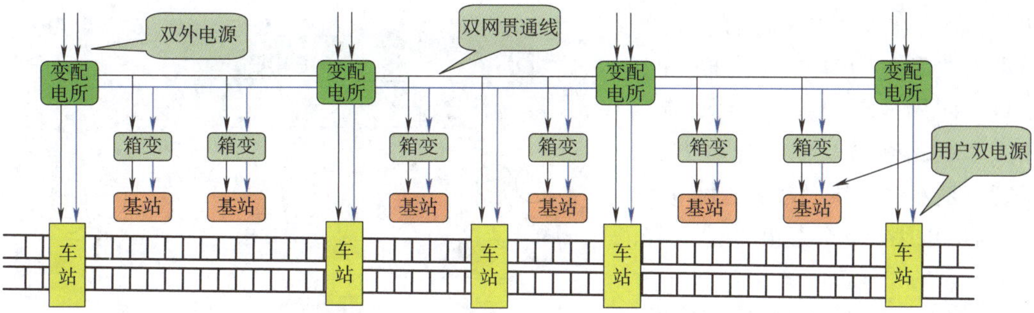

图 1-4 双回贯通线示意

4. 普速铁路电力贯通线以架空线为主，运行中绝大部分故障发生在恶劣天气（风雨雷电雾露冰霜）下。高速铁路采取了“线路入地（全电缆贯通线）、设备进屋（低压变电所或箱式变电站）、全程监控（SCADA 远程监控系统）”措施，全面提高了电力输配电网络抗击“风雨雷电雾露冰霜”等自然灾害的能力，具有“不会因为外电源停电、输电线路故障或一台设备故障而导致用电负荷停电，故障情况下通过电调远程操作能够快速恢复非故障设备供电”的明显特点，有效地提高了供电安全的可靠性。

二、枢纽、站场环形供电特点

铁路编组站、动车段等大型场所的生产用电一般采用环形供电方式，从变配电所两段馈出母线分别引出站馈回路，组成环状网络，线路中间设置高压开关。高速铁路涉及的地区设置双环网，保证用电设备双路电源。供电特点与贯通线互供方式相似。供电方式如图 1-5 所示。

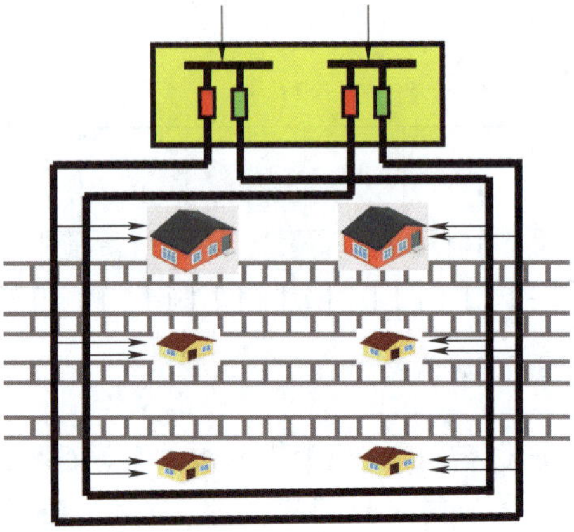

(a)“闭环”运行　　(b)“开环”运行

图 1-5　供电方式示意

三、放射式供电

放射式供电是供电设备设置在中间，而负载遍布在周围的方式。这种方式下电力是在中心部位的，形成向四周放射的形式，主要应用于大型铁路客站及低压配电方面，其特点是专盘专线，线路、设备故障只影响本回路，不会影响其他负载，是最可靠的供电方式。

1. 主要应用于大型铁路客站，如图 1-6 所示。

2. 铁路一般应用于低压配电，如图 1-7 所示。

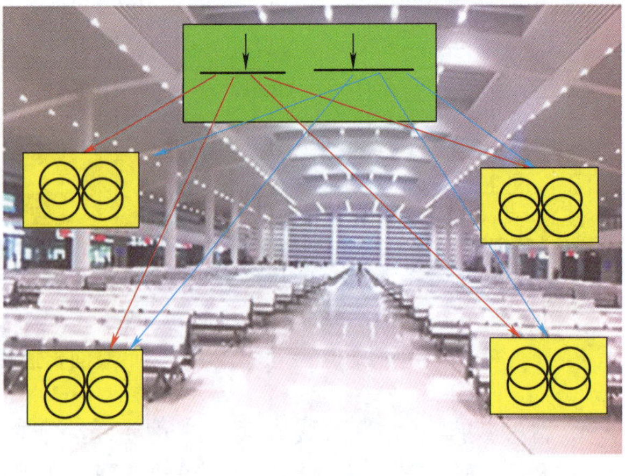

图 1-6　大型铁路客站放射式供电

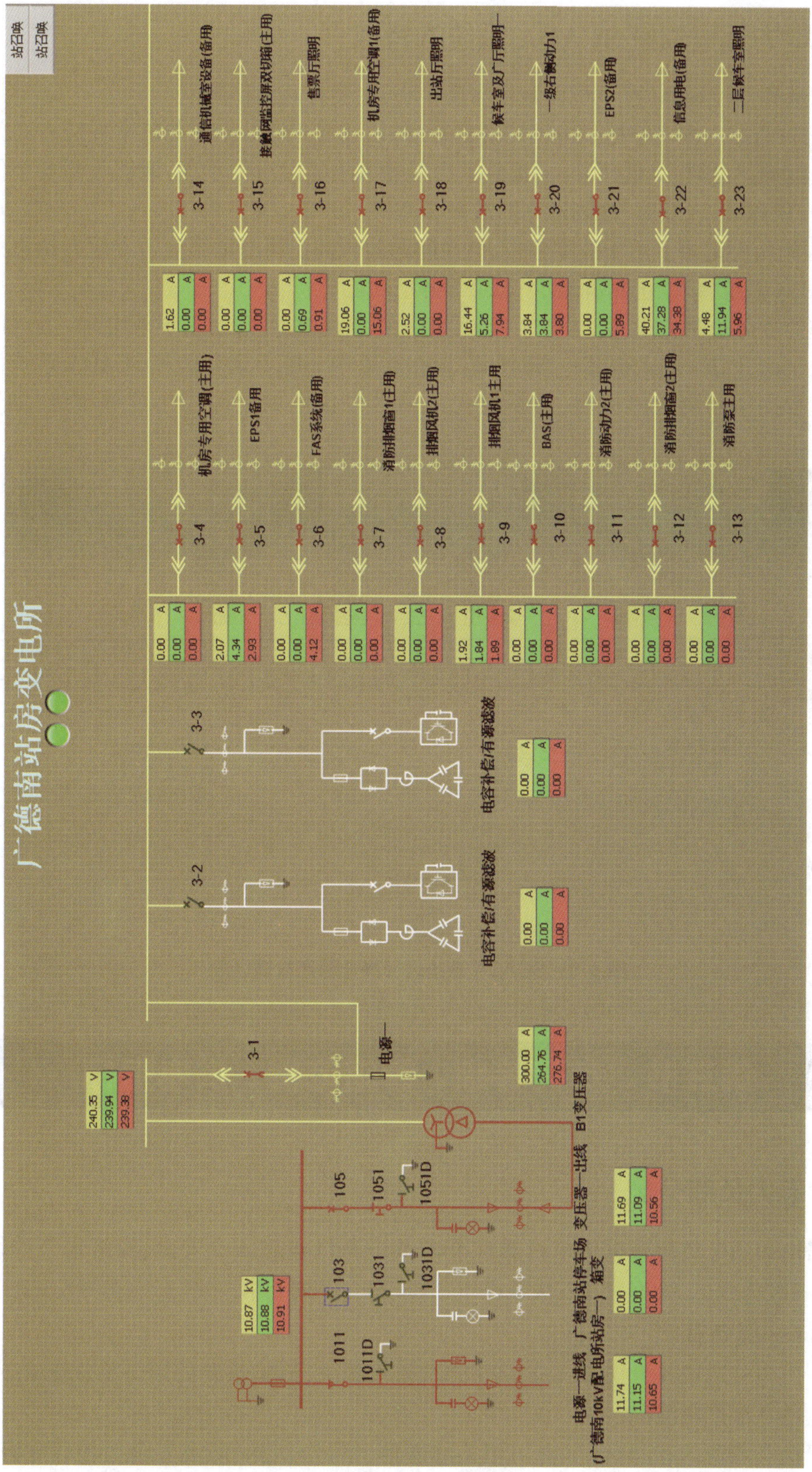

图 1-7 低压配电放射式供电

四、电力远程监控 SCADA 系统的特点

电力远程监控 SCADA 系统设置在电调中心，主要有两大作用：

1. 实时监控。准确掌握供电网络的运行参数（电流、电压等）；准确掌握所有高低压开关位置；能够远程操控高低压开关，提供了远程隔离故障区段的手段；能够收集各个供电处所的报警、故障录波，及时、准确地判断故障类型等。

2. 调阅历史记录。用于故障分析、惯性问题的研判。第二章第三节专题介绍电力远程监控 SCADA 系统，该系统具有显示、记录等各项功能。

传统的故障抢修方式，需要电力工人沿途操作隔离故障区段，由于平均 50～60 km 设置一个电力工区，因此，绝大部分抢修时间耽误在路途中。电力远程监控 SCADA 系统可以在电调台远程操作隔离故障区段，将恢复无故障区段供电的时间缩小到分钟级，如图 1-8 所示。

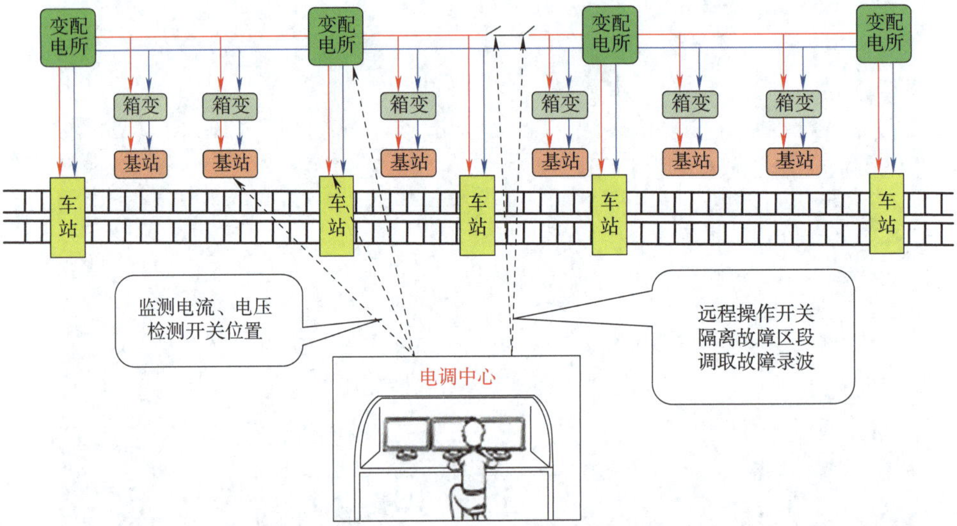

图 1-8　SCADA 系统远程操作隔离故障区段

第三节　负荷等级、管辖范围、供电指标

一、电力负荷分类

铁路电力用电负荷根据供电可靠性要求及中断供电对人身安全、经济损失的影响程度，分为一级负荷、二级负荷及三级负荷[1]，并应符合下列要求。

（一）一级负荷

中断供电将造成人身伤害，在经济上造成重大损失，影响重要的用电单位正常工作、造成铁路运输秩序严重混乱。

属于此类负荷的有：与行车密切相关的通信、信号、信息、防灾安全监控设备；动车段

(所)运用设备;电力及电力牵引供电各所操作电源;大型、特大型站公共区照明、应急照明及隧道应急照明;大型及重要建筑物火灾自动报警系统设备;特长隧道消防设备等[2]。

一级负荷的供电原则:两路可靠电源供电,确保在一路电源故障情况下也能够不间断供电[3]。

(二)二级负荷

中断供电将在经济上造成较大损失,影响较重要的用电单位正常工作、影响铁路正常运输。

属于此类负荷的有:为通信、信号主要设备配置的专用空调;接触网远动开关操作电源;动车组检修设备;综合检测、工务机械、综合维修、给排水设施等设备;中间站公共区照明;区间视频监控设备;道岔融雪设备;道口信号;除一级负荷外的其他信息等负荷[2]。

二级负荷的供电原则:两路电源或一路可靠电源供电,确保除电力设备检修及故障情况外的不间断供电[3]。

(三)三级负荷

不属于一、二级负荷的用电设备。

二、电力管辖范围

铁路电力主要负责设置于建筑物、构筑物户外的输电、配电线路及变配电所、箱式变电站等电力设备运行与维护;建筑物、构筑物内的输电、配电线路(内线)及设备由各单位电工负责维护。

三、电力配电输出(低压)的两个主要指标

电力配电输出(低压)的两个主要指标:电压波动范围、相序。

1. 配电输出的电压、相序、相位,如图 1-9 所示。

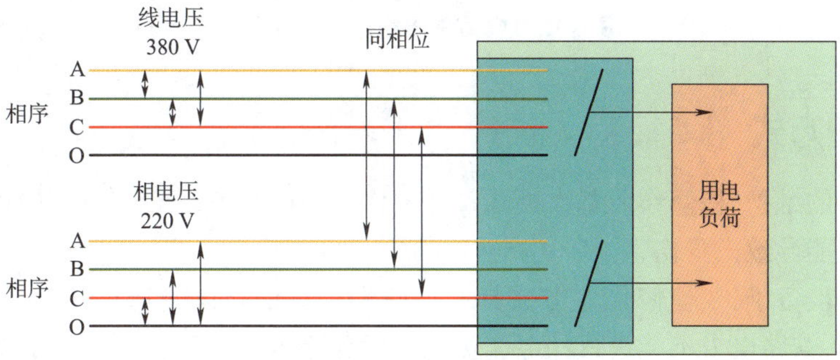

图 1-9 低压配电的电压、相序、相位示意

2. 指标

(1)电压波动范围:标准电压绝对值的 ±10%。

(2)三相电压正相序:是用户使用电能的基本条件,电力为用户送电前,应首先确认三相电压相序。

正相序如图 1-10 所示,负相序如图 1-11 所示。

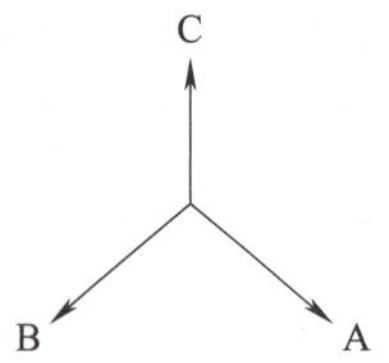

图 1-10　正相序

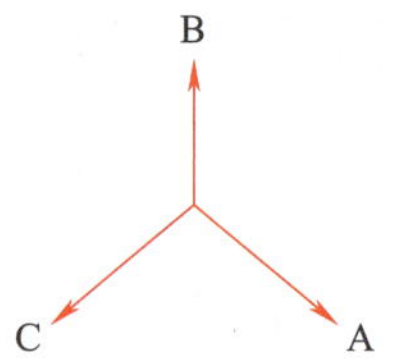

图 1-11　负相序

第四节　电力贯通线的运行、维护方式

一、运行方式

电力贯通线在正常运行方式下，一路外电源只带一个电力贯通线供电臂，同时为相邻供电臂做备用，当相邻变配电所电源停电时，为相邻供电臂供电，如图 1-12 所示。

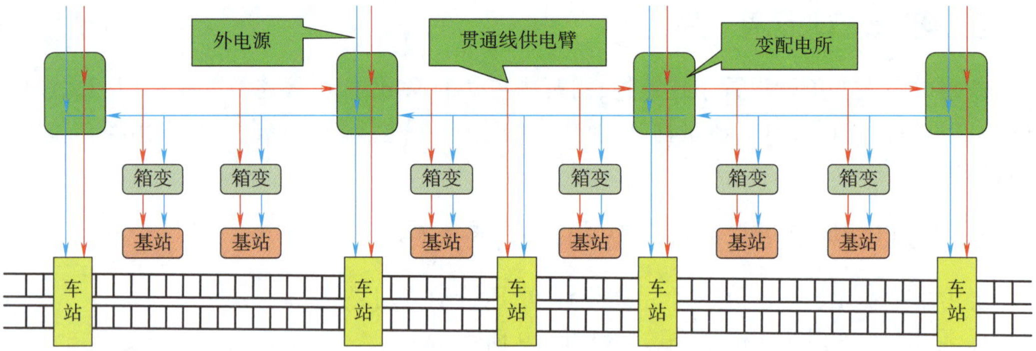

图 1-12　电力贯通线正常运行方式

二、维护方式

电力设备的维护、检修作业基本模式是停电作业，从事中高压设备的作业具有危险性，瞬间的疏忽可能导致人身伤害。

铁路电力设备维护、检修作业方式具有特殊性。在铁路运输运行期间，为保证铁路运输安全和效率，铁路电力不能进行停电作业，在“综合维修天窗”期间，是铁路各专业从事维护工作的用电之时，铁路电力也不能完全停电作业。因此，铁路电力维护、检修不具备整体大范围的停电作业条件，只能采取单电源、单回路、小区段、单台设备的停电作业方式，进行维护、检修、调试等工作，基本处在“邻近带电作业”环境下工作。

鉴于铁路电力维护、检修作业的特殊性，新建铁路“站后”工程中，铁路电力又是先期完工送电的专业，需要为铁路其他专业的调试工作提供电源，因此，铁路电力设备的选型、施工质量尤为关键，应尽量选择高质量、免维护的优良设备，并确保电缆铺设、电缆头制作、隐蔽工程、设备安装、远动调试等高质量施工，以减轻运行后维护、检修工作的压力。

第五节　接地方式

一、铁路电力系统接地方式

铁路电力系统接地方式是指中高压输配电网络的接地方式，铁路变配电所从国家电网取得的电源均采用的是“中性点不接地”方式。铁路电力变配电所的站区馈出回路一般采用直接输出，即“中性点不接地”方式；铁路电力贯通线根据不同情况，调压变压器分别采用中性点不接地、中性点经消弧线圈接地、中性点经小电阻接地、中性点直接接地四种方式。

（一）中性点不接地方式

中性点不接地方式，如图1-13所示，一般应用于以架空线路为主的电力贯通线，其特点是：当电力贯通线发生单相接地故障时，贯通线路三相线电压保持不变，配电所保护不动作，开关不跳闸，以避开如风刮树枝搭接线路等瞬时故障，可以维持线路2 h运行。

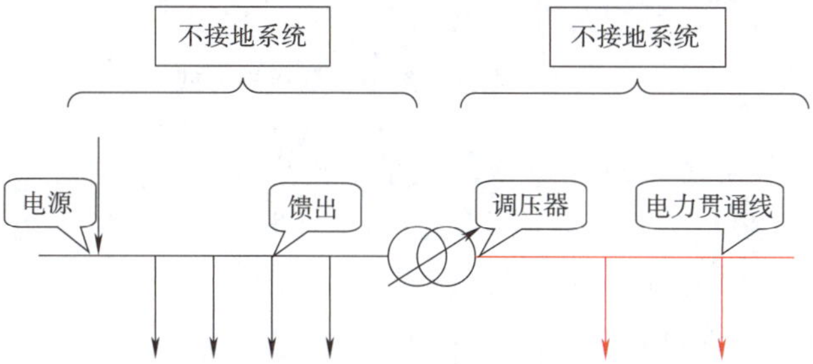

图1-13　中性点不接地方式

需要强调，电力贯通线发生单相接地故障时的维持运行，属于“带病运行”，长时间运行会损坏电力设备，也会影响供电质量，因此，只允许运行2 h。

（二）中性点经消弧线圈接地方式

中性点经消弧线圈接地方式，如图1-14所示，一般应用于架空、电缆混架的电力贯通线，其特点是：既维持了不接地系统特点，又抑制了短路故障的大电流，能迅速熄灭接地处的电弧，有效减少产生弧光接地过电压的概率，也最大限度减少了故障点热破坏作用及接地网的电压。

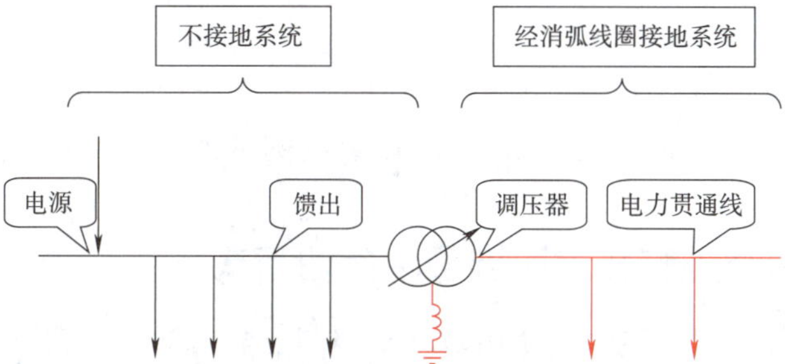

图1-14　中性点经消弧线圈接地方式

虽然中性点经消弧线圈接地系统存在很多优势,但这种电力系统接地方式也存在很多缺点。在这种连接方式下,暂态过电压和工频过电压都非常高,补偿电网的运行也相对复杂,一旦零序网络、补偿线圈和接地电容的参数配合不合理,就很容易出现较高谐振过电压。

(三)中性点经小电阻接地方式

中性点经小电阻接地方式,如图 1-15 所示,一般应用于全电缆电力贯通线,由于电缆线路基本不存在瞬时故障,因此只要发生单相接地故障,变配电所保护动作,开关跳闸,以保证电缆贯通线运行的安全性。

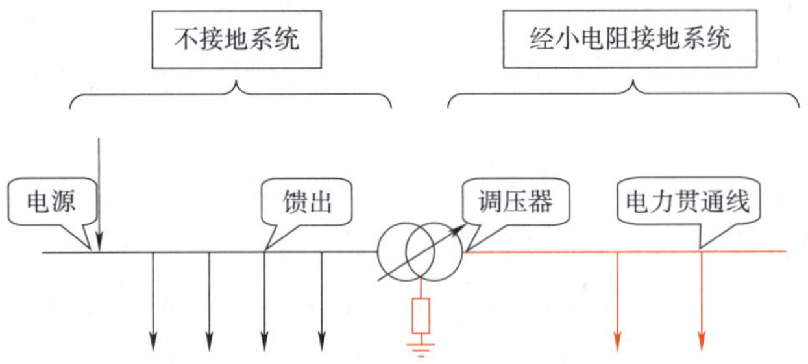

图 1-15　中性点经小电阻接地方式

小电阻的作用是限制短路故障电流。但是变配电所过流、速断保护整定范围受到限制,特别是电力贯通线路末端短路电流将与负荷电流相接近,难以区分,因此,中性点经小电阻接地方式通常在变配电所增加“零序保护”。

(四)中性点直接接地方式

中性点直接接地方式,如图 1-16 所示,只应用于京津高速铁路电力贯通线路,当电力贯通线发生单相接地时,直接启动保护断路跳闸,中性点直接接地方式,灵敏度较高,但短路电流较大,存在对贯通线路所带的电力设备构成损坏的风险。

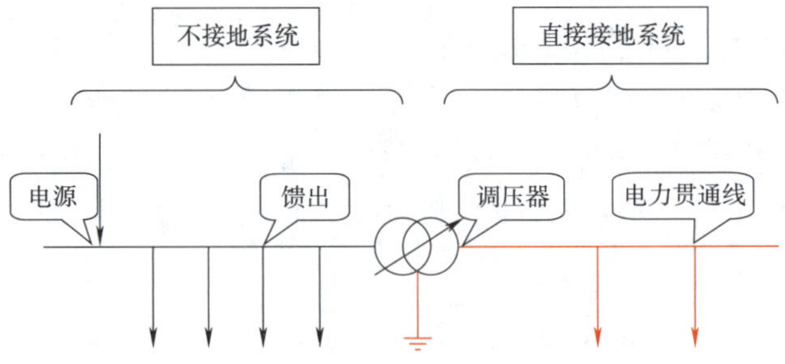

图 1-16　中性点直接接地方式

二、电缆贯通线外铠和金属屏蔽层接地方式

高速铁路全电缆贯通线,基本采用单芯电缆敷设,与三芯电缆相比,具有单条电缆距离长(电缆接头数量少)、拐弯半径小(易敷设、易抢修)、电缆接头制作工艺简单等特点。

由于沿铁路线平行敷设，受到外界（本体载流或接触网等）电磁场感应，造成电缆外铠和金属屏蔽层产生感应电动势。因此，电缆外铠和金属屏蔽层的接地尤为重要。

电缆外铠和金属屏蔽层有两种接地方式。

（一）单端接地

电缆两端电缆头的外铠和金属屏蔽层一端接地，一端接护层保护器，称为“单端接地”，如图 1-17 所示。单端接地方式下，当电缆受到本体载流或外界电磁感应时，电缆外铠和金属屏蔽层有感应电压。

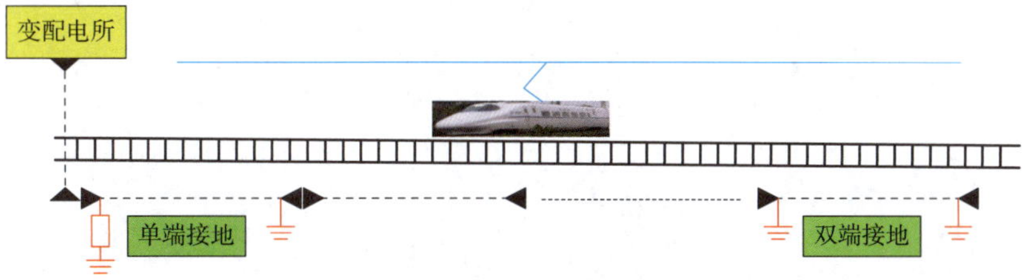

图 1-17　单端接地与双端接地

护层保护器的作用与避雷器相似，感应电压不超标时是绝缘体，当感应电压超过启动值时导通泄流。

单端接地是高速铁路电缆贯通线普遍采用的方式。

（二）双端接地

电缆两端电缆头的外铠和金属屏蔽层两端均接地，称为“双端接地”，如图 1-17 所示。双端接地方式下，当电缆受到本体载流或外界电磁感应时，电缆外铠和金属屏蔽层有感应电流。同时，由于牵引供电系统有地回流，双端接地的外铠和金属屏蔽层很可能起到“回流线”的作用，因此，双端接地的电缆外铠和金属屏蔽层截面应有足够的载流能力。

值得注意的是，电缆外铠和金属屏蔽层尽管采用单端接地的方式，一旦电缆外皮破损，将等同于电缆外铠和金属屏蔽层双端接地。

目前，电缆外铠和金属屏蔽层双端接地方式只应用于京津高速铁路。

总而言之，电缆贯通线运行中，电缆外铠和金属屏蔽层是带电的，即使电缆停电时，外铠和金属屏蔽层也应视为带电体，应提醒电力人员注意作业安全。

复习思考题

1. 铁路电力贯通线的特点是什么？
2. 铁路电力负荷等级分为哪几类？
3. 电力远程监控 SCADA 系统的主要作用有哪些？
4. 铁路电力贯通线的运行方式是什么？
5. 铁路电力系统的接地方式有哪些？

引用规章文件

[1]《铁路电力管理规则》(铁运〔1999〕103 号)第一章第 6 条
[2]《高速铁路电力管理规则》(铁总运〔2015〕49 号)第二章第 9 条
[3]《铁路技术管理规程(普速铁路部分)》(铁总科技〔2014〕172 号、〔2017〕221 号)第七章第 208 条

第二章

铁路电力设备

学习任务

铁路电力系统从地方供电公司获取电能后,通过变电、配电和用电等环节,将电能供到各铁路用户。变电、配电、用电的各环节都离不开电力设备,它是铁路电力系统的重要组成部分。

本章对铁路电力系统使用的架空线路和电缆线路、高低压开关柜、高低压开关、变压器、调压器、箱式变电站、RTU、交直流屏、综合自动化系统、补偿设备、避雷器、过压保护器、电压互感器、电流互感器、电力 SCADA 系统等主要电力设备进行介绍。

通过学习,掌握铁路主要电力设备的分类、原理、功能,掌握电力 SCADA 系统,了解电力 SCADA 系统的操作流程,为开展电力设备运行与维护提供必要的基础知识。

第一节　电力线路(架空线路及电缆线路)

普速铁路电力线路大多采用架空线路,高速铁路电力线路大多采用电缆线路。高速铁路电力线路从设计上明确了电力贯通线选用交联聚乙烯非磁铠装单芯电缆,采用沿铁路线路两侧综合电缆槽内敷设的方式,实现了线路入地,使电力贯通线路运行环境得到了极大改善,降低了人为破损的概率,极大地提高了供电系统抵御自然灾害的能力。

铁路电力线路一般使用的电压等级有 380 V/220 V、10 kV、35 kV、110 kV。铁道牵引供电使用的是特殊的电压等级,为 25 kV。

架空线路具有工程造价低,施工方便,容易发现故障便于维修,可多回路共杆架设的优点。但也存在一定的缺点,主要是架空线路易受外力破坏及遭受自然灾害,有碍城市美观,断线时会危及人身安全,近距离时对架空通信等弱电线路有干扰。

电缆线路具有电缆敷设时不占地面与空间,受自然环境影响小,供电可靠性高,运行维护工作量少;不容易遭受自然灾害;不影响城市美观,变配电所进出线方便;对人身较安全的优点。但也存在一定的缺点,主要是电缆线路建设投资较高;电缆敷设多为隐蔽工程,发生故障后修复时间较长,不易发现故障,维修困难。

随着人们对环境要求的不断提高,绿化面积也在增大,铁路自闭、贯通供电线路区域受到被树木覆盖、化工企业严重腐蚀、大风等诸多因素的影响,使得供电线路的可靠性面临新的困难,故架空绝缘导线得到大量的应用。

架空绝缘导线与普通架空裸导线相比,具有许多优点,可以解决常规裸导线在运行过程中遇到的一些难题,价格又比地埋电缆便宜得多,因此,在铁路供电自闭、贯通中也得到广泛的应用。

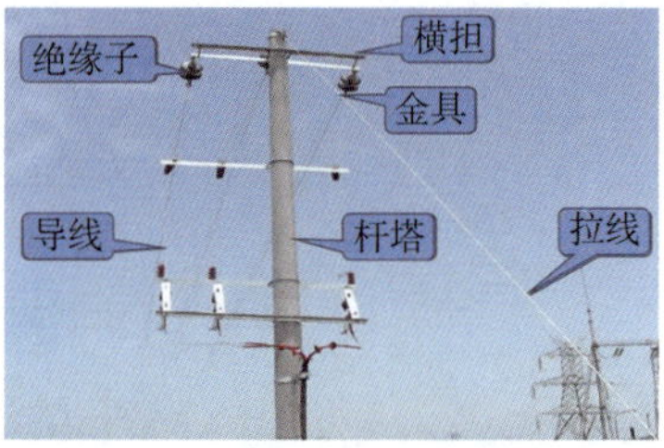

图 2-1　架空电力线路组成

一、架空线路

架空电力线路主要由杆塔、导线、绝缘子、金具、拉线、基础、避雷线及接地装置等部件组成,如图 2-1 所示。

(一)杆　　塔

杆塔是架空线路中重要的组成部分,它的作用是支持和固定导线、绝缘子及其他附件,并使带电部分与其他物体保持足够的安全距离。根据杆塔所用的材料不同,可以分为木杆、金属杆(铁杆、铁塔)和钢筋混凝土杆(或称水泥杆)三种。

由于架空线路上的杆塔受力情况不同,它们的结构形式也有所不同。

按其在线路上的用途不同,分为直线杆塔(称中间杆塔)、耐张杆塔、转角杆塔、终端杆塔、分歧杆塔、跨越杆塔、换相杆塔和设备杆塔(配电线路用)等。

1. 直线杆塔:又称中间杆塔,位于线路直线中间部分,用于支撑线路的垂直载荷(如重力)和水平载荷(如风荷),当杆塔一侧发生断线时,它要承受相邻两档导线的不平衡张力。直线杆塔在架空线路中用得最多,约占杆塔数的 80%。直线杆塔如图 2-2 所示。

2. 耐张杆塔:又称承力杆塔,与直线杆塔相比,其强度较大,可承受导线和地线的拉力。耐张杆塔将线路分隔成若干耐张段,起线路分段和控制事故范围的作用,以便于施工和检修线路。在发生断线事故时,承受拉力,防止故障的扩大。耐张杆塔如图 2-3 所示。

3. 转角杆塔:线路所经的路径尽量走直线,但还是不可避免会有一些改变方向的处所,该处所称为转角,设在转角处的杆塔称为转角杆塔。转角杆塔随着转角的大小可以是耐张型的,也可以是直线型的。如果采用直线型时,就要在拉力不平衡的反方向上装设拉线,以平衡这个不平衡拉力。在正常工作情况下,所受的荷重,除耐张杆塔所受的荷重之外,还承受导线拉力的角度合力。一般 10 kV 线路转角 30°以下,35 kV 及以上线路转角 5°以下的转角杆为直线型。转角杆塔如图 2-4 所示。

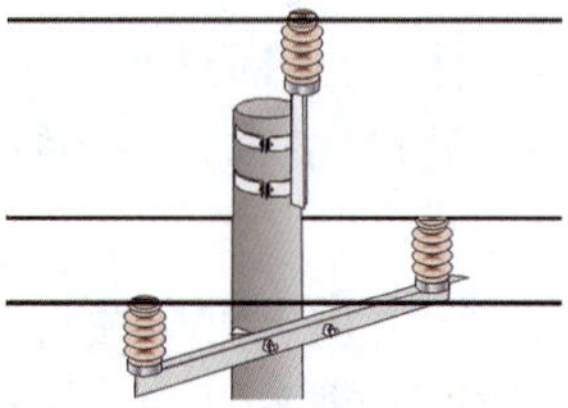
图 2-2　直线杆塔

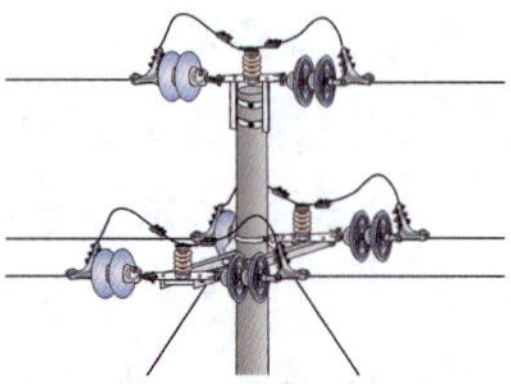
图 2-3　耐张杆塔

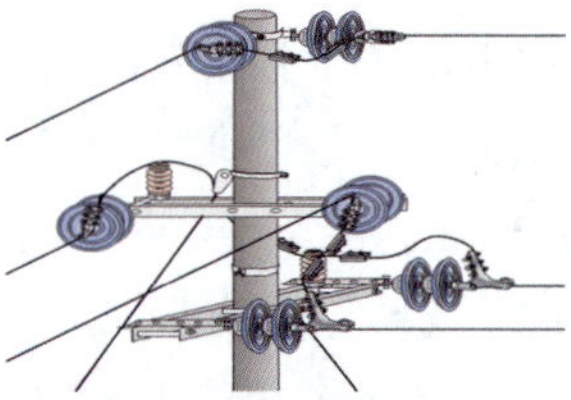
图 2-4　转角杆塔

4. 终端杆塔:设在线路始端和终端的杆塔叫作终端杆塔。由于杆塔上只有一侧有导线,所以承受线路单侧全部的拉力。终端杆塔如图 2-5 所示。

5. 分歧杆塔:也叫分支杆,设置在分支线路与干线相连接的地方。这种杆塔,在顺干线方向上有直线型和耐张型两种。在分支线路方向上,则为耐张型的,应能承受分支导线全部的拉力。分歧杆塔如图 2-6 所示。

6. 跨越杆塔:跨越杆塔用于线路跨越铁路、河流、山谷及其他交叉跨越的地方。当跨越档距较大时,采用特殊设计的跨越杆塔。跨越杆塔如图 2-7 所示。

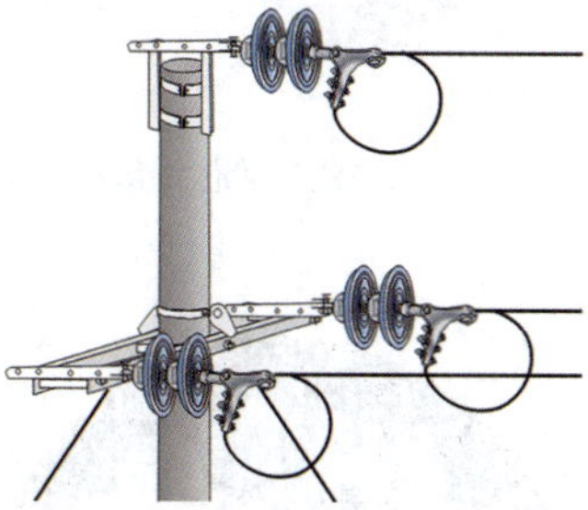

图 2-5　终端杆塔

图 2-6　分歧杆塔

图 2-7　跨越杆塔

7. 换相杆塔:用来进行导线换相的杆塔。自动闭塞高压线路,应在全区段进行换位。每 9 km 建立一个换位周期,平均每 3 km 导线换位一次。如末端剩余长度大于 3 km 时,需做独立的换位周期。换相杆塔如图 2-8 所示。

8. 隔离开关杆:用于户外线路隔离开关安装。隔离开关杆如图 2-9 所示。

9. 撑杆:撑杆和拉线的作用基本一致,主要是为了平衡导线张力,使电杆受力平衡,避免电杆倾倒。撑杆如图 2-10 所示。

图 2-8　换相杆塔

图 2-9　隔离开关杆

图 2-10　撑杆

(二)导　　线

导线是用来传导电流、输送电能的载体。

1. 铁路常用导线的种类

架空线路不允许采用单股导线,所以架空线路上均采用多股绞线,铁路常用的导线有三种。

(1)铝绞线(LJ):导电性能较好,质量轻,但对风雨作用的抵抗力较差,多用于 6 ~ 10 kV 的线路。绝缘铝绞线如图 2-11 所示。

(2)钢芯铝绞线(LGJ):有较好的机械强度,并且有较高的电导率,在机械强度要求较高的场合和35 kV以上的架空线路上多采用钢芯铝绞线。钢芯铝绞线如图2-12所示。

(3)架空绝缘线(JKLYJ、JKLGYJ):绝缘性能好,防腐蚀性能好,可以减少线路相间距离。架空绝缘线结构如图2-13所示。

图2-11　绝缘铝绞线

图2-12　钢芯铝绞线

图2-13　架空绝缘线结构

2. 导线的排列方式

铁路上导线的排列方式常用的有两种,即水平排列(图2-14)和三角形排列(图2-15)布置方式。

图2-14　水平排列

图2-15　三角形排列

(三)绝 缘 子

绝缘子有两个作用,一是将带电导线与杆塔可靠绝缘起来;二是将导线牢固地固定在杆塔上。铁路架空线路常用的绝缘子有以下几种。

1. 高压针式绝缘子

高压针式绝缘子由瓷件绝缘体与钢脚用不低于425号硅酸盐水泥石英砂胶合剂胶合而成。绝缘材料一般采用瓷或钢化玻璃,也有用合成材料。实物如图2-16所示。

图2-16 高压针式绝缘子

2. 高压悬式绝缘子

高压悬式绝缘子一般组装成绝缘子串,用于不同电压等级的线路上,按使用环境也分为普通型和耐污型两类。高压悬式绝缘子实物如图2-17所示。

图2-17 高压悬式绝缘子

(四)架空导线横担、金具

1. 横担

横担是电线杆顶部横向固定的角铁,上面有瓷瓶,是杆塔中重要的组成部分,用来安装绝缘子及金具,以支承导线、避雷线,并使之按规定保持一定的安全距离。横担如图2-18所示。

直线杆的横担应装在受电侧,转角杆、终端杆、分支杆的横担应装在拉线侧。

铁路架空线路横担大多数为铁质横担。按照《铁路电力设计规范》(TB 10008—2015)规定:横担的选用规格应根据杆塔结构形式计算[1]。

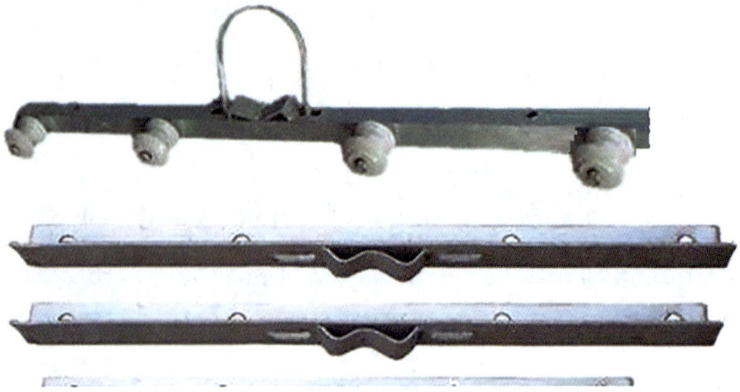

图 2-18 横担

2. 抱箍

抱箍装置由箍板、翼板、拉结筋板、螺栓及内衬垫构成。抱箍种类繁多,如杆顶支座抱箍、电缆抱箍、横担抱箍、拉线抱箍等。抱箍如图 2-19 所示。

图 2-19 抱箍

(五)拉 线

拉线用于平衡杆塔承受的水平风力和导线、地线的张力。拉线示意如图 2-20 所示。根据不同的作用,拉线可分为张力拉线和风力拉线两种。

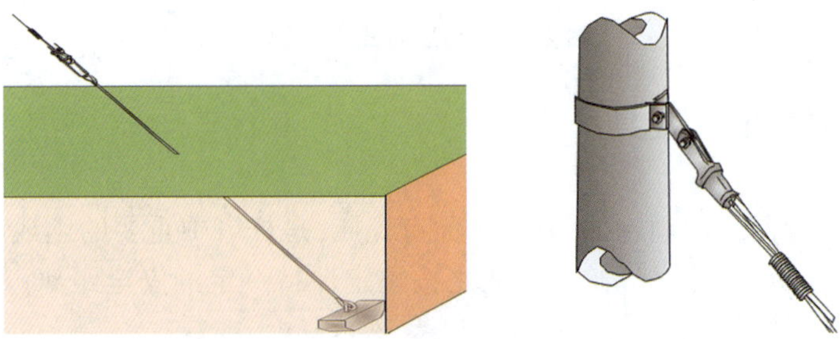

图 2-20 拉线示意

拉线常用的类型有普通拉线、人字拉线(两侧拉线)、四方拉线、水平拉线、V 形拉线、弓形拉线、共用拉线、撑杆等。

二、电力电缆

电力电缆本体一般简称电缆,其附件包括中间接头和终端头。电缆附件是所有配电设备、电缆与电缆连接的关键附件,电缆附件安装工艺的好坏直接关系到配电设备的使用寿命,是提高供电可靠性的重要指标。

中低压电缆附件种类主要有热收缩附件、预制式附件、冷缩式附件。目前铁路电力常用电缆一般为交联聚乙烯电缆及相应的预制式附件、冷缩式附件。

(一)电力电缆线路的组成

电力电缆线路由电缆本体和附件(包括中间头、户内型终端头、户外型终端头、可分离终端头)及其他安装器材(桥架、穿管、防火材料等)组成。电缆之间的接续由中间接头完成。电缆与其他电气设备的连接由终端头或可分离终端头完成。电缆线芯通过固体绝缘体隔离后被封闭在接地的金属屏蔽内部。

(二)电力电缆产品型号中字母的含义

1. 类别、特征:ZR—阻燃型(默认为C级阻燃);ZA—A级阻燃;NH—耐火型;WD—无卤低烟;WDN—无卤低烟耐火;WDZ—无卤低烟阻燃;TH—湿热地区使用;FY—防白蚁;F—耐高温。

2. 绝缘材料:YJ—交联聚乙烯;Y—聚乙烯;V—聚氯乙烯;X—橡皮;XD—丁基橡皮;Z—纸;F—氟塑料。

3. 线芯材料:L—铝芯;T—铜芯(通常省略不表示)。

4. 内护层:H—橡套;F—氯丁橡胶;HF—非燃性橡套;Q—铅;L—铝;LW—波纹铝;Y—聚乙烯;V—聚氯乙烯。

5. 其他特征:D—不滴油;F—分相;P—贫油;CY—充油;Z—直流。

6. 外护层

(1)铠装层:0—无铠装;1—联锁铠装;2—双层钢带;3—细圆钢丝;4—粗圆钢丝铠装;5—皱纹(轧纹)钢带;6—双铝(或铝合金)带;7—铜丝编织;8—钢丝编织。

(2)外被层:0—无外被层;1—纤维外被;2—聚氯乙烯护套;3—聚乙烯护套。

(三)铁路常用交联电缆的性能特点

电力电缆线路同架空线路一样,其主要功能是输送和分配电能。电力电缆线路与架空线路相比较有以下优点。

1. 运行可靠,受外界影响较小,如:风、雪、雷、电、雨、雾、露、冰、霜、鸟害等造成断线、短路与接地等故障,机械碰撞的机会也较小。

2. 电力电缆一般都敷设在地下,不受路面、建筑物的影响。铁路两侧铺设专用电缆沟,为电缆提供良好条件。

3. 供电安全,地下敷设,不会对人身造成各种危害。

4. 运行维护工作量小,节省线路维护费用。

5. 不使用电杆,节约木材、钢材、水泥,同时外观简洁美观整齐,不影响市容。

6. 电力电缆的充电功率为电容性功率,有助于提高线路功率因数。

普速线路电缆大多数是三芯电缆,在正常运行中,流过三个线芯的电流矢量总和基本为零，在铝包或金属屏蔽层外基本上没有磁链，这样，在外铠或金属屏蔽层两端就基本上没有感应电压，所以两端接地后不会有感应电流流过外铠或金属屏蔽层。

采用单芯电缆，其线芯与金属屏蔽的关系，可以看作一个变压器的初级绕组。当单芯电缆线芯通过电流时就会有磁力线交链外铠或金属屏蔽层，使它的两端出现感应电压，如果两端的屏蔽同时接地，在屏蔽层与大地之间形成回路，会产生感应电流，这样电缆屏蔽层会发热，损耗大量的电能，影响线路的正常运行。故单芯电缆只能单端接地。

但当外铠或金属屏蔽层有一端不接地后，又会带来如下问题。

1. 电缆金属外护层的感应电压问题更加突出，为了减轻电缆外护层感应电荷的影响，可将电缆按照“品”字形敷设，而由于现场实际按照“品”字形敷设存在一定的困难，达不到“品”字形排列要求，使护套产生感应电压，感应电压的大小与电缆的长度和流过导线的电流成正比。

2. 当雷电流或过电压波沿线芯流动时，电缆外铠或金属屏蔽层不接地端会出现很高的冲击电压；在系统发生短路时，短路电流流经线芯，电缆外铠或金属屏蔽层不接地端也会出现较高的工频感应电压，在电缆外护层绝缘不能承受这种过电压的作用而损坏时，将导致出现多点接地，形成环流。

为了避免这种现象的发生，单芯交联电缆应采用一端直接接地，另一端接护层保护器的运行方式。当护层上的电荷积累达到一定值时，护层保护器瞬间动作，释放电流，达到安全运行的要求，保证人身及设备安全。35 kV 及以上线路，当线路较长时采用交叉互联等接地方式。

（四）电力电缆本体结构

单芯电缆基本结构如图 2-21 所示，三芯电缆基本结构如图 2-22 所示。

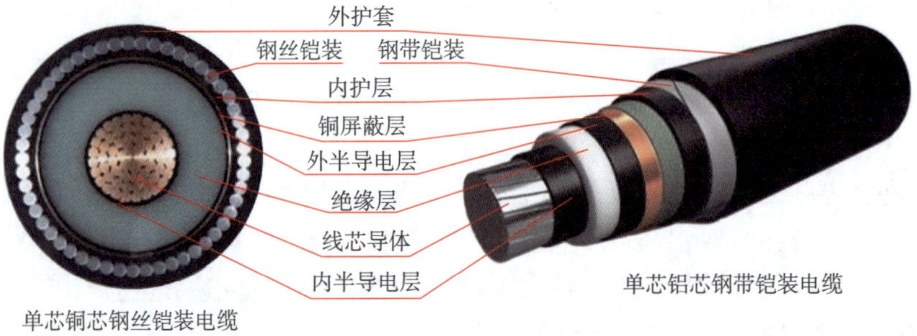

图 2-21　交联聚乙烯单芯电缆结构

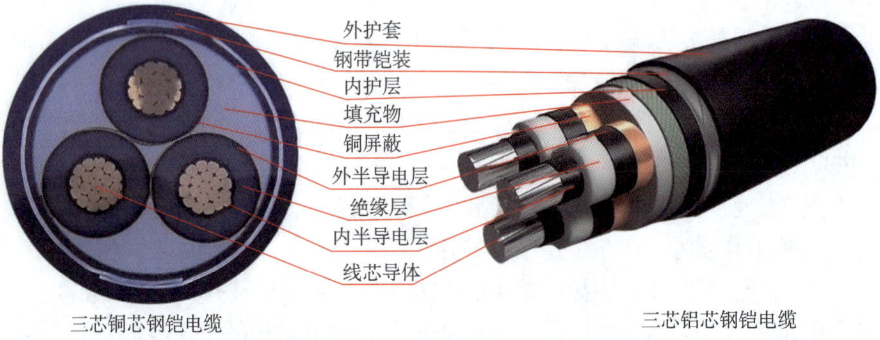

图 2-22　交联聚乙烯三芯电缆结构

(五)电缆各部分的作用

1. 导体

导体是提供负荷电流的通路。由于电流通过导体时因导体存在电阻而会产生热,因此,要根据输送电流量选择合适的导体截面,其直流电阻应符合规定值,以满足电缆运行时的热稳定要求。导体也是电缆工作时的高压电极,而且其表面电场强度最大,如果局部有毛刺则该处的电场强度会更大。因此,在导体连接时,要使导体表面尽量光滑、圆整、无毛刺,以改善导体表面电场分布。

2. 金属屏蔽

金属屏蔽的作用主要有两个,一是形成工作电场的低压电极,当局部有毛刺时也会形成电场强度很大的情况,因此,要力图使导体表面尽量光滑、圆整、无毛刺;二是提供电容电流及故障电流的通路,因此也有一定的截面要求。

3. 半导电屏蔽层

半导电屏蔽层是中高压电缆采用的一项改善金属电极表面电场分布,同时提高绝缘表面耐电强度的重要技术措施。半导电屏蔽层代替导体形成了光滑圆整的表面,大大改善了表面电场分布。能与绝缘紧密接触,克服了绝缘与金属无法紧密接触而产生气隙的弱点,把气隙屏蔽在工作场强之外。在附件制作中也普遍采用这一技术。

4. 绝缘

绝缘是将高压电极与地电极可靠隔离的关键结构。它承受工作电压及各种过电压长期作用,因此其耐电强度及长期稳定性能是保证整个电缆完成输电任务的最重要部分。它能耐受发热导体的热作用,保持应有的耐电强度。

电缆技术的进步主要由绝缘技术的进步所决定。从生产到运行,绝大部分试验测量项目都是以针对监测绝缘的各种性能为目的的。

5. 护层

护层是保护绝缘和整个电缆正常可靠工作的重要保证。针对各种环境使用条件设计有相应的护层结构。主要是机械保护(纵向、径向的外力作用)、防水、防火、防腐蚀、防生物等。可以根据需要进行各种组合。

6. 电缆接头

电缆接头是电缆线路中最薄弱的部分,将被破坏的电缆绝缘部分通过现场制作电缆接头恢复绝缘,是电缆线路中最容易发生问题的部分,所以制作工艺非常关键。

(1)单芯电缆头

①单芯电缆中间接头如图 2-23 所示。

②单芯电缆终端头

直通型屏蔽型可分离连接器(电缆终端接头或肘头):外屏蔽层、被连接电缆的金属屏蔽层和绝缘屏蔽层在电气上连续的屏蔽型可分离连接器,如图 2-24(a)所示。

绝缘型屏蔽型可分离连接器(电缆终端接头或肘头):外屏蔽层、被连接电缆的金属屏蔽层和绝缘屏蔽层在电气上断开的屏蔽型可分离连接器,如图 2-24(b)所示。

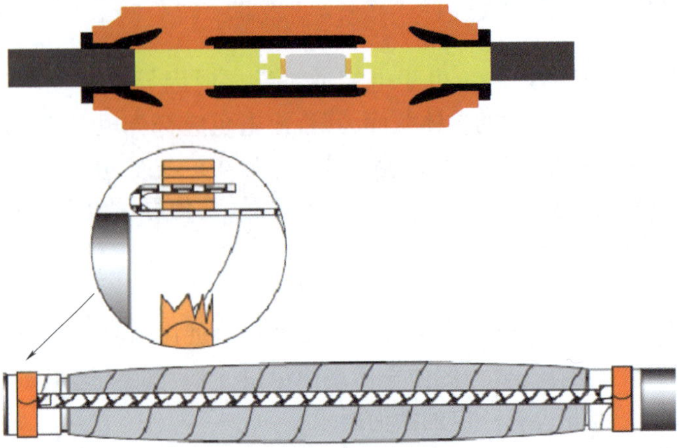

图 2-23　单芯电缆中间接头

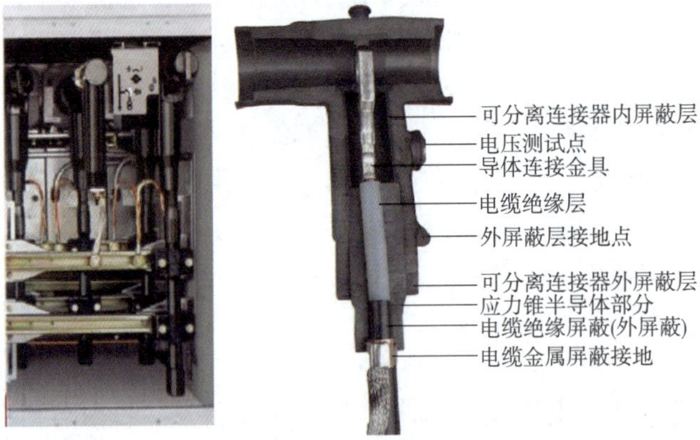

(a)直通型可分离连接器

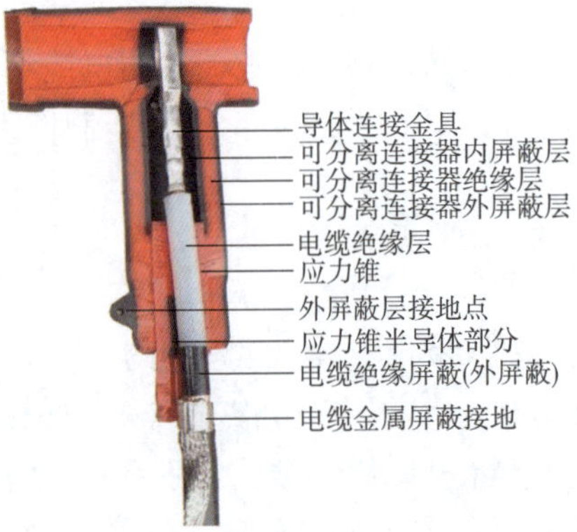

(b)绝缘型可分离连接器

图 2-24　单芯电缆终端接头

(2)三芯电缆头

①三芯电缆中间接头

冷缩三芯电缆中间接头实物如图 2-25 的 A 处所示。中间接头结构剖面图如图 2-26 所示。

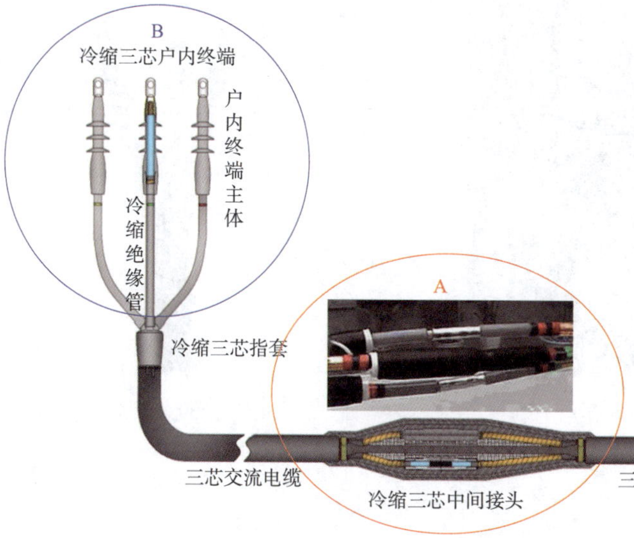

图 2-25 冷缩三芯电缆中间接头

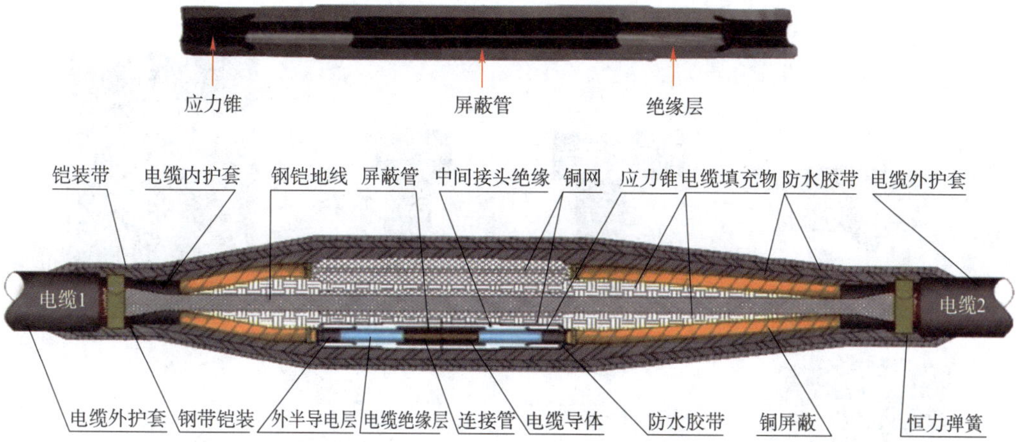

图 2-26 冷缩三芯电缆终端头及中间接头剖面图

②三芯电缆终端接头

冷缩三芯电缆户内终端接头示意如图 2-25 的 B 处所示。三芯电缆户内、户外终端接头实物如图 2-27 所示。

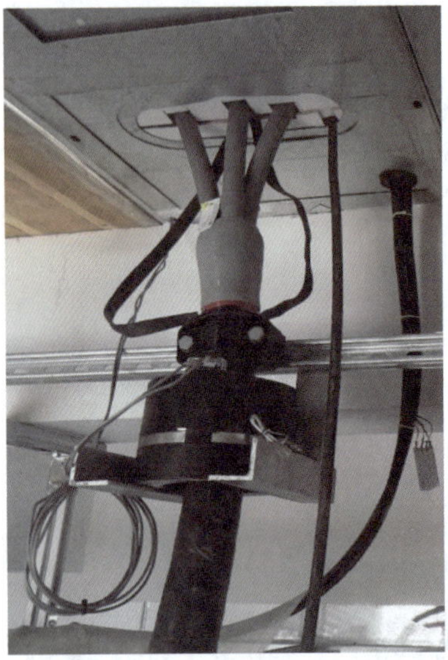

(a)户内终端

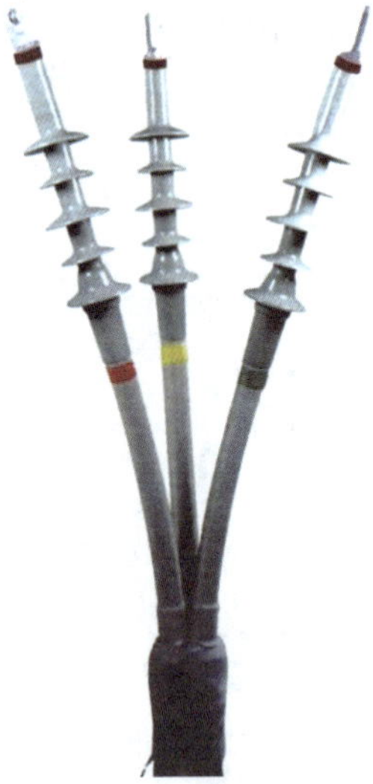

(b)户外终端

图 2-27　三芯电缆户内、户外终端接头

(六)电缆的连接

电缆连接如图 2-28 所示。当组合式电缆护层保护器与屏蔽型可分离连接器配套使用时,必须选用绝缘型屏蔽型可分离连接器[图 2-24(b)],不能选用直通型屏蔽型可分离连接器。

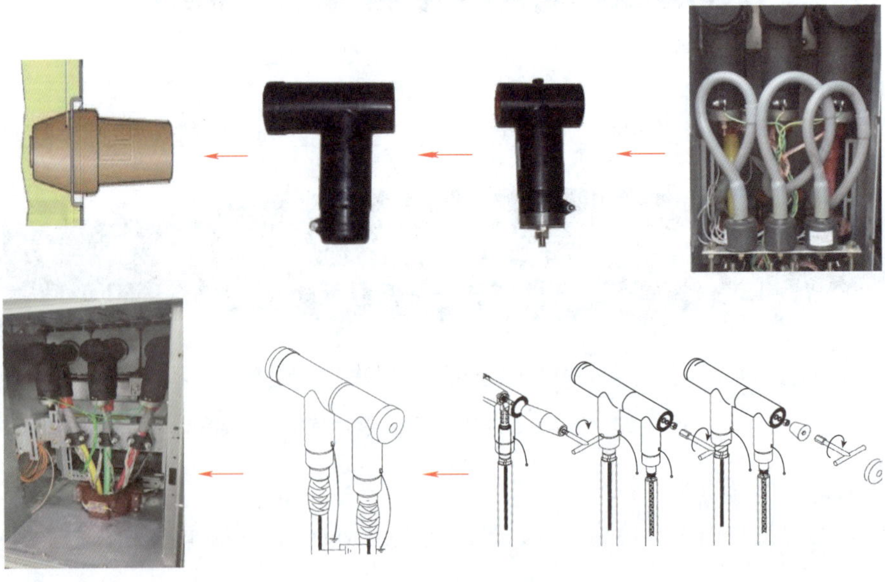

图 2-28　电缆连接示意

(七)单芯电缆护层保护器

全电缆电力贯通线宜采用单芯电缆,单芯电缆应采用非磁性金属铠装层,不得选用未经非磁性有效处理的钢制电缆,单芯电缆单端接地有感应电压,两端接地会有环流,运行中应视为带电体,故必须入沟。

为限制未接地端的感应电压过高,需装设单芯电缆护层保护器,实物如图 2-29 所示。

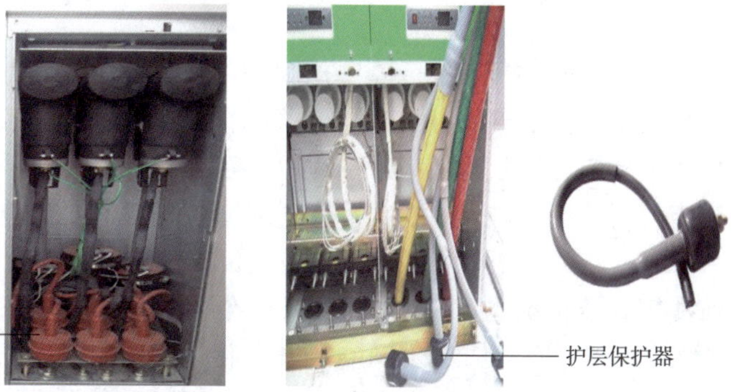

图 2-29　单芯电缆护层保护器

护层保护器由电缆引线、电极、金属氧化物阀片和接地体通过护层保护器绝缘套组合在一起,形成一体化构造,具有结构紧凑、体积小、安装方便的优点。

保护器一般采用无间隙金属氧化物保护器,相当于小的避雷器,使用前应测量其绝缘电阻、直流 1 mA 下的电压等,确保其各项指标正常。若其绝缘损坏,同样将电缆两端直接接地,会形成环流,运行后的护层保护器应严密监视其温度,测量接地电缆的电流,发现异常尽快处理,在保护器未动作前积累的电荷会对人身安全造成威胁,对此进行带电检修时务必穿绝缘靴、戴高压绝缘手套,避免出现人身事故。

在铁路电力 10 kV 单芯全电缆线路中,一端直接接地,另一端通过护层保护器接地,当护层的电压达到一定值时,护层保护器动作,释放电流,达到安全运行的要求,工作原理类似氧化锌避雷器。这种运行方式可以有效防止雷电过电压和内部过电压造成电缆金属护层多点接地故障,确保护层绝缘不被过电压击穿,同时避免形成环流,避免电缆过热,增加电缆使用寿命,节约电能。

第二节　电 力 设 备

一、高压开关柜

高压开关柜装设于铁路电力变配电所及箱式变电站中,是非常重要的配电设备。高压开关柜将有关的高低压电器(包括控制电器、保护电器、测量电器)以及母线、载流导体、绝缘子等装配在金属柜体中,既可以根据运行需要将一部分电力设备投入或退出运行,也可以在电力设备发生故障时将故障部分从系统中快速切除,从而保证电网中无故障部分的正常运行。

高压开关柜从种类上分为空气绝缘、气体绝缘、固体绝缘开关柜;从形式上分为固定式和中置式开关柜。

高压开关柜通常由母线室、手车(断路器)室、电缆室、继电器仪表室四部分组成。

(一)AIS 空气绝缘高压开关柜

1. 概述

AIS 空气绝缘高压开关柜,是按一定的电路方案将有关电气设备组装在一个封闭的金属外壳内的成套配电装置。开关柜采用了空气复合绝缘技术,以空气作为绝缘介质,并在开关柜内增加环氧树脂、陶瓷、橡胶、玻璃材质的绝缘配件,提高了开关柜的绝缘强度,通过空气和环氧树脂的复合绝缘技术,弥补了空气绝缘技术存在的放电问题,提高了开关柜的绝缘效果。

铁路目前常用高压柜类型有:GG1A-12(F)敞开固定式开关柜、XGN2-12(Z)箱型固定式金属封闭开关柜、JYN 型金属封闭间隔式开关柜以及 KYN 型户内金属铠装抽出式开关柜。其中 KYN 型户内金属铠装抽出式开关柜为目前铁路主流柜型。图 2-30 为 KYN 28 柜(中置式手车)。

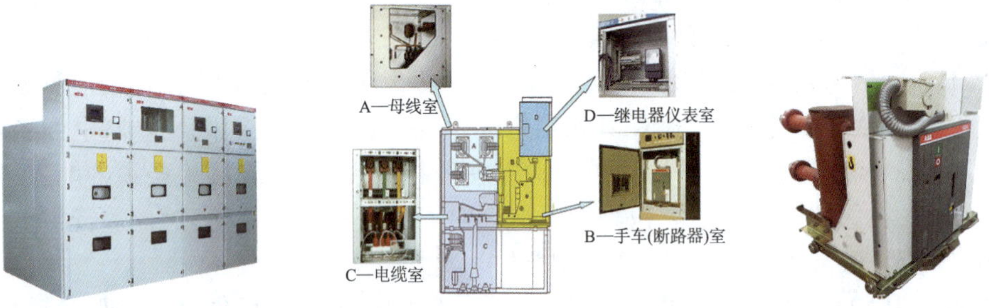

图 2-30　KYN 28 柜(中置式手车)

KYN 28-12 型高压开关柜由固定的柜体和可抽出部件(即手车)两大部分组成。开关柜用隔板分成 4 个不同功能单元,分别是 A—母线室、B—手车(断路器)室、C—电缆室、D—继电器仪表室,每一个单元的外壳均有独立的接地。

2. 主要电气元器件

10 kV 高压开关柜内的主要电气元器件按其电压等级可以分为一次元器件和二次元器件。一次元器件主要包括断路器、接触器、电流互感器、电压互感器、零序电流互感器、避雷器、接地开关、带电显示器等。二次元器件主要包括综合保护装置、测控表计、继电器、温控器和加热器、转换开关和按钮等。

空气绝缘开关柜在柜体内部的带电部分是裸露的,因此,为防止人员打开柜门时有触电的危险,空气绝缘开关柜应具有五防功能。五防功能主要内容如下:

(1)防止误分、合断路器。即只有操作指令与操作设备对应才能对被操作设备操作。

(2)防止带负荷分、合隔离开关。即断路器、负荷开关、接触器合闸状态不能操作隔离开关。

(3)防止带电挂(合)接地线(接地开关)。即只有在断路器分闸状态,才能挂接地线或合上接地开关。

(4)防止带地线送电。即防止带接地线(接地开关)合断路器(隔离开关)。

(5)防止误入带电间隔。即只有隔室不带电时,才能开门进入隔室。

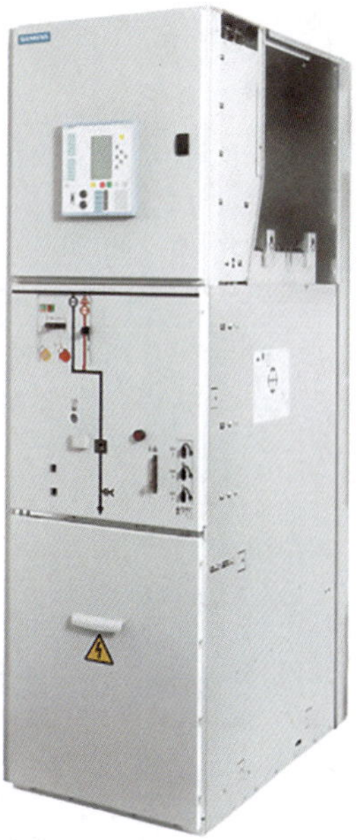

图 2-31　GIS 开关柜

(二)GIS 气体绝缘高压开关柜

1. 概述

GIS 充气柜采用绝缘灭弧性能优异的 SF_6 气体作为绝缘和灭弧介质,并将所有的高压电气元件密封在接地金属筒中。具有体积小、免维护的特点。GIS 开关柜如图 2-31 所示。

2. 三工位隔离开关

GIS 开关柜采用了“三工位”隔离开关形式,起到了“五防”功能中“防止带电挂(合)接地线(接地开关)”和“防止带地线送电”的作用。GIS 柜三位置开关如图 2-32 所示。

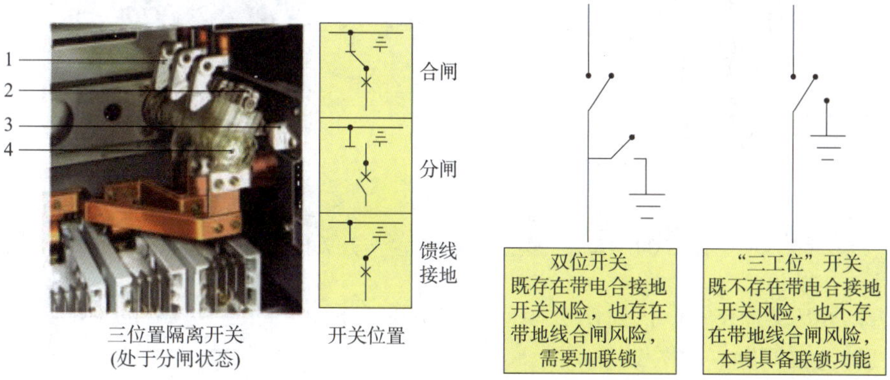

图 2-32　GIS 柜三位置开关

1—安装在母线上的定触头;2—活动触片;3—用于“馈线接地”的定触头;4—操作轴

3. GIS 开关柜防止气体泄漏的措施

GIS 开关柜的优点虽然突出,但是一旦发生气体泄漏,将导致设备无法运行,整体更换及恢复供电需要很长时间。GIS 开关柜(图 2-33)容易产生气体泄漏的地方有 3 处,分别是穿过气室的绝缘子、断路器操作机构连杆、充气孔与气压表处。通常 GIS 开关柜均采用绝缘密封胶圈来防止泄漏,考虑绝缘密封胶圈的老化和操作连杆的动作,气体泄漏率小于 2‰。

目前解决泄漏问题比较好的是西门子 NXPLUS-C 型开关柜,采用激光技术取代密封胶或密封圈,气体泄漏率低于 0.1%,远低于国家标准规定。

(1)穿过气室的绝缘子,将不锈钢法兰与绝缘子制造为一体,然后焊接在密封气室上。套管如图 2-34 所示。

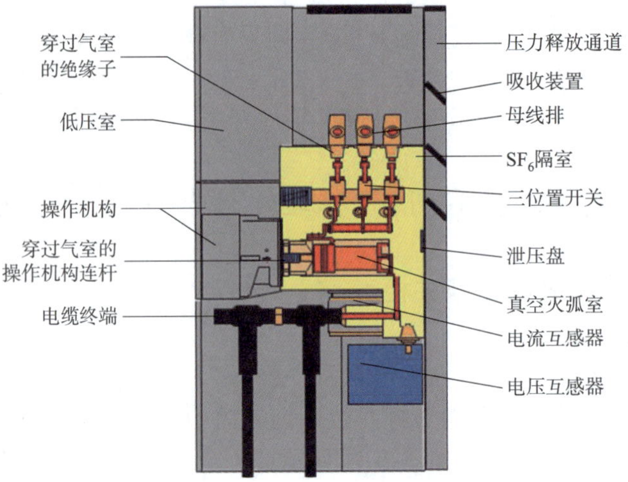

图 2-33　西门子 GIS 柜结构示意

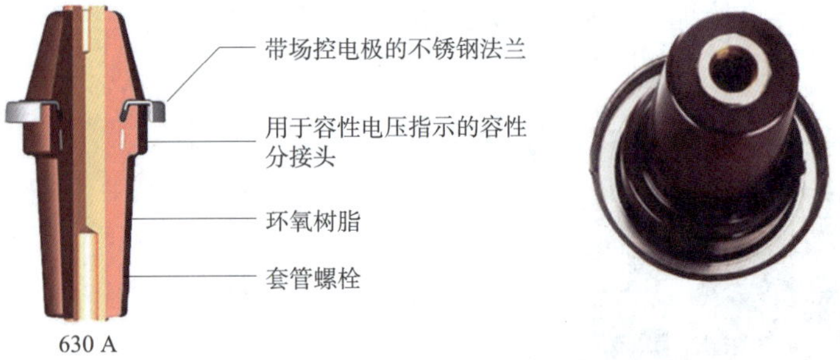

图 2-34　套管(通过不锈钢法兰与开关柜激光焊接)

(2)采用波纹管技术取代操作机构与断路器的连杆,西门子 10 kV 的 GIS 开关柜有效解决了气体泄漏问题。如图 2-35 所示。

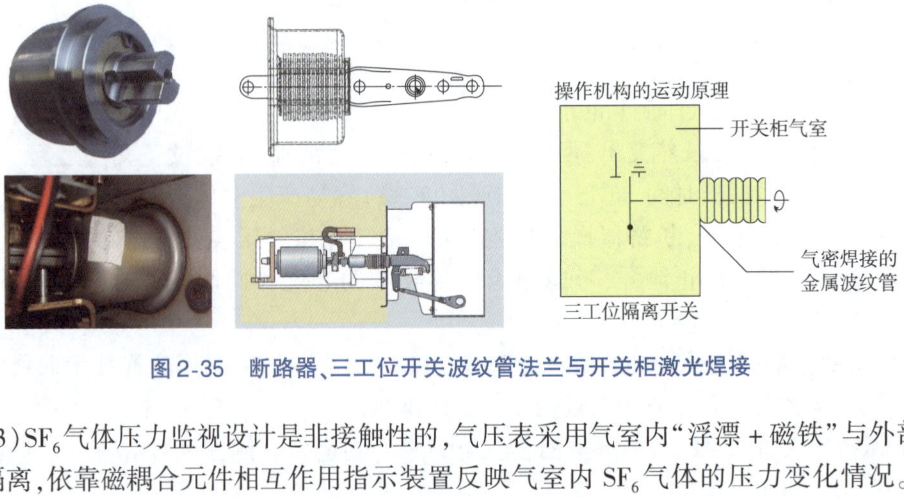

图 2-35　断路器、三工位开关波纹管法兰与开关柜激光焊接

(3)SF_6气体压力监视设计是非接触性的,气压表采用气室内"浮漂 + 磁铁"与外部磁铁互动隔离,依靠磁耦合元件相互作用指示装置反映气室内 SF_6气体的压力变化情况。气体

压力监视装置原理如图2-36所示。

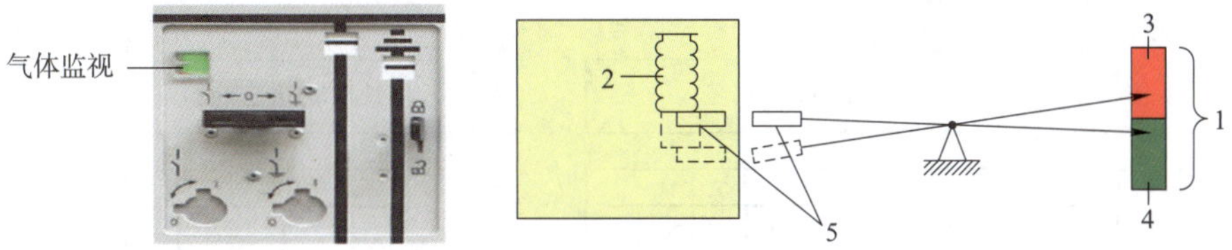

图2-36　气体压力监视装置原理

1—准备就绪指示；2—压力元件；3—红色指示未就绪；4—绿色指示就绪；5—磁耦合

（三）GNA固体绝缘高压开关柜

固体绝缘高压开关柜是将AIS空气柜中裸露的带电部分用绝缘材料密封起来，既达到GIS全封闭的效果，又避免了气体泄漏问题，是一种适应绿色环保的现代化产品。固体绝缘开关柜构造如图2-37所示。

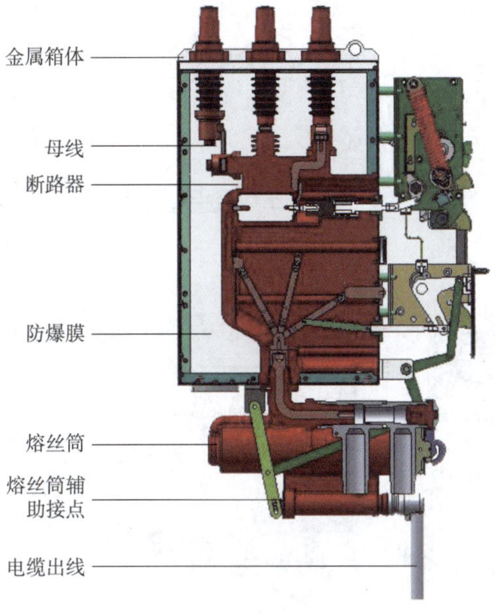

图2-37　固体绝缘开关柜构造示意

（四）高压环网柜

环网柜是一组高压开关设备装在钢板金属柜体内或做成拼装间隔式环网供电单元的电气设备，是用于电线路分段、联络及分接负荷的开关柜，其核心部分采用负荷开关和熔断器，具有结构简单、体积小、价格低、供电可靠性高、可提高供电参数和性能等优点。

环网是指环形配电网，即供电干线形成一个闭合的环形，供电电源向这个环形干线供电，从干线上再通过高压开关向外配电。这样的好处是：每一个配电支路既可以同它的左侧干线取电源，又可以由它的右侧干线取电源。当左侧干线出了故障，就从右侧干线继续得到供电，而当右侧干线出了故障，就从左侧干线继续得到供电，这样一来，尽管总电源是单路供电,但对于每一个配电支路而言,都类似于双路供电,从而提高了供电的可靠性。高压环网柜环网示意如图2-38所示。

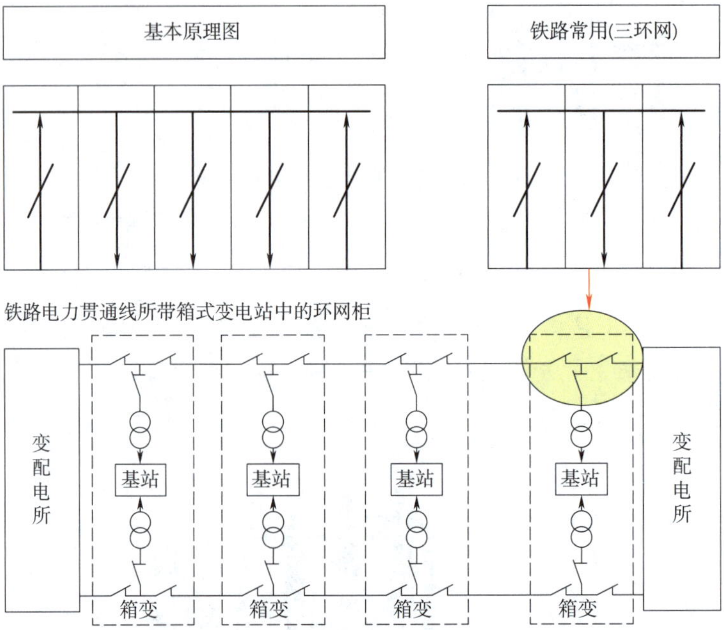

图2-38 高压环网柜环网示意

常用环网柜如图2-39所示。

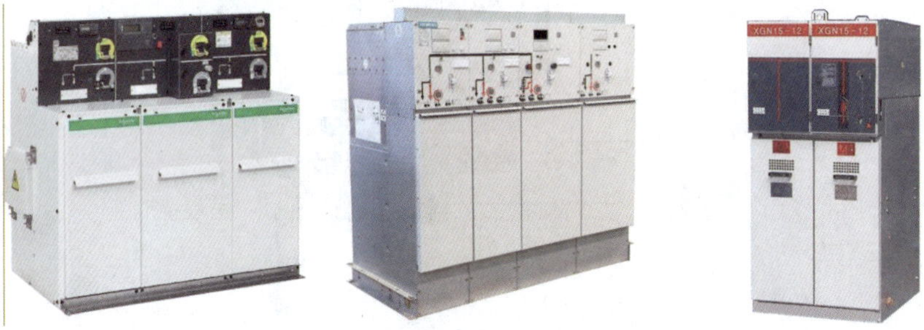

(a)SF_6气体绝缘环网柜　　(b)空气绝缘环网柜

图2-39 常用环网柜

(五)低压开关柜

1. 概述

低压开关柜是指按一定的线路方案将一次设备、二次设备组装而成的成套配电装置,用来对线路、设备实施控制及保护。开关柜的结构大体类似,主要分为母线室、断路器室、二次控制室(继电器仪表室)、馈线室,各室之间一般有钢板隔离,每一单元均良好接地。低压开关柜如图2-40所示。

低压开关柜主要有四个作用。一是便于合理配置电源;二是当线路出现故障时,既有利于控制故障范围，又能够方便快速地找出故障点并及时排除；三是便于分片安排线路检修，而无须大面积停电；四是配电柜内方便放置各种保护设备，如防止短路的熔断器、防止过载的空气开关等。

图2-40 低压开关柜

2. 分类

低压开关柜常用形式有固定式和抽出式两种。固定式主要系列有GGD、JYD、GDH、PGL；抽出式主要系列有GCK、GCS、MNS。

3. 结构

低压开关柜主要由母线室、功能单元室（开关隔室）、电缆出线室、二次设备室四部分组成，如图2-41所示。

图2-41 低压开关柜结构

二、开　　关

开关是电力系统的重要设备，具有数量多、使用面广的特点，置于电力网络的各级电压系统中，在电能生产、传输和分配过程中起着控制和保护作用，它的性能直接影响到电力系统的稳定和安全运行。

铁路电力系统常用的开关有断路器、隔离开关、负荷开关、低压开关、熔断器等。

(一)高压断路器

1. 概述

断路器是高压开关设备中最重要、最复杂的一种,既能切换正常负载,又可以排除短路故障,同时承担着控制和保护双重任务。

真空断路器是利用真空作为绝缘和灭弧手段的断路器,所谓真空是相对而言,指的是绝对压力低于一个标准大气压的气体稀薄的空间。这种气体稀薄的空间绝缘强度很高,电弧很容易熄灭,因此,真空断路器的灭弧能力很强,但其断口电压不易做得高,主要用于 35 kV 及以下变配电所及柱上开关。目前,真空断路器是铁路电力系统主要采用的断路器设备。

VD4 型真空断路器如图 2-42 所示,VS1 型真空断路如图 2-43 所示,在 AIS 空气绝缘高压开关柜中普遍被采用。

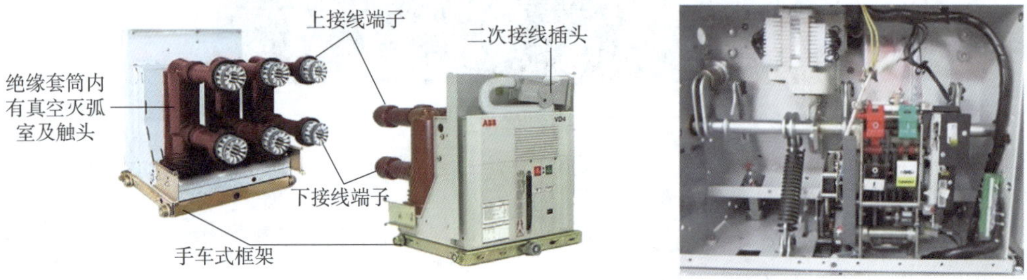

图 2-42　VD4 型真空断路器

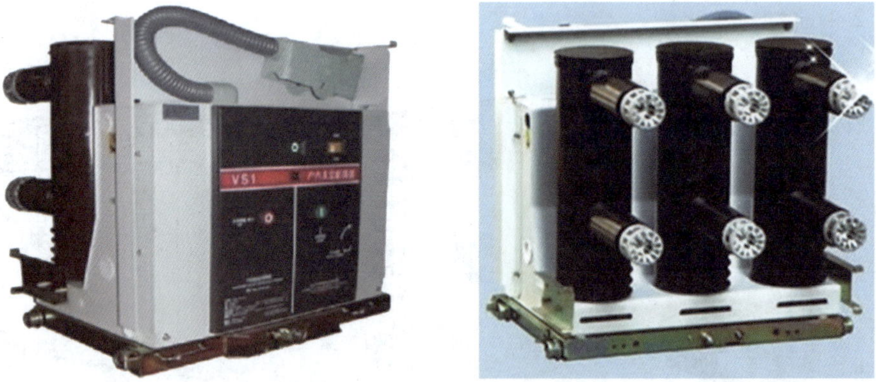

图 2-43　VS1 型真空断路器

2. 弹簧储能式操作机构

机构的合闸操作有合闸电磁铁和手动按钮两种操作方式,分闸操作除有手动按钮外,还有电动脱扣器,包括分闸电磁铁(分励脱扣器)、瞬时过电流脱扣器以及失压脱扣器。脱扣器根据用户的不同要求而装设。弹簧储能式操作机构如图 2-44 所示,多用于中置柜手车断路器,图 2-45 为西门子 GIS 高压柜中断路器操作机构。

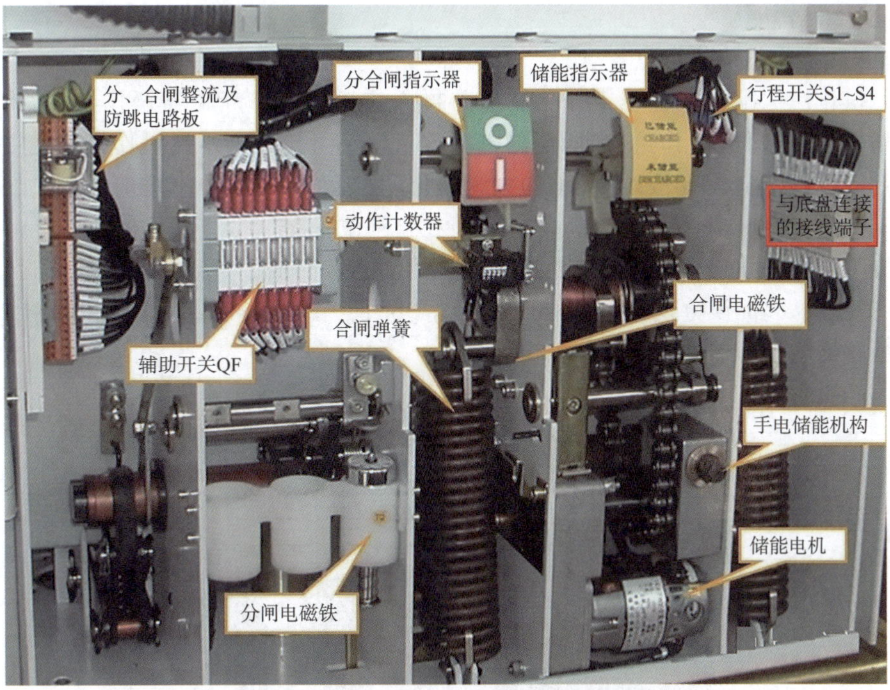

图 2-44　VS1 型断路器弹簧储能操作机构结构

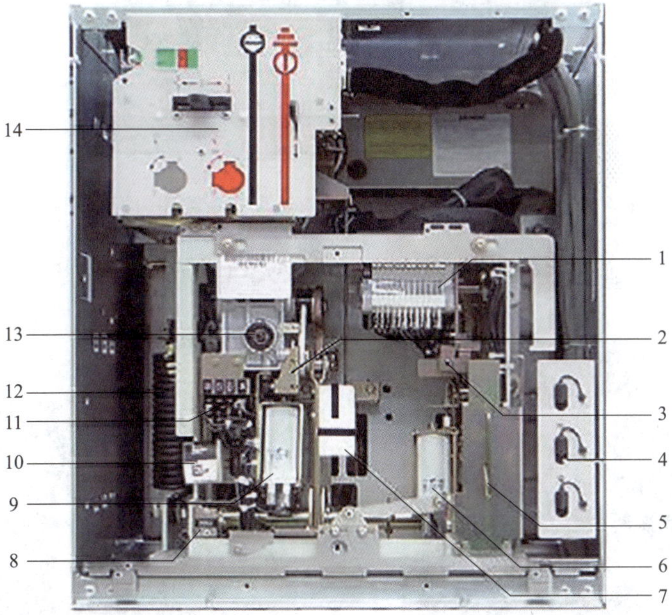

图 2-45　西门子 GIS 高压柜断路器操作机构

1—辅助开关(S1);2—合闸按钮;3—分闸按钮;4—电压指示器插座;5—接地馈线锁紧装置;
6—第一脱扣器(Y1);7—断路器分合闸位置指示器;8—分合闸动作次数计数器;
9—合闸线圈(Y9);10—“弹簧已储能/弹簧未储能”指示器;11—位置开关(S4);
12—合闸弹簧;13—电动操作机构(M1);14—三位置开关控制板

3. 永磁操作机构

(1)永磁操作机构的特点

永磁操作机构是国内近几年开始制造并投入应用的真空断路器操作机构,具有出力大、质量轻、操控方便、动作可靠、所需的电源容量较小等优点。永磁操作机构使用的零件数量比弹簧机构减少了90%以上,结构大为简化。在合闸位置,操作机构的永久磁铁利用动、静铁芯提供的低磁阻抗通道将动铁芯保持在合闸位置。

在分闸位置,通过分闸弹簧保持;因此机械传动非常简洁。真空灭弧室触头运动平稳,无拒合、拒分及误合、误分现象,手动分闸也灵活方便。图2-46为ZN139-12(VN1)系列永磁真空断路器的内部器件。

图2-46　ZN139-12(VN1)系列永磁真空断路器(内部器件)

永磁操作机构和弹簧储能操作机构的对比如图2-47所示。

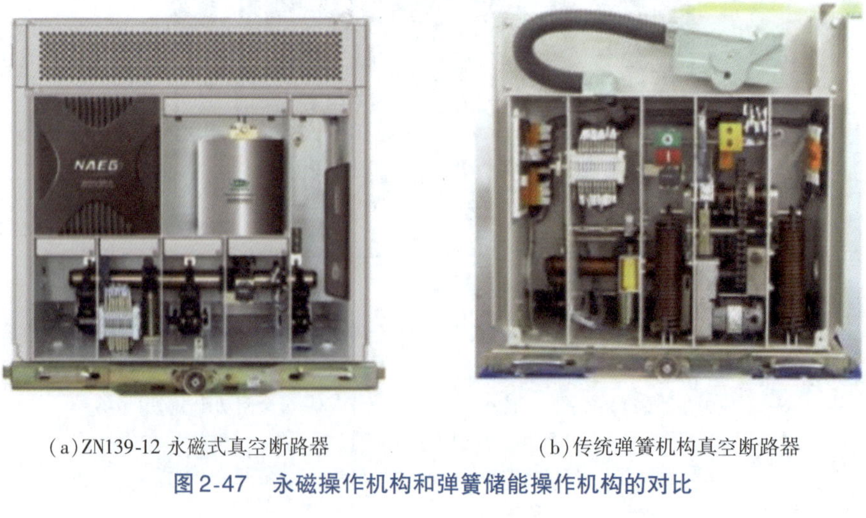

(a)ZN139-12 永磁式真空断路器　　(b)传统弹簧机构真空断路器

图2-47　永磁操作机构和弹簧储能操作机构的对比

(2)永磁机构控制器

永磁机构控制器包括 CPU 模块、电容器模块、电力电子驱动模块、分合闸状态检测模块、电网三相电压和电流信号采集模块、液晶显示模块、通信模块、手动控制模块和电源模块。

系统中采用抗干扰的模块化设计,系统采用分块隔离干扰,模拟输入和数字输入分离以减小干扰,电路中加入光电隔离器件,可以有效地保护系统的安全。模块化设计具有灵活性、可扩展性和可移植性,系统的设计便于在相关领域进行借鉴和参考。

电力电子驱动模块主要由一对电力电子器件 IGBT 组成,分别通过光电隔离器件连接在 MCU 的分、合闸控制端口,CPU 模块发出的控制信号经过整形、放大电路后驱动电力电子器件,分闸与合闸使用各自的 IGBT 器件,分别控制分闸与合闸线圈,控制信号触发 IGBT 导通,从而接通分闸或合闸线圈回路,实现控制断路器永磁机构分合闸动作的目的,断路器动作完成之后,控制模块能够快速切断控制信号,并通知电容器组电路不再供电,具有很强的智能化和保护效果。电力电子器件是控制器的一个关键部件,在导通和关断过程中可能会产生瞬时的过电压,对系统元件会产生很大的冲击,其中辅以设计了过压保护电路,可以保证驱动电路的稳定工作。

图 2-48 为中心对称半桥结构永磁机构驱动电路。利用 IGBT 驱动电路,结合 DSP 数据处理单元,用电力电子元件 IGBT 来驱动永磁机构线圈电流的通断,从而实现断路器永磁机构控制器驱动电路的搭建。

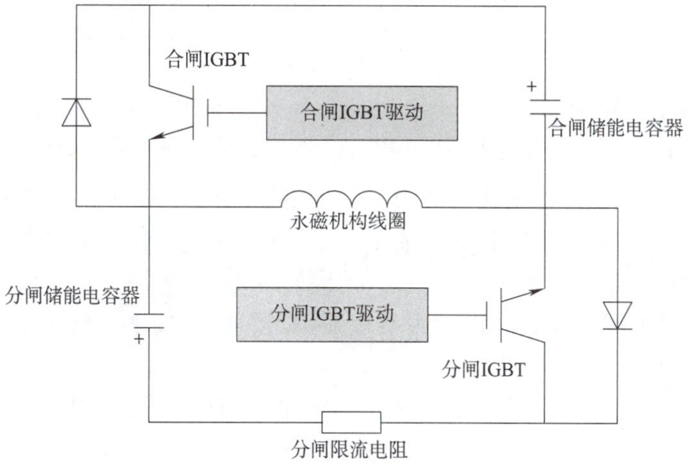

图 2-48 中心对称半桥结构永磁机构驱动电路

该结构以永磁机构线圈为中心对称,和普通的半桥结构很类似。其中,合闸 IGBT 和分闸 IGBT 各有一个,分别串联在分闸与合闸线圈电路中,两端反向并联一个二极管,由中心控制电路发送的控制信号驱动而触发导通,从而控制分闸线圈或合闸线圈的导通。

当合闸 IGBT 被触发导通时,线圈回路导通,电容器组对合闸永磁线圈放电,产生的电磁力驱动动触头向静触头运动,最终实现合闸动作,待合闸完毕之后迅速切断电路。

当分闸 IGBT 被触发导通时,因为分闸需要的驱动电流小于合闸电流,故设计中采用一个限流电阻限流，电容器组对分闸线圈放电，在线圈中产生反向电流，完成分闸动作，分闸完毕迅速切断电路。

电容器组为充放电电容，用来存储分合闸所需的电能充当电源。

(二)负荷开关

负荷开关如图 2-49 所示，是介于断路器和隔离开关之间的一种开关电器，具有简单的灭弧装置，能够切断额定负荷电流和一定的过载电流，但不能切断短路电流。只在接地开关分闸时方可合闸，接地开关只有在负荷开关分闸时方可合闸。

以 SF_6负荷开关 FLRN36-12D/T125-31.5 为例，如图 2-50 所示，其特点主要有：一是整体密封式结构，集负荷开关、隔离开关、接地开关为一体，密封在一个充满 SF_6气体，相对压力为 0.04～0.05 MPa，负荷“封闭压力系统”的绝缘箱体内；二是开关满足负荷、隔离、接地的三工位功能。

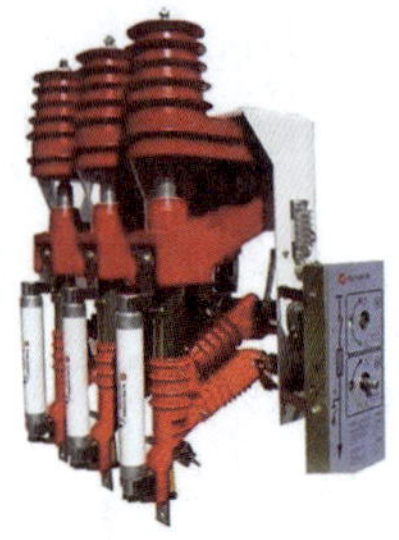

图 2-49　负荷开关

图 2-50　SF_6负荷开关 FLRN36-12D/T125-31.5

(三)高压隔离开关

隔离开关在电路中起连接或分隔电路的作用，使一部分电气设备或电路与另一部分电路实现电气的连接或脱离，并在脱离开的两部分电路之间保留一个可视的明显断开点，以便于确认开关状态，方便设备检修及作业安全，也可用于分、合很小的电容电流和电感电流。GW-4 型户外隔离开关的实物图及触头结构如图 2-51 所示。

隔离开关按有无接地开关可以分为不接地、单接地、双接地。按使用地区可以分为普通型、耐污型、高原型。

由于隔离开关没有消弧装置，故严禁带负荷进行操作。《铁路电力安全工作规程》规定，在隔离开关与断路器串联的回路中，进行合闸操作时应先合隔离开关，后合断路器，分闸操作顺序则与合闸相反。如回路中无断路器时，允许使用隔离开关进行下列操作[2]：

1. 开、合电压互感器和避雷器。

2. 开、合仅有电容电流的母线设备。

3. 电容电流不超过 5 A 的无负荷线路。当电压在 20 kV 及以上时，应使用户外三相联动隔离开关。

4. 用户外型三相联动隔离开关，允许开、合电压为 10 kV 及以下，电流为 15 A 以下的负荷。

5. 开、合电压为 10 kV 及以下，电流在 70 A 以下的环路均衡电流。

(a)隔离开关

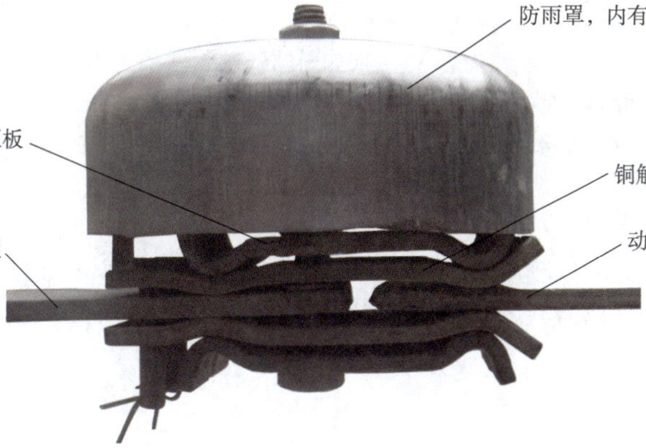

(b)触头结构

图 2-51　GW-4 型户外隔离开关

(四)低压开关

低压开关是最普通、使用最早的电气设备。其作用是隔离、转换、接通、分断电路。常用的有刀开关、隔离开关、负荷开关、转换开关(组合开关)、低压断路器等。

1. 低压断路器

低压断路器又叫自动空气开关,简称断路器。它相当于刀开关、熔断器、热继电器、过电流继电器和欠电压继电器的组合,是一种既有手动开关作用,又能自动进行欠电压、失电压、过载和短路保护的电器。

低压断路器根据载流量和过流能力一般分为框架断路器、塑壳断路器、微型断路器三种形式,每种断路器均可配备电动操作机构和辅助接点实现远程监视与控制。

低压断路器主要有三个特点:一是具有完善的灭弧装置;二是具有完善的配套设备,能与附加或自身的保护装置相配合,对电路、电器起到良好的自动保护作用;三是具有复杂的分、合闸操作机构。

低压断路器既能在正常情况下切断负载电流,又能在发生短路时自动切断短路电流。开关中装的电磁脱扣器,用作短路保护,当短路电流达到或接近 10 倍额定电流时,电磁脱扣机构迅速分断。一般自动开关还装有复式脱扣,也就是电磁脱扣加上热脱扣。

(1)框架断路器(ACB、空气断路器、万能式)

框架断路器属于大容量断路器,一般用于铁路低压配电所进线电源、母联柜,额定电流为 400～6 300 A。框架断路器的基本结构如图 2-52 所示。

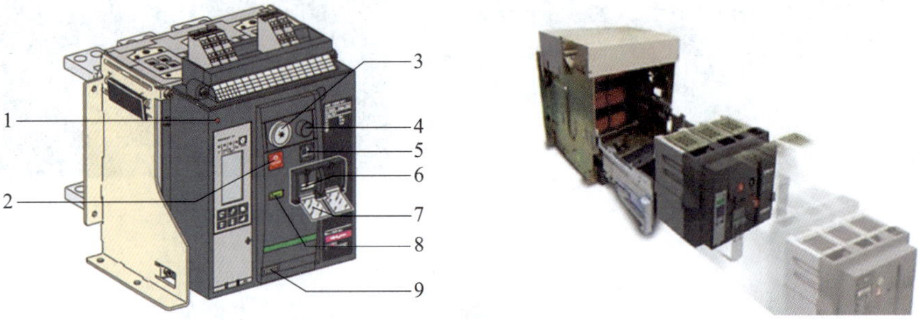

图 2-52 框架断路器基本结构

1—机械跳闸显示复位;2—OFF 按钮;3—OFF 位置锁;4—电气合闸按钮;5—ON 按钮;6—弹簧储能指示;7—按钮锁定;8—触头位置指示;9—计数器

框架断路器具备以下功能:

①开关功能,断开、闭合供电回路,切断回路故障短路电流。

②保护功能,可以设置电流、电压、时间的保护定值,并根据设置的定值起到供电回路的保护作用。

③可以实行远程控制。

④应具备机械、电气闭锁功能。

(2)塑壳断路器(MCCB、模块化断路器、装置式)

塑壳断路器通常应用于低压配电回路和入户分界开关,额定电流为 16～630 A。塑壳断路器如图 2-53 所示。

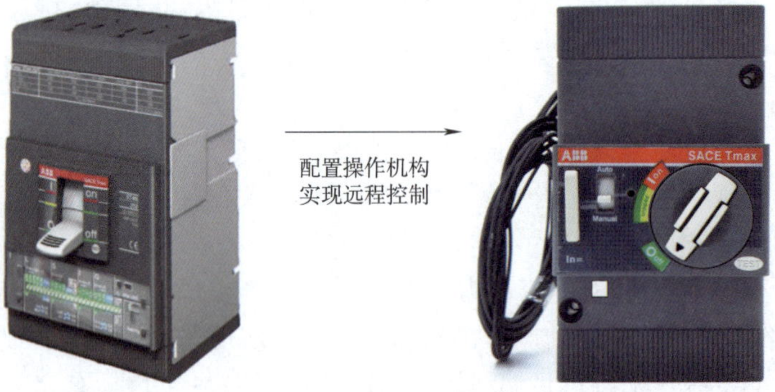

图 2-53 塑壳断路器

塑壳断路器具备以下功能:

①开关功能,断开、闭合供电回路,切断回路故障短路电流。

②保护功能,可以设置电流、电压、时间的保护定值,并根据设置的定值起到供电回路的保护作用。可以选用热元件保护或电子元件保护;可以选用定时限或反时限保护。

③多样的附件选配,如失压跳闸、机械锁等。

④配置电动操作机构,可以实行远程控制。

(3)微型断路器(MCB)

微型断路器属于小容量断路器(通常在 16 A 以下),通常应用于配电所交直流屏和入户分界开关。配置操作机构,可以实现远程控制。开关容量与保护匹配,不可调整。

微型断路器实物如图 2-54 所示。

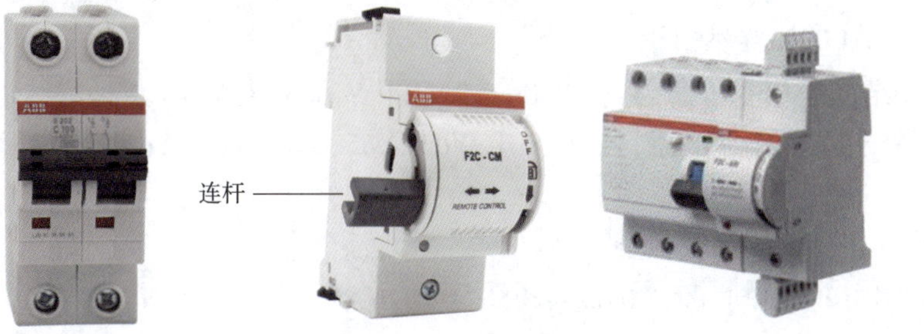

(a)微型断路器　　(b)操作机构　　(c)带电动操作机构的微型断路器

图 2-54　微型断路器

2. 刀开关

刀开关又称闸刀开关,是一种用来接通或断开电路的手动开关,常用于电压低于 550 V、电流小于 500 A 的不经常操作的电路中。图 2-55 为铁路常用的刀开关(低压进线隔离开关)。

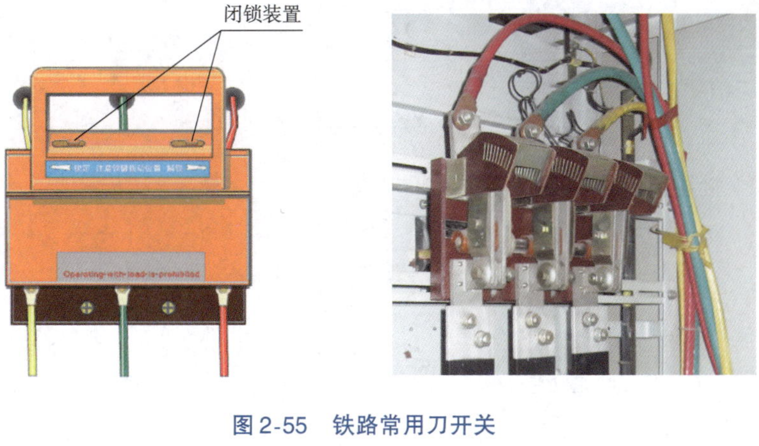

图 2-55　铁路常用刀开关

三、变 压 器

变压器是变配电所中最重要的一次设备之一,其主要功能是变换电压和传输电能,将一次侧的电能通过电磁能量转换的方式传输到二次侧,同时根据应用的需要将电压升高或降低,完成电能的输送和分配。

(一)变压器的重要参数

1. 额定容量

变压器的额定容量是变压器在正常工作条件下发挥出来的最大容量,指视在功率,单位用 kV · A 表示,是变压器在铭牌规定的额定状态下其二次侧的输出能力。对于三相变压器,额定容量是三相容量之和。

额定容量与绕组额定容量的区别:双绕组变压器的额定容量即为绕组的额定容量;多绕组变压器对每个绕组的额定容量加以规定,其额定容量为最大的绕组额定容量。

2. 三相变压器联结组别

Yy 联结的三相变压器,共有 Yy0、Yy2、Yy4、Yy6、Yy8、Yy10 六种联结组别,标号为偶数。

Yd 联结的三相变压器,共有 Yd1、Yd3、Yd5、Yd7、Yd9、Yd11 六种联结组别,标号为奇数。

铁路常用变压器接线组别:

(1)Yy0 接线组别及向量图,如图 2-56 所示。

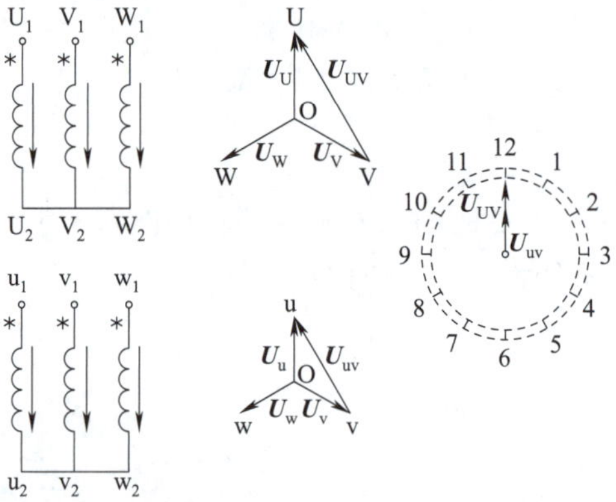

图 2-56　Yy0 接线组别及向量图

(2)Yd11 接线组别及向量图,如图 2-57 所示。

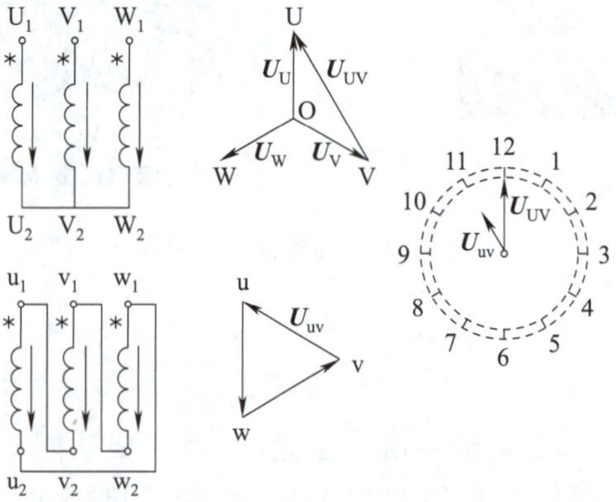

图 2-57　Yd11 接线组别及向量图

(3)Dy11 接线组别及向量图,如图 2-58 所示。

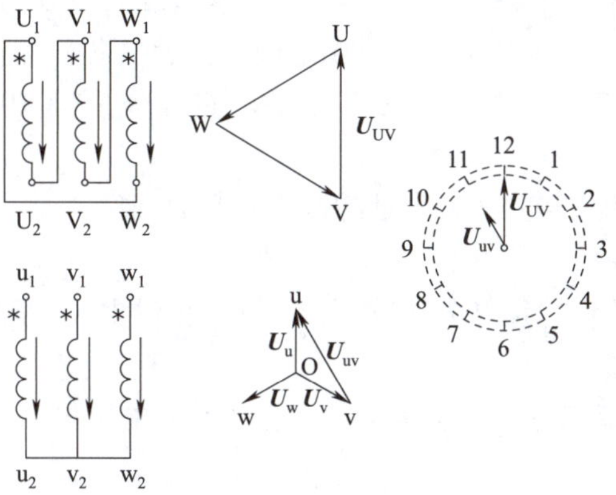

图 2-58　Dy11 接线组别及向量图

3. 额定电压

变压器的额定电压包括一次额定电压和二次额定电压,都是指线电压。由于允许高压侧电压在 ±5% 的范围浮动,一次额定电压只表示电压等级,二次额定电压指空载电压。

4. 阻抗电压

将变压器二次侧短路,一次侧施加电压均匀升高,到二次侧产生的短路电流等于二次侧额定电流时,一次侧施加的电压称为短路电压,短路电压与额定电压的百分比称为阻抗电压。

5. 变压器绕组的绝缘等级

根据不同绝缘材料耐受高温的能力对其规定了 7 个允许的最高温度,按照温度大小排列分别为:Y、A、E、B、F、H 和 C。它们的允许工作温度分别为:90 ℃、105 ℃、120 ℃、130 ℃、155 ℃、180 ℃和 180 ℃以上。因此 H 级绝缘说明的是该变压器采用的绝缘耐热温度为 180 ℃。

(二)变压器的分类

按冷却方式分类:自冷式、风冷式、水冷式、强迫油循环风(水)冷方式、水内冷式等。

按电源相数分类:单相变压器、三相变压器、多相变压器。

按用途分类:电力变压器、特种变压器(电炉变压器、整流变压器、工频试验变压器、调压器、矿用变压器、音频变压器、中频变压器、高频变压器、冲击变压器、仪用变压器、电子变压器、电抗器、互感器等)。

按冷却介质分类:干式变压器、油浸式变压器及充气式变压器等。

按线圈数量分类:自耦变压器、双绕组变压器、三绕组变压器、多绕组变压器等。

按导电材质分类:铜线变压器、铝线变压器、半铜半铝变压器、超导变压器等。

按调压方式分类:无励磁调压变压器、有载调压变压器。

按中性点绝缘水平分类:全绝缘变压器、半绝缘(分级绝缘)变压器。

1. 油浸式变压器

三相油浸式电力变压器如图 2-59 所示。其主要部件有:

(1)器身,包括铁芯、绕组、绝缘部件及引线。

铁芯是变压器中主要的磁路部分。通常由含硅量较高,厚度为0.35 mm或0.5 mm,表面涂有绝缘漆的热轧或冷轧硅钢片叠装而成。铁芯分为铁芯柱和铁轭两部分,铁芯柱套有绕组;铁轭的作用是闭合磁路。绕组是变压器的电路部分,它是用纸包的绝缘扁线或圆线绕成。

(2)调压装置,即分接开关,分为无励磁调压和有载调压。

(3)油箱及冷却装置。

(4)保护装置,包括储油柜、安全气道、吸湿器、气体继电器、净油器和测温装置等。

(5)绝缘套管。

其他结构部件有油箱、散热器、高压绝缘套管以及继电保护装置等。

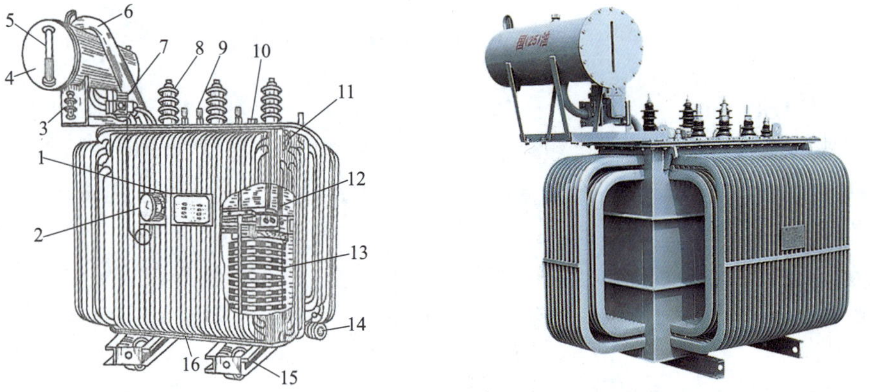

图2-59 三相油浸式电力变压器

1—铭牌;2—温度计;3—吸湿器;4—油枕;5—油位指示器;6—防爆管;7—瓦斯继电器;
8—高压套管;9—低压套管;10—分接开关;11—油箱;12—铁芯;13—绕组;
14—放油阀;15—小车;16—接地端子

2. 干式变压器

(1)适用范围

干式变压器适用于额定容量在31 500 kV·A及以下,电压等级在35 kV及以下的无励磁调压和有载调压干式变压器。

(2)环氧树脂浇注干式变压器的特点

环氧树脂浇注的干式变压器具有低损耗、低局放、防爆、难燃、环保无污染、免维护、抗短路能力强等特点。用于户内,检修、维护工作量少。用环氧树脂浇注的变压器结构,其主要部件线圈是用环氧树脂浇注封闭为绝缘。环氧树脂具有良好的电气性能和机械性能,以F级树脂性能表明,其电气强度为16~20 kV/mm。

(3)使用条件

①海拔不超过1 000 m,环境温度不超过40 ℃。若环境温度高于40 ℃或海拔超过1 000 m时,应按《电力变压器　第11部分:干式变压器》(GB 1094.11—2007)的规定作适当的调整。电源电压的波形近似于正弦波,三相变压器所连接的电源电压近似对称。

②外壳防护等级有 IP00、IP20、IP30 等形式。

③冷却方式有空气自冷(AN)和强迫风冷(AF)两种。要求变压器室必须具有良好的通风能力。

(4)干式变压器结构

干式变压器主要由硅钢片组成的铁芯和环氧树脂浇注的线圈组成,高低压线圈之间放置绝缘筒增加电气绝缘,并由垫块支撑和约束线圈,其零部件搭接的紧固件均有防松性能。

构造主要分为:环氧树脂包封 SCB 绕组和非包封 SGB 绕组,其基本结构如图 2-60 所示。

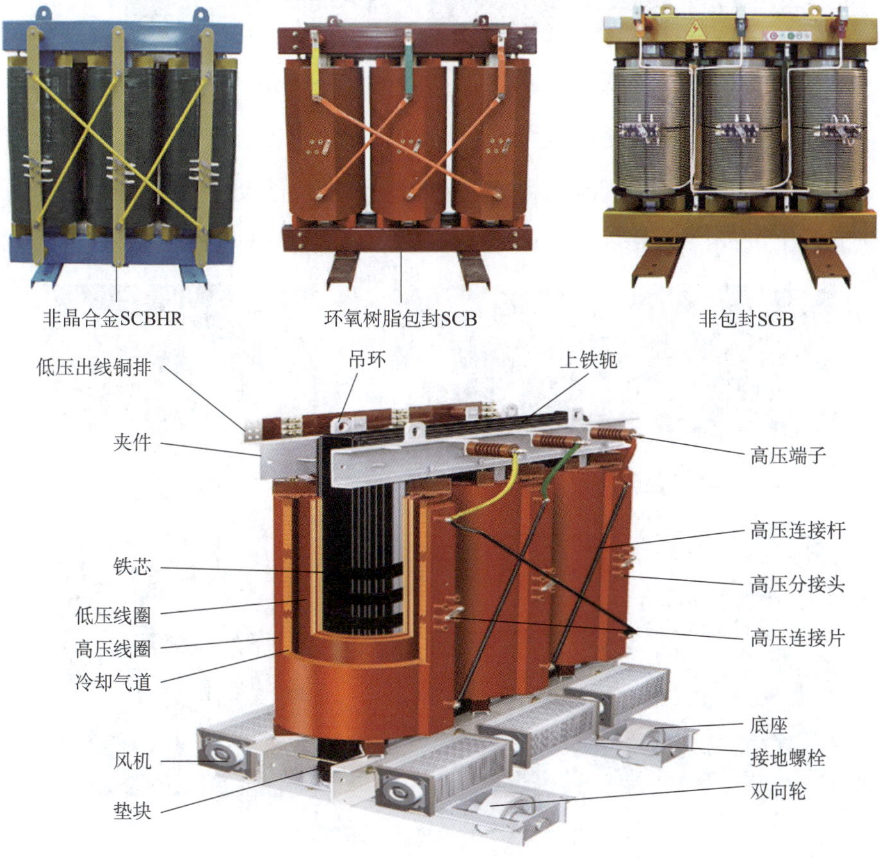

图 2-60　干式变压器

绕组:两个绕组中,电压较高的是高压绕组,电压较低的是低压绕组。从高、低压绕组的相对位置看,高压可分为同心式、交叠式。同心式绕组简单,制造方便,均采用这种结构方式。交叠式绕组主要用于特种变压器。

3. 有载调压变压器

通常铁路变配电所需要装设高压有载调压变压器,可以保证安装在各信号点的信号变压器或贯通信号变压器二次电压波动不超过额定电压的 ±10%,并起到隔离变压器的作用,阻止电力贯通(自动闭塞)线路接地故障影响公共电网。高速铁路一般采用干式调压变压器,如图 2-61 所示。普速铁路多采用油浸式有载调压变压器,如图 2-62 所示。

图 2-61　干式有载调压变压器

图 2-62　油浸式有载调压变压器

4. 有载调压器调压装置

电压水平是电能的重要质量指标之一，为了保证电压波动在一定范围之内，常用调压方式有两种，即有载调压和无载调压。干式有载调压装置如图 2-63 所示。

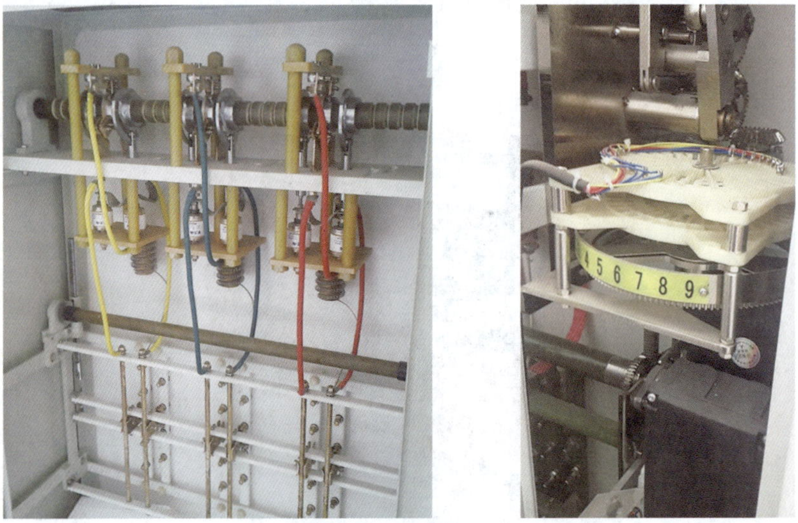

图 2-63　干式有载调压装置

调压通过分接开关切换来完成，有载调压通过有载分接开关，在负载电流不被切断的情况下切换至另一挡位；无载调压（无激磁调压）在进行调压时，必须切断负载，在停止运行的情况下通过无载分接开关切换至另一挡位。

不管采用有载调压还是无载调压方式，其所采用的原理是一样的，即通过有载调压控制器，如图 2-64 所示，控制分接开关的切换来改变高压侧绕组的匝数，以实现调压的目的。但有载调压分接开关由于带负荷进行切换，易于实现自动调压，所以对其要求较高，其结构也较为复杂。

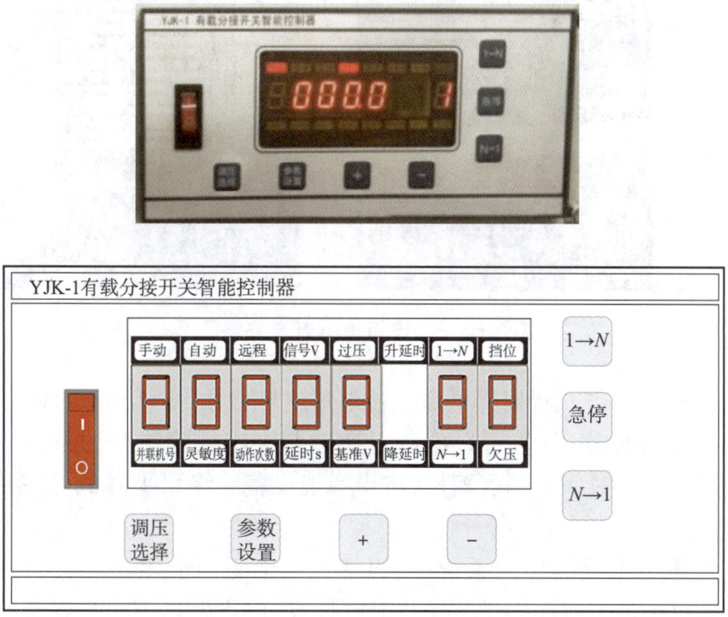

图 2-64 有载调压控制器

四、小电阻接地柜

高速铁路电力一级贯通、综合贯通调压器绕组接线方式为 Dy，二次 y 端中性点一般设计为经 10 Ω 小电阻接地。

普速铁路，因自闭贯通线多为架空线，瞬时性故障较多，调压器一般采用中性点不接地系统。

高速铁路，由于贯通线全部采用电缆敷设，对地电容电流与架空线路相比大大增加。另外，电缆故障一般为永久性故障，如果不能及时迅速地切除故障点，将产生过电压现象，特别是发生间歇性故障时，故障点将出现多次重燃，将产生较高的过电压现象，所以调压器中性点一般采用经小电阻接地系统，当中性点接入电阻后，会提供给健全相的电容电荷一个泄放转移的通道，由于电阻是个耗能设备，在回路中起到一个阻尼的作用，不仅能抑制电弧重燃过电压，而且可以防止铁磁谐振过电压。

基于小电阻接地方式这些特点，目前很多普速架空线路也逐步改造为全电缆线路，其调压器二次中性点一般设计为经 10 Ω 小电阻接地。

小电阻柜隔离开关与调压器进线断路器联锁，防止调压器中性点开路运行。小电阻柜隔离开关位置如图 2-65 所示。

（一）采用小电阻接地方式的优点

采用小电阻接地方式，虽然不如中性点不接地或经消弧线圈接地方式下，单相接地故障时可以坚持运行 2 h，但可以立即切除故障，最大限度地保证了人身安全，减少了事故影响，采用小电阻接地方式的优越性还体现在以下方面：

图 2-65 小电阻柜隔离开关位置

(1)经小电阻接地的方式可以降低弧光接地过电压倍数,破坏谐振过电压的发生条件。

(2)当发生单相接地故障时,可以准确迅速地判断出故障线路,并在很短的时间内切除,使设备耐受过电压的时间大幅度缩短,防止系统设备绝缘水平降低,使系统运行的可靠性增加。

(3)中性点经电阻接地的配网系统中,当中性点电阻阻值不是很大时,接地电弧熄弧后,零序残荷将通过中性点电阻提供的通路泄放掉,所以当发生下一次燃弧时,其过电压幅值和正常运行时发生单相接地故障的情况相同,并不会像中性点不接地或经消弧线圈接地系统,由于多次燃弧、熄弧而使过电压幅值升高。

(4)中性点不接地运行方式,当发生单相接地故障时,目前采用选线装置查找故障线路,判断故障点,不够准确,而且易引发其他故障(如相间故障)。采用手动逐路拉试,会影响供电可靠性。

采用小电阻接地后,可以通过继电保护及时将故障线路跳开,无须人工进行查找切除。

(二)小电阻柜主要技术参数

1. 主要系统参数:DZJN1-10-10/600。
2. 额定电压:$10/\sqrt{3}$ kV。
3. 设备最高工作电压:$12/\sqrt{3}$ kV。
4. 额定频率:50 Hz。
5. 额定电阻:10(15)Ω。
6. 额定容量:3 600 kW(短时)。
7. 额定发热电流:600 A/400 A。
8. 额定时间:≤10 s。
9. 电阻器短时允许温升:≤760 K。
10. 长期运行允许温升:≤385 K。
11. 额定容量:3 600 kW(短时)。

五、消弧线圈

消弧线圈现场设备如图 2-66 所示。

图 2-66　消弧线圈实物图

(一)种　　类

自动跟踪补偿消弧线圈装置可以自动适时地监测跟踪电网运行方式的变化,快速地调节消弧线圈的电感值,以跟踪补偿变化的电容电流,使接地点残流始终处于规定的范围内。

目前,国内自动跟踪补偿消弧线圈按改变电感方法的不同,大致可以分为:有分接头的调匝式消弧线圈、调容式消弧线圈、调气隙式消弧装置、磁阀式调节的消弧线圈、高短路阻抗变压器式消弧线圈。

(二)消弧线圈的作用

1. 减小接地故障电流

经消弧线圈接地单相接地故障电流分布如图 2-67 所示。消弧线圈的电感电流补偿了电网的电容电流,限制了接地故障电流的破坏作用,使电弧更加容易熄灭。

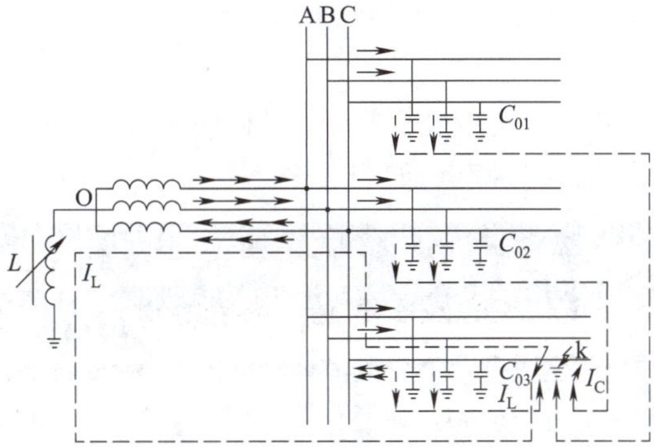

图 2-67　经消弧线圈接地单相接地故障电流分布

2. 降低故障相恢复电压的初速度

当残流过零电弧熄灭后,还能降低恢复电压的初速度,避免电弧重燃,使接地电弧彻底熄灭。

(三)中性点经消弧线圈接地方式的优点

10 kV 中性点不接地或经消弧线圈接地方式与中性点经小电阻接地方式或直接接地方式相比,最大的优点是在发生单相接地故障时,该系统可以带单相接地故障运行 2 h,获得足够的时间排除故障,以保证对用户不间断供电。

六、箱式变电站

箱式变电站(简称箱变)自问世以来,发展极为迅速,在欧洲发达国家已占配电变压器的70%,在美国已占90%。中国现代化建设飞速发展,配电网不断更新改造,箱式变电站也逐步得到广泛的应用。

中国自20世纪70年代后期,从法国、德国等国引进的箱式变电站,从结构上采用高、低压开关柜和变压器组成方式,这种箱变称为欧式箱变,形象比喻为给高、低压开关柜和变压器盖了房子。

美国箱式变电站,在结构上将负荷开关、环网开关和熔断器结构简化放入变压器油箱,浸在油中。避雷器也采用油浸式氧化锌避雷器。变压器取消油枕,油箱及散热器暴露在空气中,这种箱变称为美式箱变,形象比喻为变压器旁边挂个箱子。

随着科学技术的不断进步,根据用户使用环境、场合及用途不同,对温湿度、洁净度、通风、噪声、防雨、防雷、远程控制以及安装空间等技术要求也不相同,箱式变电站使用需要的功能也更加完备,定制化、智能化箱式变电站将成为时代发展的趋势。

(一)概　　述

铁路箱式变电站是针对铁路自动闭塞和电力贯通线路供电特点而专门设计的产品,主要由高压环网开关柜、信号(电力)变压器、低压开关柜、RTU装置及UPS电源等部分组成,其作用与户内型低压变电所相同,与室内型的低压变电所相比,箱变相当于将配电设备设置在"铁房子"内,其特点是工厂化生产、标准化组装(而不是依赖施工单位的组装水平)、能够对箱变的远动联调联试,其结构紧凑、安全可靠、智能化程度较高,但金属壳体使用寿命不如户内型变电站。

(二)壳　　体

箱式变电站箱体外壳可以采用冷轧钢板、夹层彩钢复合板、玻纤水泥等材料制作,具有机械强度高、防腐、隔热、抗辐射等特点,如图2-68所示。

图2-68　铁路箱式变电站基本外观结构

(三)箱式变电站设备布置

箱式变电站设备布置,如图 2-69 所示。

(a)贯通进出线高压柜

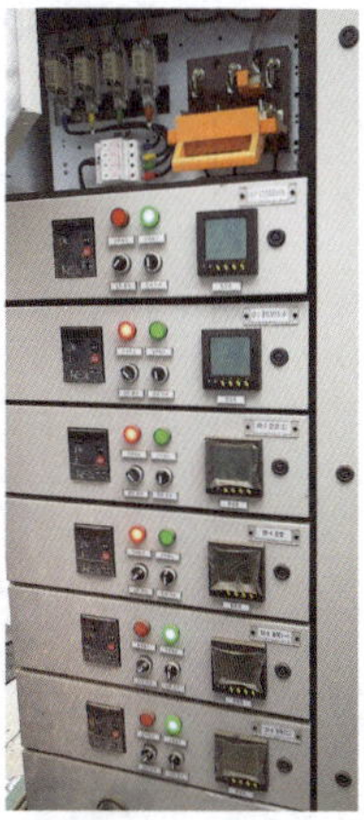

(b)贯通进出线低压柜

(c)变压器柜

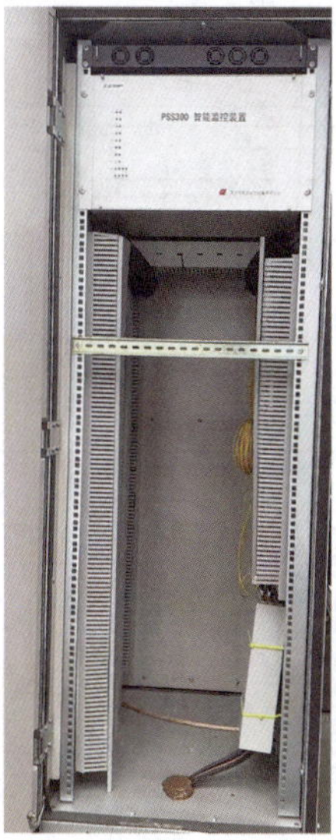

(d)RTU(UPS)柜

图 2-69 箱式变电站设备布置

(四)结 构

变电站由高压室、变压器室、低压室构成,呈“目”字形排列。由一级贯通高压环网柜、综合贯通高压环网柜、一级贯通信号变压器、综合贯通信号变压器、一级贯通低压配电柜、综合贯通低压配电柜、RTU 柜、双电源切换柜及进出线电缆所组成。箱式变电站构成如图 2-70 所示。

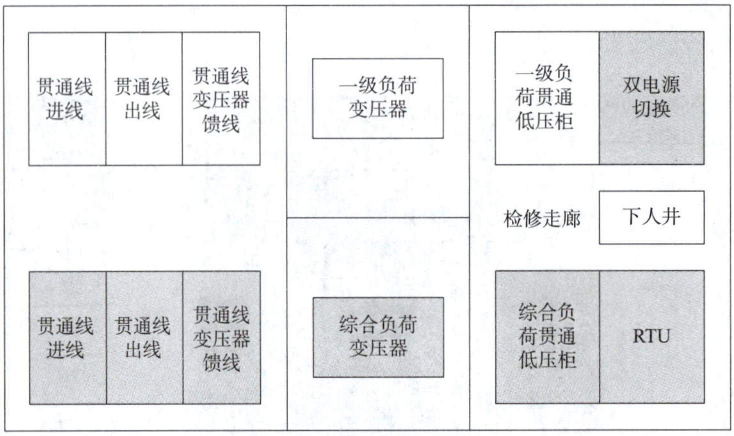

图 2-70　箱式变电站构成

如图 2-71 所示,一级贯通和综合贯通形成两个相同但完全独立的系统,各个间隔完全分隔开,在箱变布局中有明显分界。

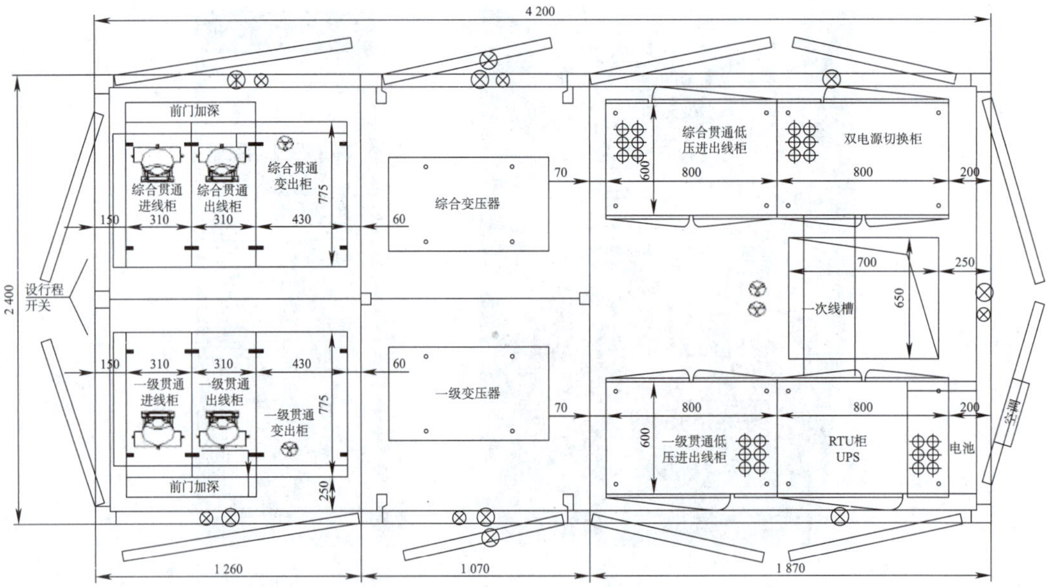

图 2-71　箱式变电站基本布置方案(单位:mm)

七、铁路电力 RTU

铁路电力远程监控终端 RTU(Remote Terminal Unit)是电力 SCADA 系统中的被控站装置之一,装设于铁路沿线的箱式变电站、10/0.4 kV 低压变电所、车站信号楼等处所。

铁路电力 RTU 的功能是采集电压、电流等遥测信号(相当于设备上安装的仪表),采集开关位置等遥信信号(相当于设备上安装的开关指示灯),上传至调度中心,同时接收调度中心的控制指令并操作开关(相当于设备上的开关操作按钮)。

铁路电力 RTU 三遥简视图，如图 2-72 所示。

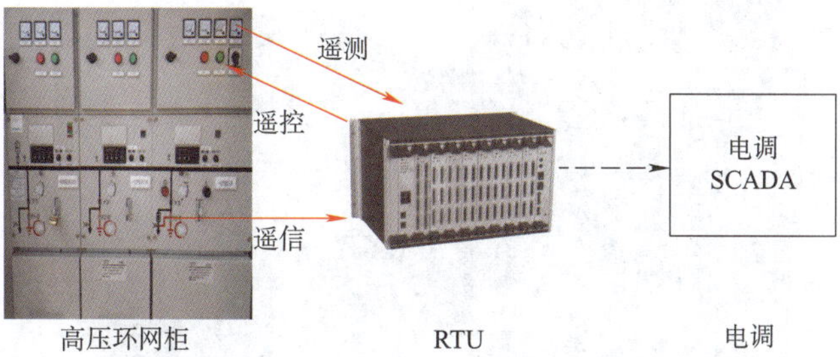

图 2-72 铁路电力 RTU 三遥简视图

(一) RTU 的种类

目前铁路使用的 RTU 有四种类型。

1. 大型 RTU，遥测量大于 96 路，遥信量大于 64 路，遥控量大于 48 路，一般用于箱变监控。如图 2-73 所示。

图 2-73 大中型铁路电力 RTU

2. 中型 RTU，遥测量大于 48 路，遥信量大于 24 路，遥控量大于 8 路，一般用于低压配电柜，如图 2-73 所示。

3. 小型 RTU，只监测两路供电电源，遥测量大于 16 路，遥信量大于 8 路，遥控量大于 4 路，一般用于电力与用户的分界点电源监测，如图 2-74 所示。

图 2-74 小型铁路电力 RTU

4. 仪表式 RTU（微型），只监测一个供电回路，遥测量大于 8 路，遥信量大于 4 路，遥控量大于 2 路，一般用于低压配电柜每个回路装设，如图 2-75 所示。

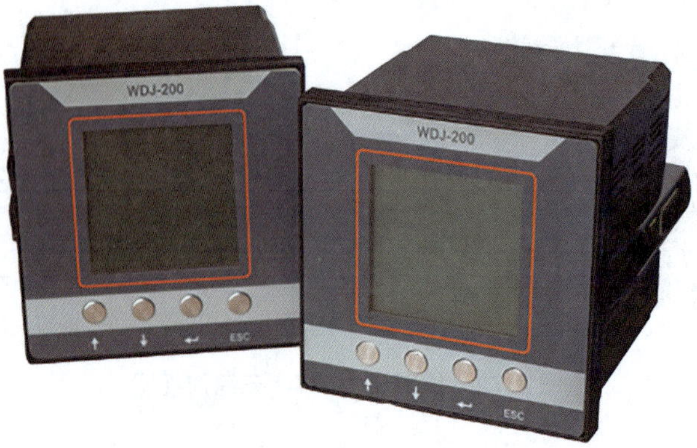

图 2-75　仪表式 RTU

(二) RTU 遥测功能

遥测，即远程测量。它是将采集到的电流、电压等主要参数传送给调度主站。遥测数据包括测量相电压、线电压、电流、有功功率、无功功率、功率因数、相位和相序等。遥测采集单元可以采用电流型或电压型，并对所采集的模拟量数据进行计算和分析来实现故障判断、故障录波和遥测越限报警等功能，同时具有硬件时钟系统，定值掉电保持功能。遥测数据处理原理如图 2-76 所示。

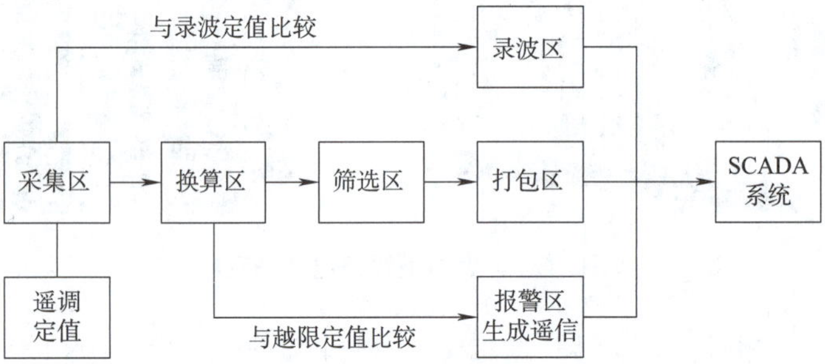

图 2-76　遥测数据处理原理

每个供电 SCADA 系统一般带有数百个电力 RTU，数据是海量的，受传输容量限制，将每个 RTU 的所有数据全部上传至 SCADA 系统主站，技术上是有难度的。为保证数据的真实性，铁路电力 RTU 通过采集计算、阈值比较、数据筛选、打包上传，有效解决了遥测数据的采集及传输问题，并具有故障录波功能。

1. 定时筛选

为减少传输数据量，通常的做法是定时抽取数据。如从 RTU 存储的有效值中，每 1 min 抽取 1 个数据上传至 SCADA 系统，传输的数据只是实际数据的 1/3 000，如每 5 min 抽取 1 个数据上传至 SCADA 系统，传输的数据量只是实际数据量的 1/15 000。

SCADA 系统主站存储了这些上传数据，但用这些数据描绘的曲线与真实曲线相比就可能出现偏差，尤其在实测数据发生突变的情况下，偏差更加明显。

2. 阈值筛选

阈值筛选数据的基本思路是：在某一时间段内，筛选关键数据（重点针对变化较大时的数据），统一“打包”上传。阈值筛选数据的主要原理是：

（1）设定一个阈值，如电压 =2 V。

（2）规定采集的瞬时值、换算的有效值必须带有“时标”。

（3）取第一个有效值数据作为基准数据。用第二个数值与基准数值比较，如果二者之差小于阈值，舍掉；再用第三个数值与基准数值比较，若小于阈值，舍掉；以此类推，第 N 个数值与基准数值比较，若大于阈值，用第 N 个数值替换基准数值，由此，得出筛选的数据。

（4）阈值筛选方式与定时筛选方式相比，在参数变化不大时，阈值筛选出的数据量比定时筛选的数据量少，参数变化较大时，阈值筛选出的数据量比定时筛选的数据量多。综合分析，在一定时间内（如 1 h 或 1 d），两者差别不大。

阈值筛选方式还有一个优点，可以根据实际运行情况，通过调整阈值的大小来调整筛选数据量，并以此适应数据传输量。两种数据处理方式下，在调度端后台曲线还原对比如图 2-77 所示。

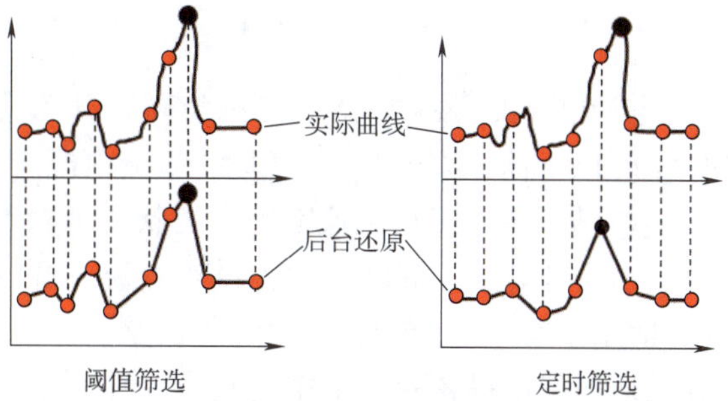

图 2-77 阈值筛选与定时筛选后台曲线还原对比

显然，阈值筛选比定时筛选还原的曲线更加接近实际，特别是曲线中的关键点（如图 2-77 中的标黑点）不丢失。

（三）RTU 遥信功能

遥信，即远程信号。铁路电力 RTU 负责采集来自现场监视对象的开关刀闸位置、事故预告信号状态、变压器挡位等实时状态信息，完成遥信数据的采集，同时将采集的数据进行滤波处理、变化判断，并将结果上传调度主站。遥信采集工作原理如图 2-78 所示。

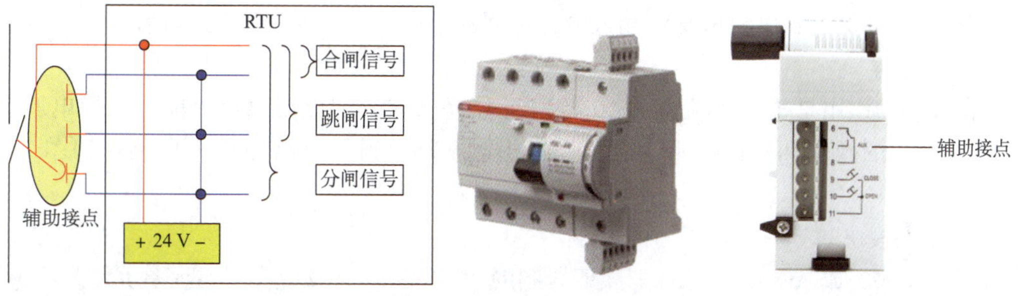

图 2-78 遥信采集工作原理

(四) RTU遥控功能

遥控,即从调度中心发出远程操作命令,控制断路器、隔离开关的合、分。被控开关均带有操作机构,具有合闸线圈和分闸线圈,RTU 接收调度主站命令,向操作机构线圈提供操作电源就可以进行远程控制,如图 2-79 所示。

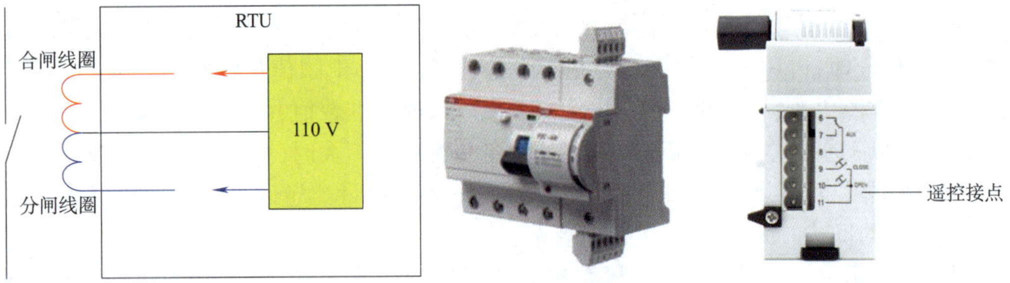

图 2-79　遥控控制工作原理

八、交直流屏

目前电力系统中直流电源装置广泛采用微机控制型高频开关直流电源系统。微机控制型高频开关直流电源系统(以下简称直流屏)是智能化直流电源产品(具有遥测、遥信、遥控),可以实现无人值守,能够满足正常运行和保障在事故状态下对继电保护、自动装置、高压断路器的分合闸、事故照明及计算机不间断电源等供给直流电源,或在交流失电时,通过逆变装置提供交流电源。适用于发电厂、变电站、电气化铁路、石化、冶金、开闭所及大型建筑等需要直流供电的场所,从而保证设备安全可靠运行。

(一) 特　　点

微机控制高频开关直流屏具有稳压和稳流精度高、体积小、质量轻、效率高、输出波纹、谐波失真小、自动化程度高及可靠性高的特点,并可配置镉镍蓄电池、防酸蓄电池及阀控式铅酸式电池,可以实现无人值守。

(二) 系统的基本组成

1. 交流屏

交流屏的作用是提供交流电源,为变配电所所用电提供低压交流电能,如所内照明、空调、动力电源等,并将交流电源引入,分配给各个充电模块,同时可以实现两路交流输入的自动切换,始终保持充电机的交流输入电源不间断供电。交流屏如图 2-80 所示。

2. 直流屏

直流屏的作用是提供直流电源,在特定场合提供和分配低压直流电能。如配电所、变电所、配电间的操作和控制电源,将直流输出电源分配到每一路输出。直流屏如图 2-81 所示。

3. 充电模块

充电模块完成 AC/DC 变换(三相四线制的 AC 380 V/DC 220 V),实现系统最为基本的功能。整流装置的输出电压、电流的调节范围应满足蓄电池组在充电、浮充电、均衡充电等运行状态下的要求。整流器应具有定电流恒电压的性能，能以自动浮充电、自动均衡充电、手动充电三种运行方式运行。充电模块及蓄电池组如图 2-82 所示。

4. 监控模块

监控模块将对系统的交流、直流中的各种模拟量、开关量信号进行采集并处理，同时提供声光告警；进行系统的智能管理，实现与人机对话界面的通信和后台机的远程监控，如图 2-83 所示。

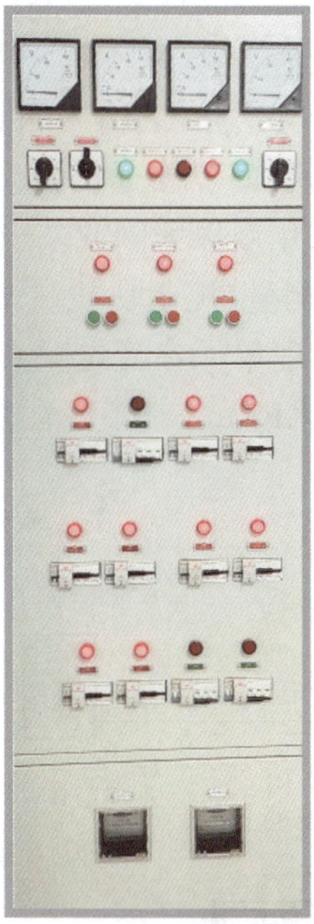

图 2-80　交流屏

图 2-81　直流屏

图 2-82　充电模块及蓄电池组

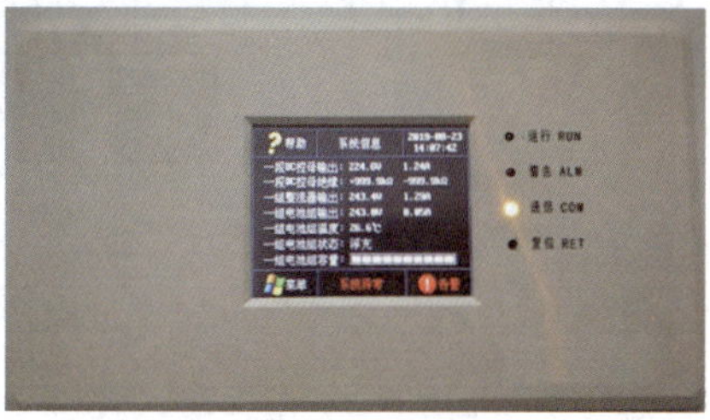

图 2-83　监控模块

九、综合自动化系统

铁路电力变配电所综合自动化系统是铁路电力自动化系统的基本单元，主要完成变配电所内部的自动化功能，包括保护、监视、控制以及数据转发等。

将变配电所的二次设备(包括测量仪表、信号系统、继电保护、自动装置和远动装置等)经过功能的组合和优化设计,利用先进的计算机技术、现代电子技术、通信技术和信号处理技术,实现对全所设备的自动监视、自动测量、自动控制和保护以及与调度通信等综合性的自动化功能。

变配电所自动化发展过程大致经历三个阶段:一是变配电所分立元件的自控装置阶段;二是以微处理器为核心的智能自动装置阶段;三是变配电所综合自动化阶段。全面促进铁路变配电所技术水平和运行管理水平的提高。

(一)分层分布式系统结构

铁路综合自动化系统常用分层分布式系统结构。分层分布式结构和现场实物如图 2-84、图 2-85 所示,它由各保护测控单元以及当地监控单元、间隔层通信网络和通信管理单元等组成。变电站层通信网络采用以太网;间隔层网络采用双以太网或基于 LonWorks 的双环自愈光纤网;各保护测控单元完成配电所的继电保护、测量、控制功能。调度中心通过通信管理单元与保护测控单元通信,实现四遥功能;通信管理单元在变电站和间隔层通信网络之间实现规约转换,同时为全所提供时间基准(北斗或 GPS)。

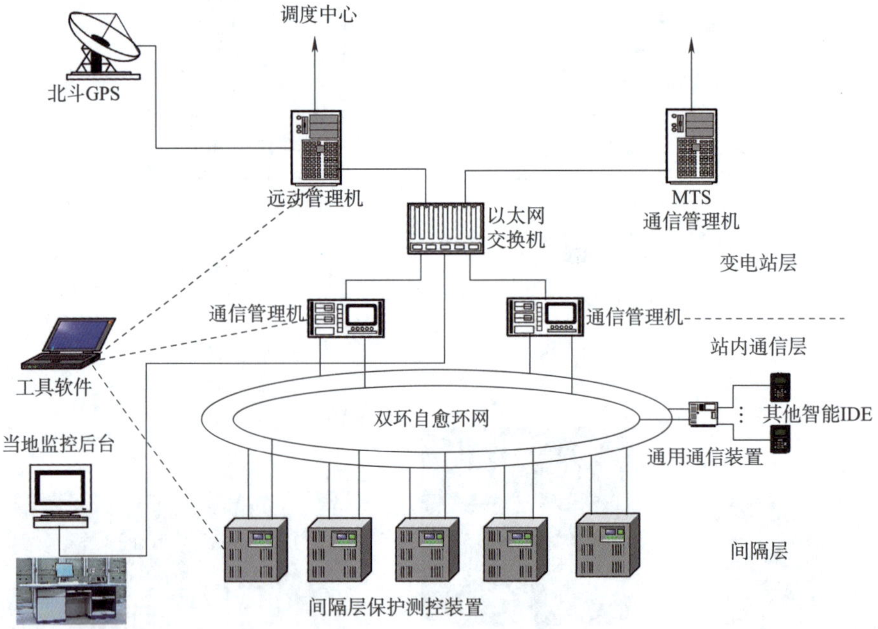

图 2-84　分层分布式结构

整个系统按纵向分为三层,分别是变电站层、站内通信层、间隔层。

1. 变电站层:即站内监控主站,作为调度、运行及专业人员的人机交互窗口,以图形显示、报表打印、音响报警等各种方式对系统运行状况进行实时监视、控制、调节等,完成调度中心的“四遥”功能。

2. 站内通信层:提供标准的通信接口,可以通过以太网、LonWorks、RS-485、RS-422、RS-232 接口与各厂家设备实现互联。

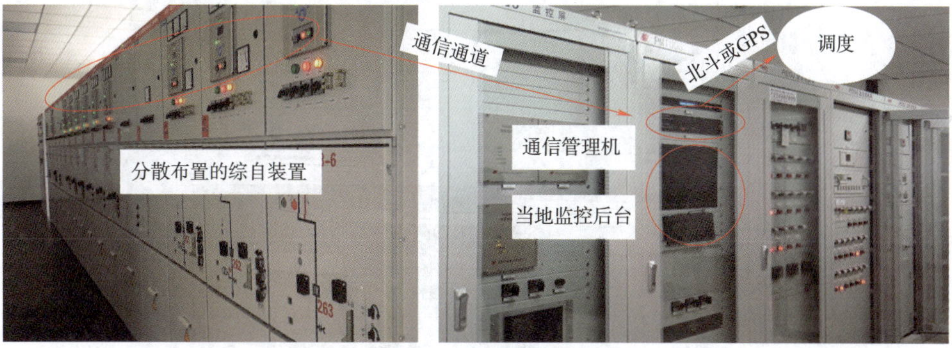

图 2-85 分层分布式结构现场实物

3. 间隔层：由对应各个间隔的微机保护测控单元组成，在站内按间隔分布式配置。间隔层设备既可以直接“下放”至开关柜就地，减少大量的二次电缆接线，也可以在控制室内集中组屏，美观大方，方便运营管理。各设备相对独立，仅通过通信网络互联，并同变电站层设备通信，对采集的信息进行处理与上送，保护功能相对独立，不受监控系统的影响。

（二）铁路电力综合自动化系统的特点

1. 保护、测量、控制功能综合考虑，功能分布式配置，通过网络组成整体。

2. 利用通信单元，通过通信而不是节点采集来收集变电所的运行状态，“四遥”功能下放到保护装置。

3. 利用计算机的强大功能取代中央信号盘，实现当地监控功能。

4. 故障记录功能，记录保护动作前、后的有关故障信息，以利于分析故障。

5. 整定值可以通过调度端、当地监控后台、测控装置和试验仿真工具软件在线整定。

总的特点是：结构分层分布化、功能综合化、操作监视屏幕化、运行管理智能化、通信手段多元化、测量显示数字化。这些特点提高了铁路变配电所的安全、可靠运行水平，能够提高铁路电力系统的运行管理水平，促进无人值班管理模式的实施。

（三）当地监控后台

当地监控及通信管理机作为铁路变配电所综合自动化系统的一部分，负责采集与显示变配电所所内测控、保护装置的各种测量、保护信息，实现对变配电所所内的各种开关的分/合控制、信号复归、保护装置的复归、定值整定、定值区切换，完成相应的报表处理、各类曲线显示、SOE 事件、打印等信息处理功能。当地监控后台，如图 2-86 所示。

当地监控及通信处理单元互相独立。在正常情况下，调度端控制命令不需通过当地监控单元即可执行，可以通过当地后台机监视配电所运行情况，查看各种报表及曲线。

当远方控制失效时，当地监控装置作为远方控制失效的后备手段，可以在当地进行控制操作；也可以在日常的维护、检修工作中经调度同意，在当地进行控制操作。

图2-86　当地监控后台

(四)保护测控装置

铁路电力常用的保护测控装置有以下几种:变压器保护测控装置、变压器非电量保护装置、进线保护测控装置、自闭贯通线保护测控装置、馈线保护测控装置、母联保护测控及备自投装置、调压器保护测控装置、电容器、电抗器保护测控装置和公用测控单元。它们组合在一起,具有完善的保护、测量、控制和遥信功能。

1. 硬件构成

微机保护硬件框图如图2-87所示。按功能可分为五个部分,分别是数据采集单元、数据处理单元、开关量输入/输出接口、通信接口及电源。

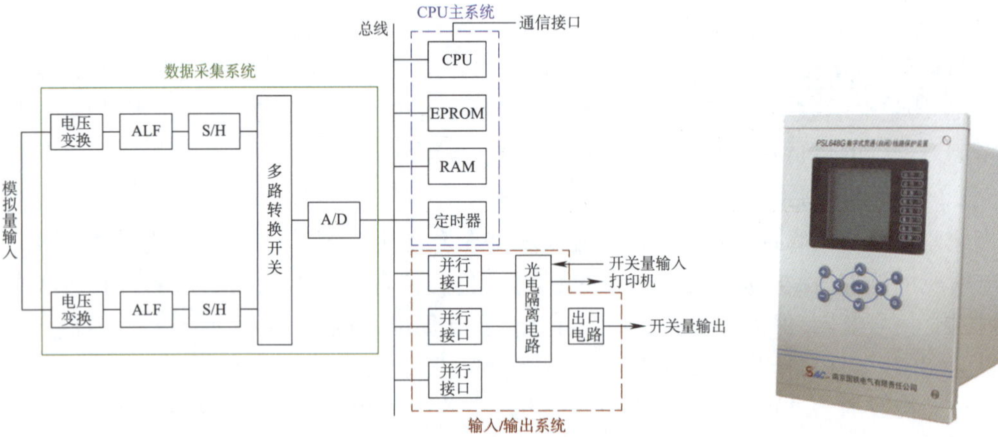

图2-87　微机保护硬件框图

(1)数据采集单元

数据采集单元包括电压形成和模数转换等功能模块,完成将模拟输入量准确地转换为数字量的功能。

(2)数据处理单元

数据处理单元包括微处理器、只读存储器、随机存取存储器、定时器以及并行口等。微处理器执行存放在只读存储器中的程序,对由数据采集系统输入至随机存取存储器中的数据进行分析处理,以完成各种继电保护的功能。

(3)开关量输入/输出接口

开关量输入/输出接口由若干并行接口、光电隔离器及中间继电器等组成,以完成各种保护的出口跳闸、信号警报、外部接点输入及人机对话等功能。

(4)通信接口

通信接口包括通信接口电路及接口,以实现多机通信或联网。

(5)电源

电源指供给微处理器、数字电路、A/D 转换芯片及继电器所需的电能。

2. 软件构成

微机保护装置的软件通常可以分为监控程序和运行程序两部分。

监控程序包括人机对话接口、键盘命令处理程序以及为插件调试、定值整定、报告显示等所配置的程序;运行程序就是指保护装置在运行状态下所需执行的程序,一般可以分为两个模块:主程序和中断服务程序。

(五)通信系统

通信系统包括系统内部的通信和系统与上级调度的通信两部分。内部的通信系统收集间隔层信息并上送到变电站层,将变电站层的命令发送到间隔层装置。与上级调度的通信(即远动管理)收集间隔层装置的信息,并上送至调度系统,转发调度系统的控制命令等。间隔层采用双环自愈环网,某一节点的损坏不会影响其他节点的通信,同时相邻节点会给出报警信息。

通信管理机的主要功能是收集间隔层装置的信息,将这些信息实时上送到后台管理系统。通信管理机如图 2-88 所示。

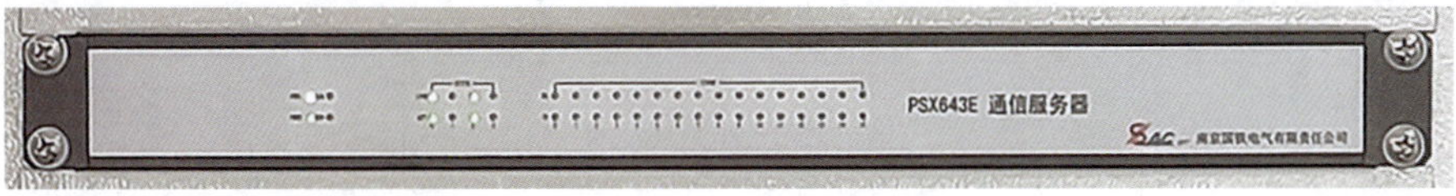

图 2-88　通信管理机

十、补偿设备

(一)磁控电抗器

1. 磁控电抗器组成

磁控电抗器全称是磁阀式可控电抗器,简称 MCR,是一种容量可调的并联电抗器,主要用于电力系统的无功补偿,提高功率因数。系统由两部分组成:磁控电抗器、控制器。

磁控电抗器具有动态调节无功功率的功能。通过控制器对系统的无功功率进行采集、计算、分析,自动控制磁控电抗器内晶闸管的导通角,改变铁芯磁阀的磁饱和度,实现输出无功容量的连续可调。电抗器如图 2-89 所示。

图 2-89　电抗器

2. 工作原理

磁控自饱和可控电抗器是利用自耦直流励磁电流控制铁芯的饱和度，实现连续可调电抗。当晶闸管 T_1、T_2 均不导通时，由绕组结构的对称性可知，其与空载变压器的作用相同。原理图如图 2-90 所示。

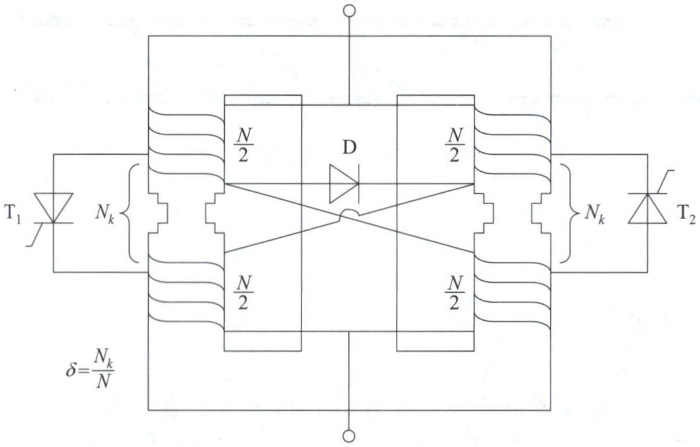

图 2-90　电抗器原理图

当电源电压处于正半波时，晶闸管 T_1 承受正向电压，T_2 承受反向电压。此时，若触发 T_1

使之导通，电源通过变比为 δ 的“自耦变压器”，由匝数为 N_k 的线圈向电路提供直流控制电压和电流。

当 T_2 在电源的负半波被触发导通时，同样也产生直流控制电压和电流，而且控制电流的方向与 T_1 导通时一致。T_1 和 T_2 在一个工频周波内轮流导通，构成全波整流，二极管 D 起续流作用，保证晶闸管在相应的正向电压过零时能够顺利关断。改变 T_1 和 T_2 的导通角，便可以改变被控电流的大小，从而改变铁芯的饱和度。实现电抗值连续可调，这种可调电抗无须外加激磁电源，在整个工作范围内，通过调节小截面铁芯段磁路的饱和度，即可实现电抗器无功容量输出从空载容量到额定容量之间的无级连续调节，伏安特性较好，谐波含量低。

（二）SVC 和 SVG 无功补偿设备

1. 静止无功补偿装置（SVC）

静止无功补偿装置 SVC 无运动部件，能够跟踪系统要求，可连续调节容性或感性无功功率，其输出可独立于交流系统电压的成套补偿装置。构成这种装置的主要元件（电容器、电抗器、晶闸管阀等）是“静止”的（相对于调相机之类的旋转设备而言），但其功能是动态无功功率补偿。

主电路采用无涌流接触器或晶闸管无触点开关投切调谐电容器组（调谐电抗 + 电容组），控制部分基于数字信号处理技术（DSP），运用过零投切控制技术，完全实现单相和三相调谐电容器组的无暂态、高速投切，从而使无功功率得到动态补偿。

静止无功补偿装置具有无合闸涌流冲击、无电弧重燃、无操作过电压、电容器无须放电即可再投、快速跟踪无功变化、频繁投切、动态响应快的特点。分组多级补偿可一次到位，对不平衡负载可分相补偿。

2. 静止无功发生器（SVG）

静止无功发生器 SVG（又称 ASVG 或 STATCOM），也是做无功补偿的，比 SVC 更加先进。

基本原理是将自换相桥式电路通过电抗器或者直接并联在电网上，适当地调节桥式电路交流侧输出电压的相位和幅值（电压型），或者直接控制其交流侧电流（电流型），就可以使该电路吸收或者发出满足要求的无功电流（感性或容性），既可以提供滞后的无功功率，又可以提供超前的无功功率，实现动态无功补偿的目的。

十一、避雷器、过压保护器

（一）避 雷 器

1. 概况

避雷器是普遍采用的入侵波保护装置，也是应用最广泛的过电压限制器，它的实质是过电压能量的吸收器。它与被保护设备并联运行，当作用电压超过一定幅值后避雷器总是先动作，通过它自身泄放掉大量的能量，限制过电压，保护电气设备。

避雷器放电后，避雷器两端的过电压消失，系统正常运行电压又继续作用在避雷器两端，在这一正常运行电压作用下，处于导通状态的避雷器中继续流过工频接地电流，该电流称为工频电流，它以电弧放电的形式出现。工频续流的存在使相导线对地的短路状态继续维持,系统无法恢复正常运行。

作为过电压保护装置,当电网电压升高达到避雷器规定的动作电压时,避雷器动作,释放电压负荷,将电网电压升高的幅值限制在一定水平之下,从而保护设备绝缘所能承受的水平,现代避雷器除了限制雷电过电压外,还能限制一部分操作过电压,因此称之为过电压限制器是更为确切的。

2. 工作原理

避雷器设置在与被保护设备对地并联的位置,避雷器的工作原理如图2-91所示,各种避雷器均有一个共同的特性,即在高电压作用下呈现低阻状态,而在低电压作用下呈现高阻状态。在发生雷击时,当雷电波过电压沿线路传输到避雷器安装点后,由于这时作用于避雷器上的电压很高,避雷器将动作,并呈低阻状态,从而限制过电压,同时将过电压引起的大电流泄放入地,使与之并联的设备免遭过电压的损害。在雷电侵入波消失后,线路又恢复了正常传输的工频电压,这一工频电压相对雷电侵入波过电压来说是低的,于是避雷器将转变为高阻状态,接近于开路,此时避雷器的存在将不会对线路上正常工频电压的传输产生响应。

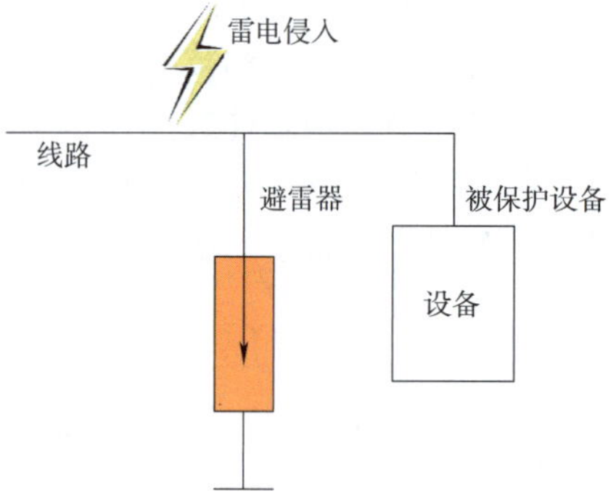

图2-91　避雷器工作原理

3. 氧化锌避雷器

氧化锌避雷器是一种新型避雷器,采用的核心部件是氧化锌阀片,氧化锌压敏电阻阀片以氧化锌(ZnO)为主要材料,并掺以微量的氧化铋、钴、锑等添加物,经过成型、烧结、表面处理等工艺过程而制成。具有非常理想的伏安特性,其非线性极好。AIS柜、GIS柜常用避雷器如图2-92所示。

(二)过电压保护器

过电压保护器,也称为组合式过电压保护器,用于交流中压3~66 kV电力系统,防止主要由真空开关产生的操作过电压对电力设备的损害,同时兼有防雷功能。用户可以根据被保护电器设备的不同选用相应的过电压保护器,具有电压等级为3.3 kV、6 kV、10 kV、35 kV等多种规格和用途的产品供用户选择。适用于35 kV及以下电力系统中,是限制雷电过电压和操作过电压的一种先进的保护电器。主要用于保护发电机、变压器、开关、母线、电动机、并联补偿电容器组等电气设备的绝缘免受过电压的损害,对于相间和相地过电压都能起到有效的保护作用。特别适合与KYN、XGN、GBC、JYN、GZS等不同型号的中压成套开关柜配合使用,或直接安装在小型箱式变电站内。过电压保护器如图 2-93 所示。

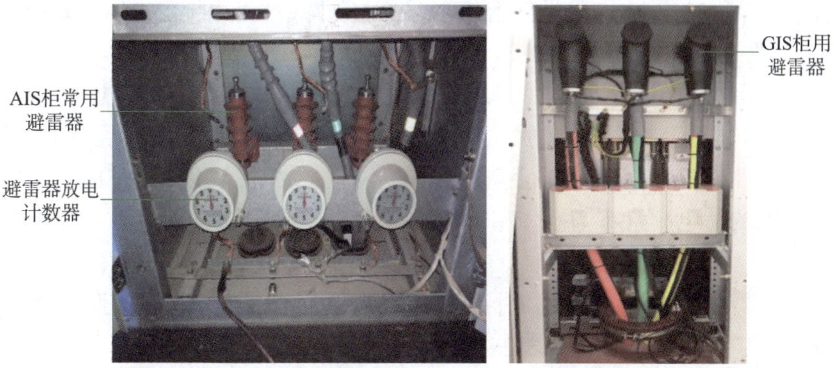

图 2-92　AIS 柜、GIS 柜常用避雷器

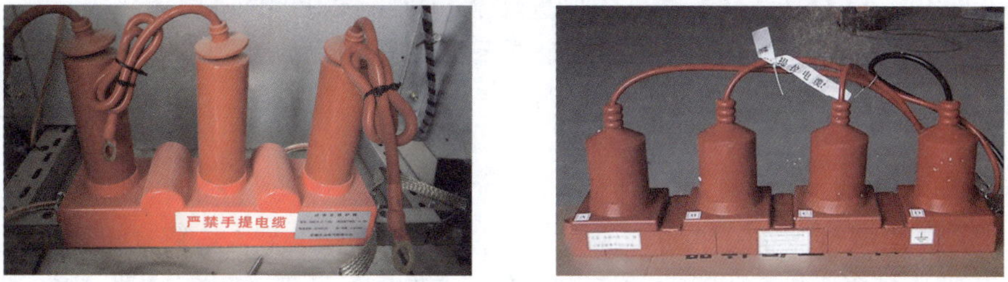

图 2-93　过电压保护器

1. 型号说明

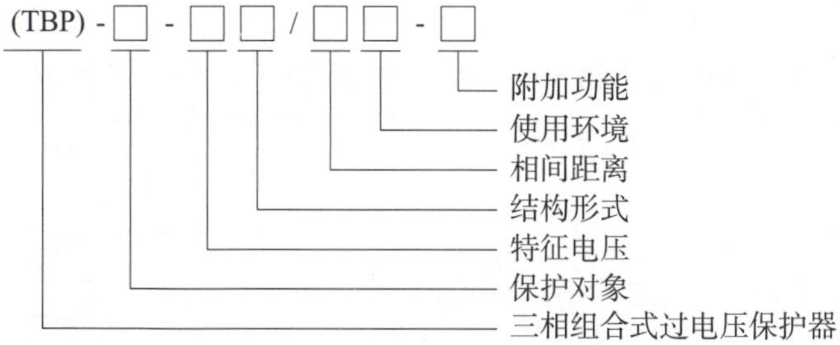

(1)保护对象:A—电机型;B—配电、电站用;C—电容器型。

(2)特征电压:允许持久地施加在 TBP 相间及相对地的工频电压的有效值。

(3)结构形式:F 为硅橡胶外套,无 F 为瓷外套。

(4)相间距离:可以分为 85(四柱)和 131(三柱)两种。

(5)使用环境:W 为户外型,无 W 为户内型。

2. 分类

过电压保护器根据制造时的本体结构划分,可以分为两类:无间隙组合式过电压保护器、串联间隙组合式过电压保护器。

(1)无间隙组合式过电压保护器

保护器的每个保护单元都由氧化锌(ZnO)电阻片组成,直接与三相电源连接。这样,氧化锌电阻片良好的非线性可以得到充分发挥。在过电压没有达到 ZnO 电阻片动作电压之前,

ZnO 电阻呈高阻状态,ZnO 电阻的电容性和阻尼性可以缓和过电压波头陡度并减缓振荡频率。当过电压超过临界值时,ZnO 电阻呈低阻状态,利用其非线性对系统过电压实现限制。

(2)串联间隙组合式过电压保护器

保护器的每个保护单元由放电间隙和氧化锌电阻片串联组成。当过电压达到保护器的放电电压时,放电间隙击穿放电,此时氧化锌电阻呈低阻状态;过电压冲击过后,氧化锌电阻的非线性特性使放电间隙放电后立即熄弧,不产生续流,氧化锌电阻呈现高阻状态,放电后氧化锌电阻的荷电率为零。

3. 特点

过电压保护器为一种新型的过电压保护器,主要用于保护发电机、变压器、真空开关、母线、电动机等电气设备的绝缘免受过电压的损害。

组合式过电压保护器的特点:结构采用四星形接法,采用氧化锌非线性电阻和放电间隙相串联的结构,极大地提高了产品的保护性能和抗干扰、抗电蚀、耐老化等特性,从而消除分布电容和杂散电容对放电数值的影响,真正实现了相间过电压和相地过电压放电过程均由一个间隙完成。

十二、电压互感器

电压互感器 PT(Potential Transformer),是一种电压变换装置。它将高电压变换为低电压,以便用低压量值反映高压量值的变化。电磁式电压互感器的工作原理、构造和连接方法都和普通电力变压器相同。其主要区别在于:电压互感器的容量很小,通常只有几十到几百伏安。

(一)电压互感器的功能

电压互感器能将系统高电压变换成 100 V 标准低电压,使测量仪表及继电器的电压线圈制造标准化。它还能将一次高压回路与二次回路相隔离,从而保证工作人员和二次设备的安全。

(二)技术参数

1. 电压比:指一次电压与二次电压的比值。

2. 误差等级与二次负荷

(1)误差等级,电压互感器的铭牌上所标注的“误差等级”即为电压互感器的准确度等级,通常有,测量级(二次绕组):0.2 级、0.5 级、1 级、3 级;保护级(剩余绕组):3P 级、6P 级。

(2)准确度等级的数值,就是电压互感器电压比误差限值的百分值,如准确度等级为 0.5,则表示电压互感器在额定电压时的电压比误差限值为 ±0.5%。

(3)准确级次与二次负荷有直接关系,不同误差等级下的负载容量是不同的。

(三)电压互感器分类

1. 按相数可以分为单相电压互感器、三相式电压互感器。其中三相式电压互感器又可分为三相三柱式、三相五柱式。

2. 按原理可以分为电磁式电压互感器、电容式电压互感器。

3. 按绝缘材料可以分为干式电压互感器、油浸式电压互感器、浇注式电压互感器、气体绝缘式电压互感器。

4. 按结构形式可以分为全绝缘电压互感器、半绝缘电压互感器、全封闭电压互感器、半封闭电压互感器。

铁路电力 10 kV 变配电所常用电压互感器如图 2-94 所示。

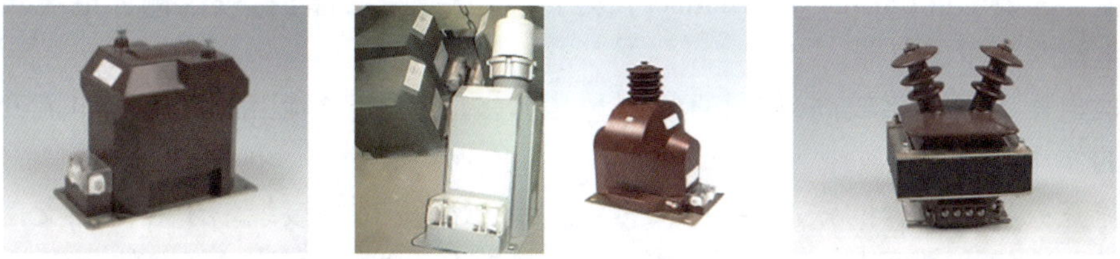

(a)全绝缘　　(b)半绝缘　　(c)全绝缘半封闭

图 2-94　常用电压互感器

(四)电压互感器额定容量

电压互感器额定容量 S_n 是指对应于最高准确级下的容量(V·A),对于三相式电压互感器,其额定输出容量是指每相的额定输出。当电压互感器二次侧负载功率因数为 0.8(滞后),负载容量不大于额定容量时,互感器能保证幅值与相位的精度。

需要注意的是,当系统中电压回路的负荷超过互感器标示的精度范围内的额定容量时,互感器的测量精度会明显下降;负荷超出额定输出越大,二次输出衰减越厉害,进而造成计量值大幅降低,与计量总表形成明显差距,负荷如果超过或接近热极限输出,则长时间运行必然会造成互感器过热,从而导致互感器爆炸等一系列事故。

计量专用电压互感器额定二次容量应为实际负荷容量的 1.5~2 倍,计量专用电压互感器的额定二次容量一般为 10~50 V·A。

电压互感器如图 2-95 所示。

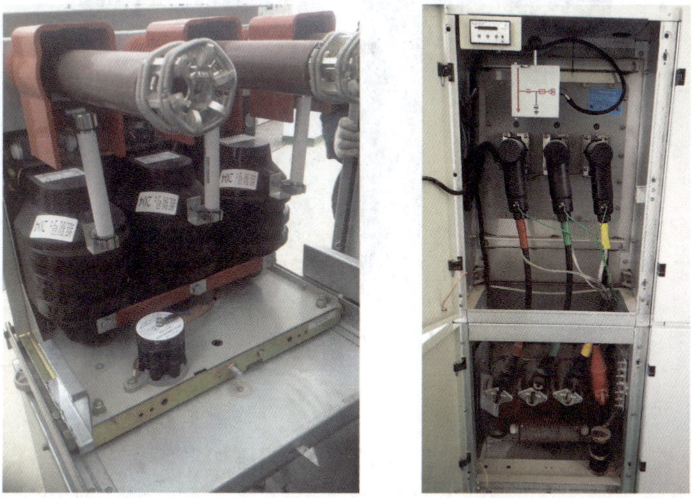

(a)AIS 柜　　(b)GIS 柜

图 2-95　常用电压互感器

十三、电流互感器

(一)电流互感器基本原理

电流互感器 CT(Current Transformer),是依据电磁感应原理将一次侧大电流转换成二次侧小电流来测量的仪器。

一次电压一般都比较高,如果直接测量是非常危险的,电流互感器起到电流变换和电气隔离的作用。

电流互感器由闭合的铁芯、绕组(一次线圈、二次线圈)、接线端子和绝缘支持物等组成。它的一次侧线圈匝数 N_1 很少,串接在被测量的电流线路中,流过线路的全部电流 I_1;二次侧线圈匝数 N_2 比较多,串接在测量仪表和保护回路中,形成一个闭合回路,流过的电流为 I_2,测量仪表和保护回路串联线圈的阻抗很小,运行中的电流互感器二次侧接近短路,要求二次侧线圈不得开路。

(二)电流互感器与电压互感器的区别

电流互感器(CT)与电压互感器(PT)工作时产生的磁通机理是不同的。

CT 磁通是由与之串联的高压回路电流通过其一次绕组产生的。此时二次回路开路时,其一次电流均成为励磁电流,使铁芯的磁通密度急剧上升,从而在二次绕组感应出高达数千伏的感应电势。

PT 磁通是由一次侧并联的电压在绕组中产生交流电流,电流通过时在铁芯中产生的。PT 二次回路开路,只有一次电压中极小的电流会产生磁通,进而产生二次电压,若 PT 二次回路短路,则相当于一次电压全部转化为电流而产生极大的磁通,PT 二次回路会因电流极大而烧毁。互感器如图 2-96 所示。

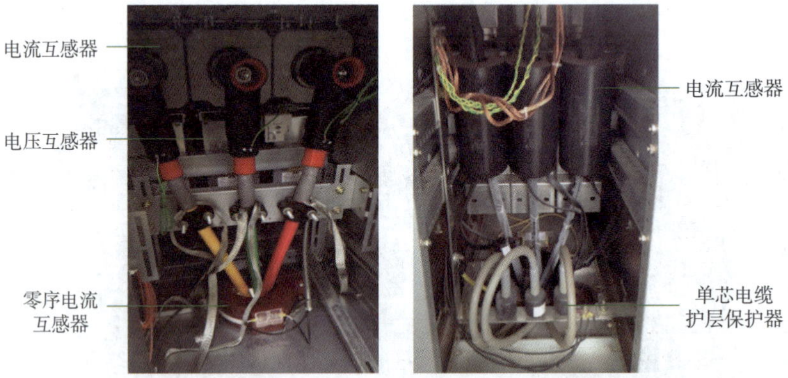

图 2-96 互感器

(三)分 类

1. 按用途分类:测量用电流互感器、保护用电流互感器。

(1)测量用电流互感器(或电流互感器的测量绕组):在正常工作电流范围内,向测量、计量等装置提供电网的电流信息。测量用电流互感器在测量交变电流的大电流时,为便于二次仪表测量,需要转换为相对统一的电流,二次额定为 5 A 或 1 A。

(2)保护用电流互感器(或电流互感器的保护绕组):在电网故障状态下,向继电保护等装置提供电网故障电流信息。

2. 按绝缘介质分类:干式电流互感器、油浸式电流互感器。

3. 按安装方式分类:贯穿式电流互感器、支柱式电流互感器、套管式电流互感器、母线式电流互感器。

第三节　电力 SCADA 系统

铁路电力 SCADA 系统(Supervisory Control and Data Acquisition,数据采集与监视控制)是以计算机、通信、控制技术为基础的远程数据采集与监视控制系统,又称远动系统,可以对现场的运行设备进行监视和控制的"五遥"(遥控、遥信、遥测、遥调、遥视),并实现报警、显示、报表等各项功能。

一、铁路电力 SCADA 系统构成

铁路电力 SCADA 系统由主站、通道和被控站三大部分构成,其组成原理如图 2-97 所示。

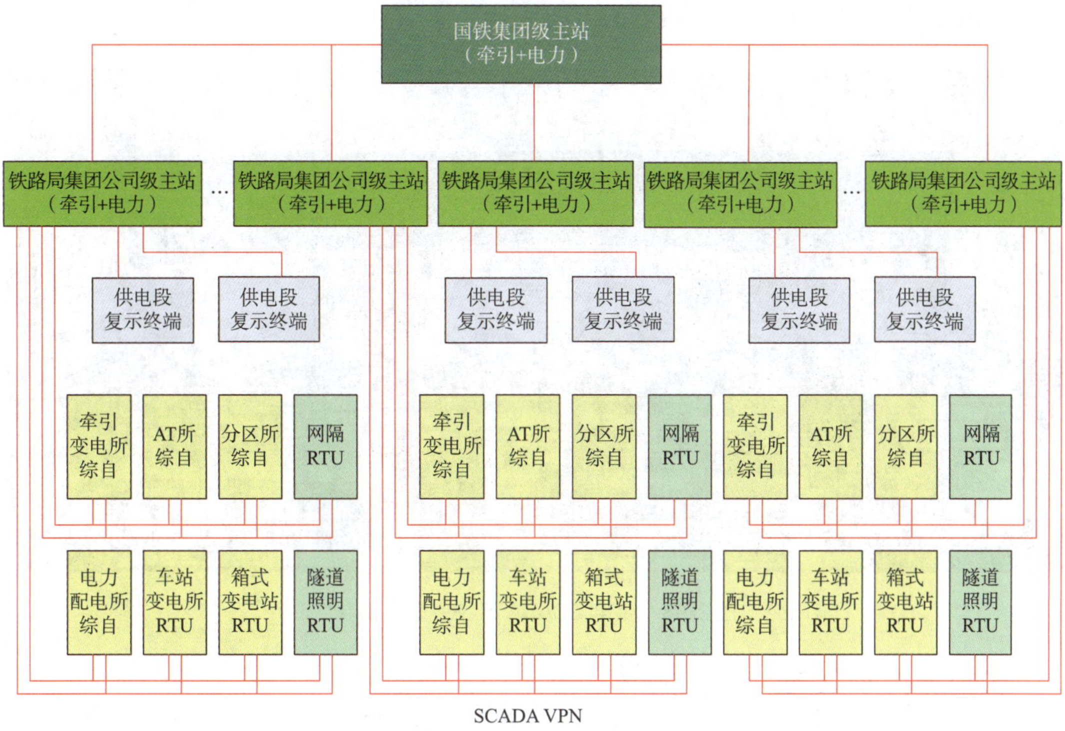

图 2-97　电力 SCADA 系统构成

二、电力 SCADA 系统监控对象

(一)SCADA 系统

铁路电力 SCADA 系统的主要功能包括:电力调度员远程监视铁路电力设备的运行状态、远程控制电力设备的高低压开关、远程调节调压器抽头,从而达到对铁路电力设备的集中监视、控制、调节和故障处置。

(二)被 控 站

被控站指设在铁路沿线的电力(变)配电所、箱式变电站、车站低压变电所内,完成对铁路电力供电设备运行状态的采集、预处理、发送、接收及输出执行功能,包括远动终端 RTU 和综合自动化系统。

(三)通　　道

通道指连接主站与被控站、主站与复示终端间的通信信道,用于传输远动信息、复示信息,由铁路通信专业负责提供,采用铁路数据通信网(以下简称数据网)的 SCADA VPN 承载。

三、电力 SCADA 主站

(一)供电 SCADA 系统主站调度台

供电 SCADA 系统主站调度台,如图 2-98 所示。

图 2-98　供电 SCADA 系统主站调度台

(二)电力 SCADA 系统主站的功能

电力 SCADA 系统主站的主要功能包括:遥控、遥信、遥测、遥调、遥视、数据通信、实时报警、画面显示、报表功能、趋势曲线显示、参数整定、故障报告、故障录波、打印功能、人工置位、通道监控、复示功能等。

1. 遥控

遥控对象包括：铁路电力(变)配电所、电力开关站、箱式变电站、低压变电所高低压供电回路的断路器、负荷开关及电动隔离开关、交直流系统进线开关及全部馈出开关。图 2-99 为调度员工作站—单控操作界面。

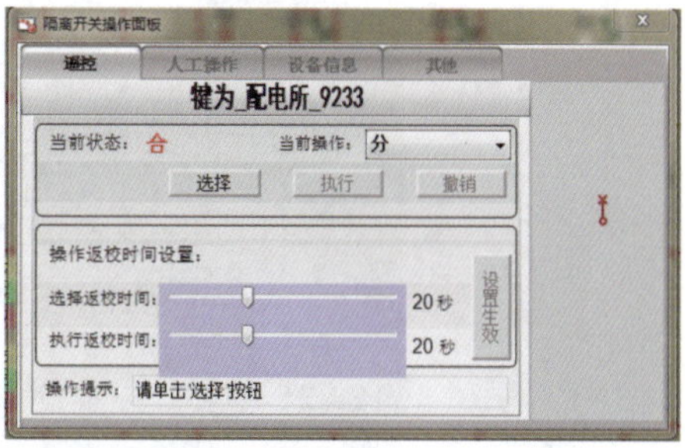

图 2-99 调度员工作站—单控操作界面

2. 遥信、遥测

遥信对象包括：开关位置信号及各类报警信号。

遥测对象包括：每个供电回路的电流、电压，故障情况下的录波。

调度员工作站—遥控、遥信、遥测数据界面如图 2-100 所示；京张高铁电力供电臂如图 2-101 所示；站房变电所低压系统如图 2-102 所示；调度员工作站—遥信列表界面如图 2-103 所示；调度员工作站—遥测列表界面如图 2-104 所示。

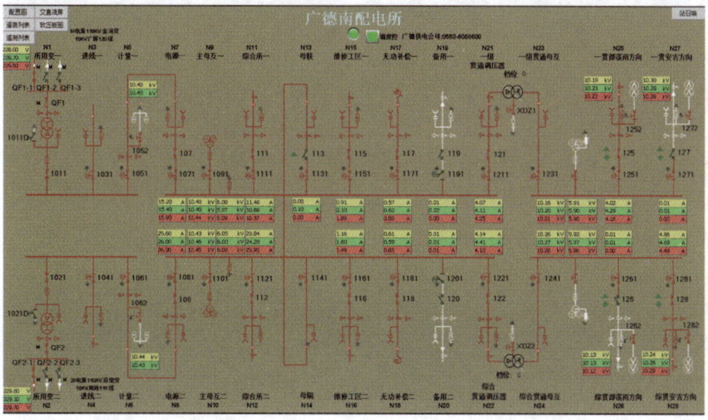

图 2-100 调度员工作站—遥控、遥信、遥测数据界面

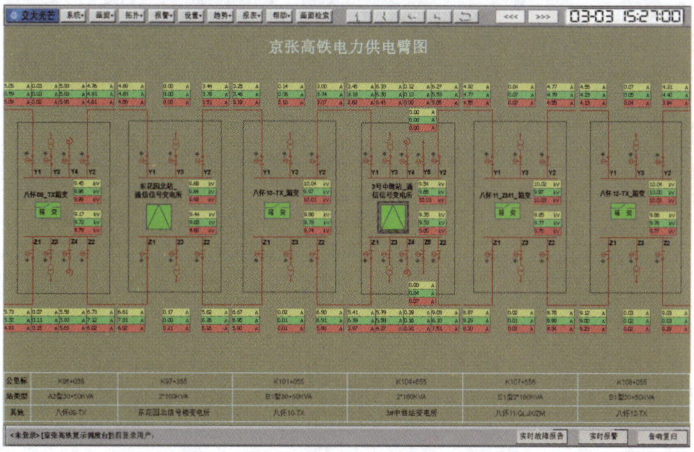

图 2-101 京张高铁电力供电臂

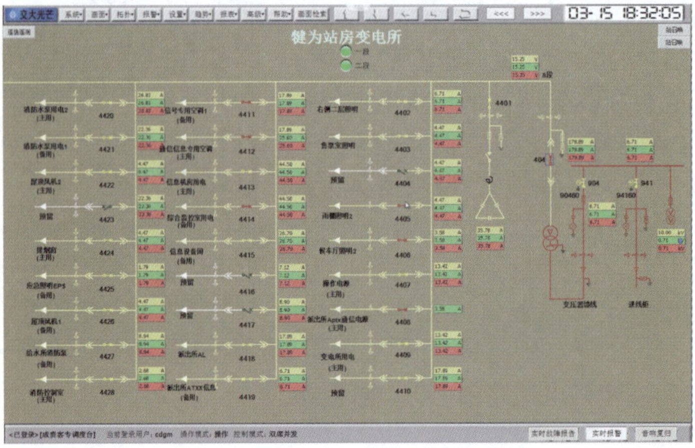

图 2-102　站房变电所低压系统

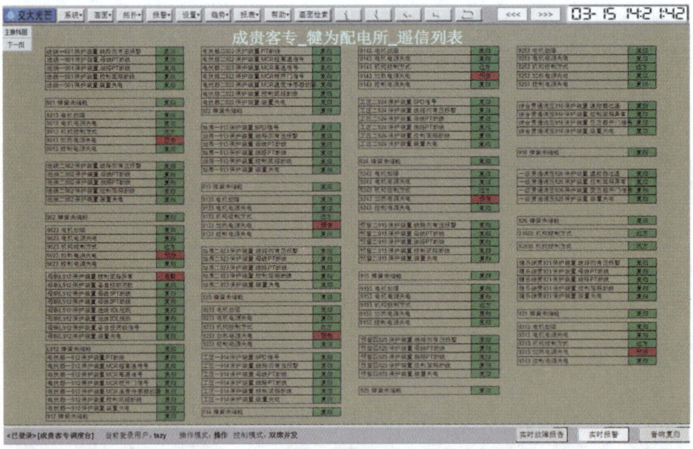

图 2-103　调度员工作站—遥信列表界面

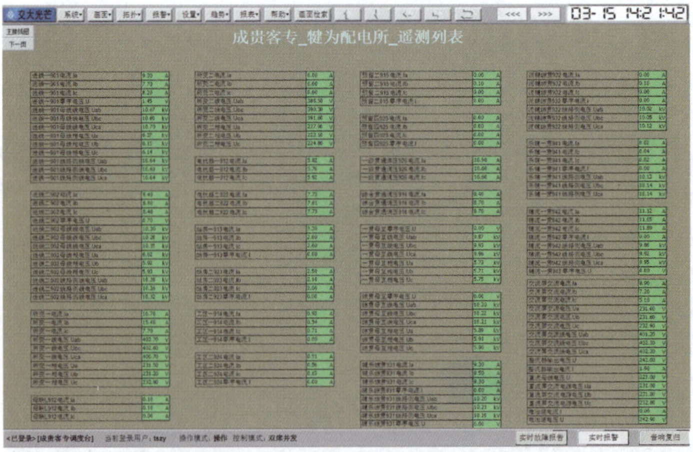

图 2-104　调度员工作站—遥测列表界面

3. 遥调

对被控站内可调节元件(如有载调压变压器分接开关)进行远方调节,如图 2-105 所示。

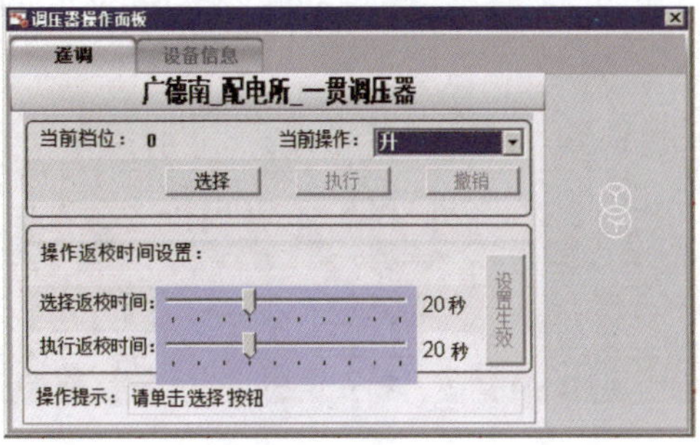

图 2-105　调度员工作站—遥调操作界面

4. 遥视

遥视功能与远动监控的四遥功能深度融合,同台展示;与遥控操作和开关跳闸故障信息联动并自动推出相应的实时图像;能够对供电设备实时图像进行远程手动调阅。遥视界面如图 2-106 所示。

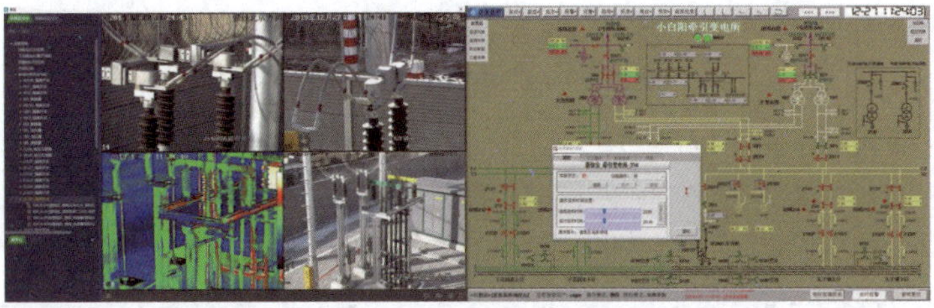

图 2-106　调度员工作站—遥视界面

5. 实时报警

(1)报警条件包括:电力供电系统及供电设备异常或故障、开关非远动变位、遥测越限、远动通道异常、被控站装置异常等。

(2)报警方式包括:实时文字报警记录、实时报警窗口弹窗、报警推图、开关闪烁、语音播报或音响提示等。

(3)对通信状态的监视,如图 2-107 所示。

6. 画面显示

对画面进行分级显示及管理,画面分级及画面类型包括:

(1)一级图:指地理图,包括地理背景图、铁路线路走向简图,同时标注了电力(变)配电所、箱式变电站、低压变电所、车站等明确的相对位置关系。

(2)二级图:指电力供电臂图,标注了电力(变)配电所一级贯通和综合贯通线馈出开关、箱式变电站高压开关状态和供电关系、相关设备名称、被控站类型、开关编号及馈线电流、母线电压等信息。

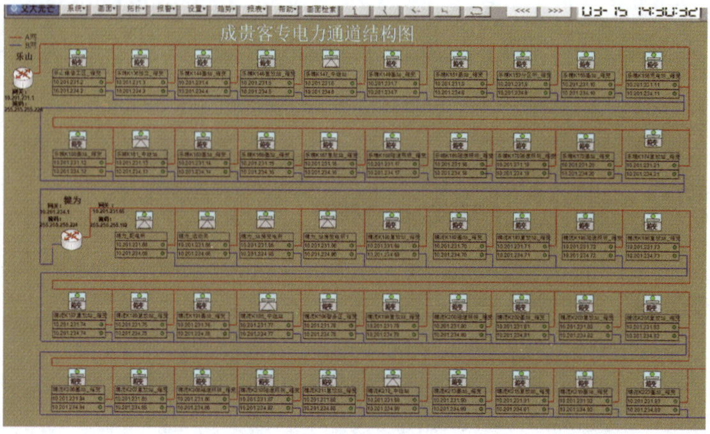

图 2-107　通信状态监视

(3)三级图:指主接线图,标注了一次主接线图设备及供电关系、设备名称、开关编号、回路名称、进线电源线路名称、高压侧开关地方编号、电力(变)配电所馈线负荷名称、站控制方式、备自投压板、重合闸压板、变压器挡位、站通道状态、通信链路状态及进线电流、馈线电流、母线电压、进线电压等信息。电力配电所、箱式变电站、车站低压变电所的主接线图。

(4)四级图:指所内交直流系统图,综合自动化系统配置图。

7. 报表功能

报表类型主要包括:事件记录、开关动作记录、报警记录。

(1)事件记录是由事故信号、预告信号和开关变位等报警信息与非报警信息所组成的报表记录,如图 2-108 所示。

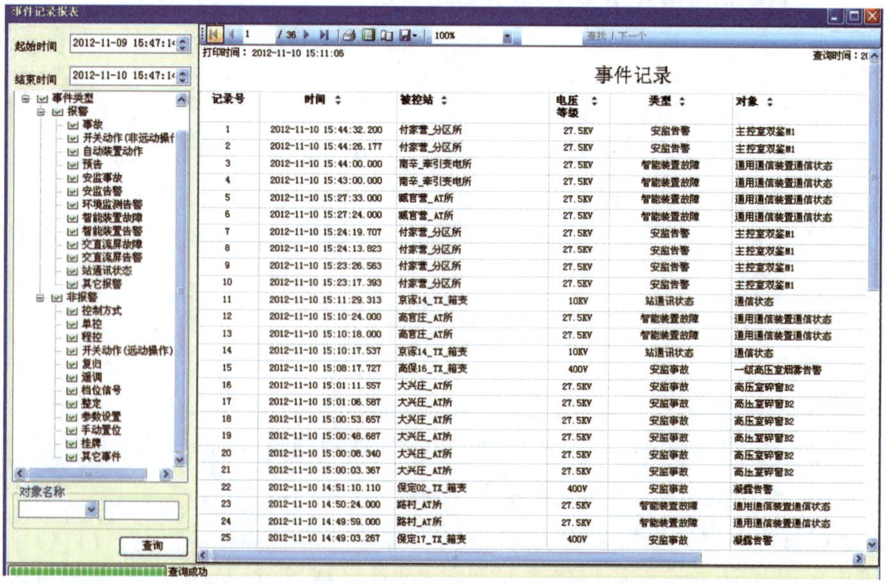

图 2-108　调度员工作站—事件记录

(2)开关动作记录,如图 2-109 所示。

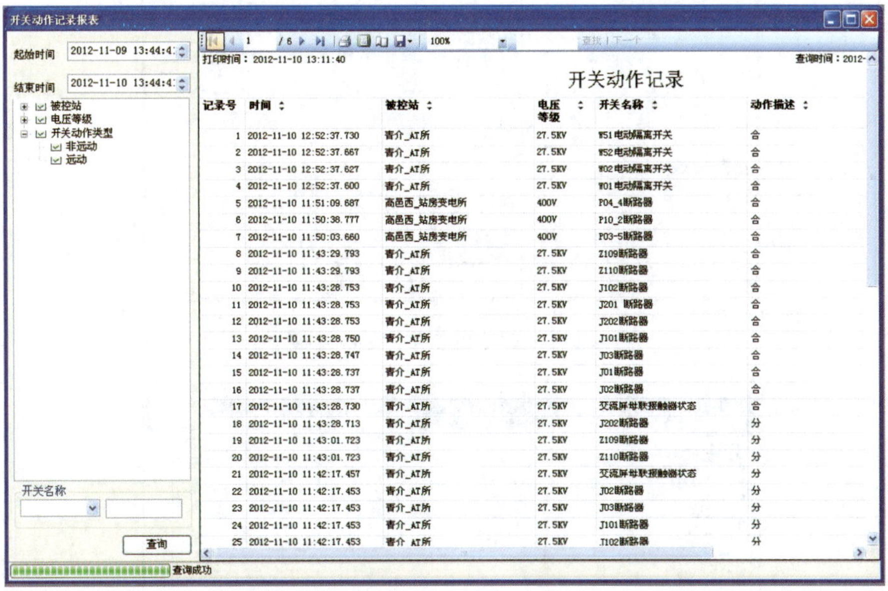

图 2-109　调度员工作站—开关动作记录

(3)报警记录,如图 2-110 所示。

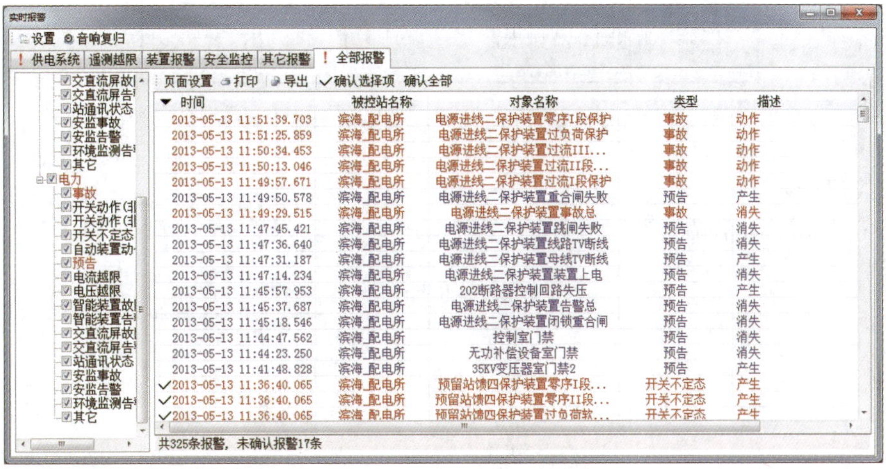

图 2-110　调度员工作站—报警记录

8. 故障报告

故障报告的功能支持被控站故障报告的主动上送或手动召唤上送两种方式,能够对主动上送的故障报告进行实时显示及推图报警,并进行历史数据的存储。故障报告界面如图 2-111 所示。

9. 遥测曲线显示

调度员工作站—遥测数据历史趋势,如图 2-112 所示。

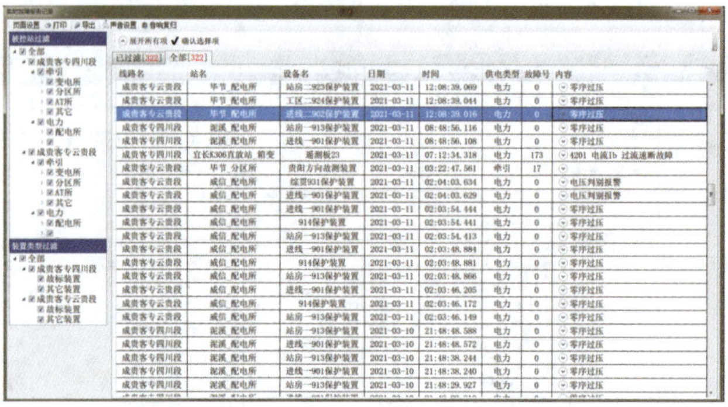

图 2-111　调度员工作站—故障报告

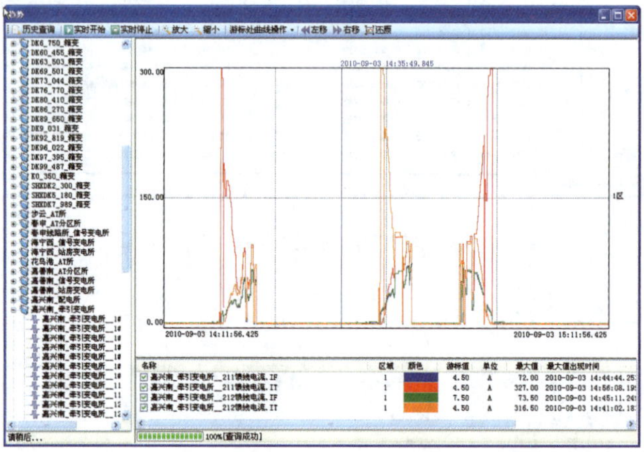

图 2-112　调度员工作站—遥测数据历史趋势

10. 故障录波

调度员工作站—故障录波,如图 2-113 所示。

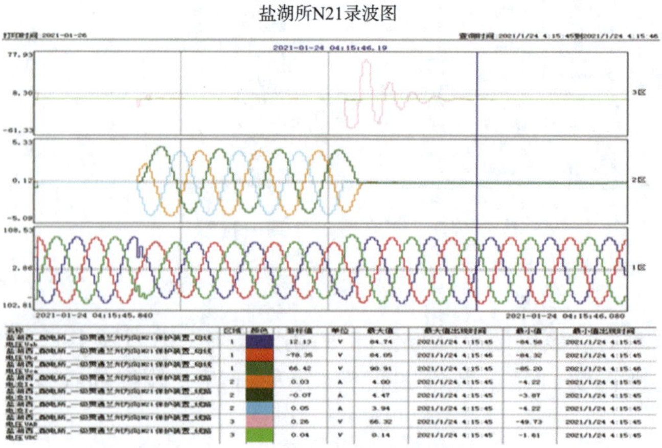

图 2-113　调度员工作站—故障录波

四、被 控 站

SCADA 系统中受主站监视的站称为被控站。被控站完成远动系统的数据采集、预处理、发送、接收及输出执行等功能。铁路电力 SCADA 系统的被控站包括设置在(变)配电所内的配电所综合自动化系统,设置在 10/0.4 kV 车站低压变电所、箱式变电站内的远动终端(RTU)。

五、铁路电力 SCADA 通道组网模式

铁路电力 SCADA 系统的远动传输通道分为星形汇聚和总线汇聚两种组网模式。

铁路电力 SCADA 系统的主用、备用通道完全独立,均采用标准的以太网接口。

电力远动通道总线汇聚组网示例如图 2-114 所示。

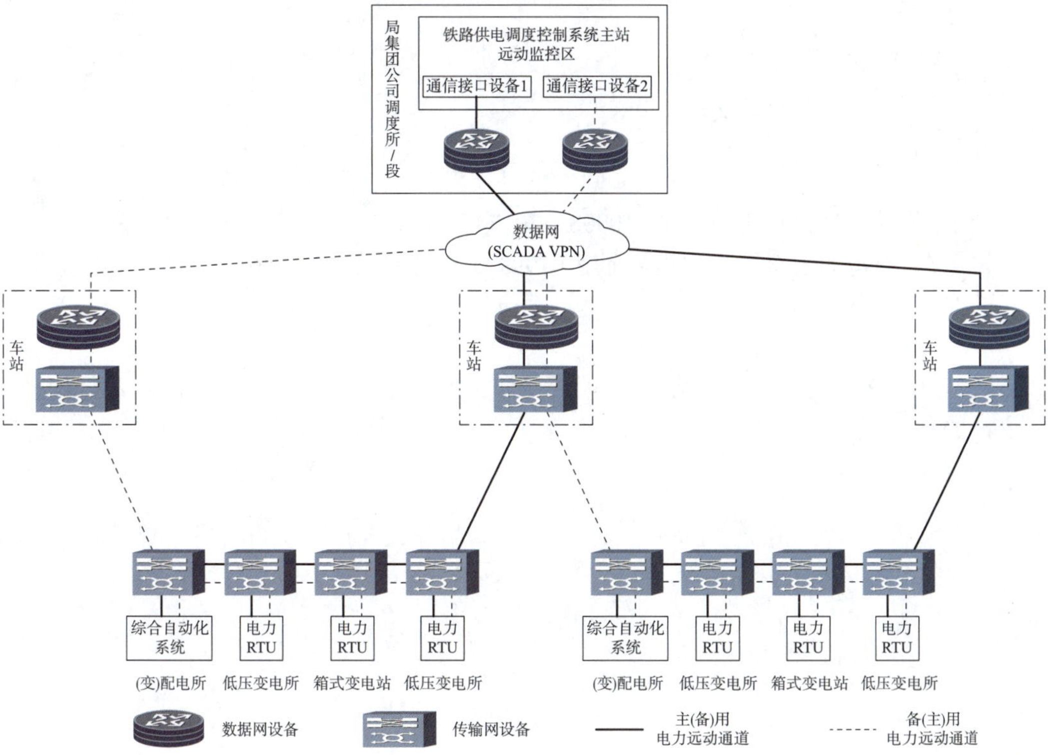

图 2-114　电力远动通道总线汇聚组网示例

六、复示系统

复示系统是铁路电力 SCADA 系统的一个组成部分,安装在供电段或有需要的车间复示客户端,通过调度主站机房内的复示接口服务器与调度中心进行数据传输。复示系统客户端的操作界面与调度中心调度员工作站的操作界面基本相似,除了不能进行控制操作外,包含了遥信、遥测、画面显示、事件报警、故障报警、报表、趋势等功能。

复习思考题

1. 架空线路上的杆塔按其用途可以分为哪几种类型?
2. 单芯电缆从外到内的基本结构分为哪几层?
3. 高压开关柜从种类上可以分为哪几类? 从形式上可以分为哪几类? 由几部分组成?
4. 铁路电力系统常用开关有哪些?
5. 铁路箱式变电站(简称箱变)主要由哪几部分组成?
6. 铁路电力 RTU 的功能是什么?
7. 电力 SCADA 主站的功能是什么?
8. 铁路电力 SCADA 通道的组网模式有哪些?

引用规章文件

[1]《铁路电力设计规范》(TB 10008—2015)7.5.10
[2]《铁路电力安全工作规程》(铁运〔1999〕103 号)第四章第 66 条

第三章

运行与管理

学习任务

铁路电力设备的正常运行是保证铁路电力系统运行可靠的关键所在,通过对电力设备的巡视检查、日常维护保养,可以了解其运行状况,及时发现缺陷或出现的异常情况,从而采取有效措施来防止事故的发生和扩大,以保证设备能够安全可靠地正常运行。

本章主要对铁路供电与用电管理,铁路电力运行方式,铁路电力设备运行管理、检修管理、故障抢修和鉴定,电力试验和常用工器具进行介绍。

通过学习,了解铁路供电与用电管理及铁路电力试验的相关知识,掌握铁路电力运行方式、电力设备的运行与检修、故障抢修及设备鉴定的相关内容、常用工器具的使用,从而提高电力设备运行管理能力。

第一节　供电与用电管理

一、供电用户

铁路供电主要为铁路运输生产服务。原则上不供给路外用户,当附近无其他部门电源,确需铁路供电网络供电时,应履行相关报批手续,经铁路局集团公司供电部批准同意后方可供电[1]。

双线铁路自动闭塞区段应设置双回电力贯通线路。其中一级负荷电力贯通线路主要作为通信、信号等重要一级负荷设备的主供电源及沿线其他一、二级用电负荷的备用电源,综合负荷电力贯通线路主要为沿线其他无线列调、红外线轴温探测设备、车号识别系统、车站电台、道口报警设备、车辆5T设备、计算机售票设备等中小负荷供电,并兼作重要一级负荷的备用电源。

电力贯通线路原则上不准供给其他负荷用电,若接其他负荷,需经铁路局集团公司供电部批准。

两路电源的用户,严禁两路电源并列运行。电源互投转换装置由用户自行负责运行维护,除信号、通信、防灾、信息等对转换时间有要求的部门可装设自动转换装置外,其他用户只允许装设手动转换装置[2]。特殊要求需经铁路局集团公司供电部批准。

二、用电增容

用电单位在铁路供电系统新装用电或增加用电容量时,应向供电单位办理用电申请手续,供电单位按照审批权限逐级申报,批准后方可实施。如因申请用电地区供电能力不足或政府规定限制的用电项目,供电单位有权停止或暂缓办理。用电单位不得擅自转供电力[3]。

铁路新建工程增加用电设备并由供电单位接管,或者既有电力设施改造和增容时,建设单位应委托符合资质的设计单位进行设计,并组织设计单位和供电单位共同商定方案,向供电单位或地方供电部门办理有关手续方可实施,未经同意,任何单位和个人不得擅自改动电力供电设备。凡变配电设备改造、增容等建设工程涉及地方供电部门的,建设单位会同设计单位与地方供电部门办理有关手续,在办理设备移交手续前,应向供电单位提供与地方供电部门签订的供用电合同等相关资料。

为确保供电系统的安全,用户总开关的保护定值或熔丝的容量必须由供电单位确定,不得随意变更。供电与用电设备上下级之间的保护定值或熔丝的容量应呈阶梯设置,并保证其动作的选择性、灵敏性和可靠性,运行中不得随意变更。

三、计量及节能

(一)抄表管理

供电单位负责办理用电申请,电能表的安装、移设、更换、拆除、加封,表计接线,过户,销户及抄表,收费(由供电单位直接收费的)等营业手续,并建立计量装置动态管理台账(包括电能表、计量用电压互感器和电流互感器)。

1. 电能表实行出厂编号、计量编号、抄表卡号三号联控管理

出厂编号是电能表生产厂家出厂时印制在电能表外壳上的序号,是该电能表的身份号。

计量编号是接入用电的电能表经检定合格后在外壳张贴的检定编号,以追溯检定时间、检定人员和检定质量。

抄表卡号根据电能表所处区域、变配电所编排,是用于关联用电信息采集系统、电能远程采集与质量监测分析系统、电能结算系统、计量器具管理系统的唯一编号。

2. 计量装置使用过程质量控制

供电段根据电能表检定周期,下达年、月度周期检查计划。车间、工区按照周期检查计划,完成领表、换表、返表工作,并相应修改台账。

供电段应结合设备巡视技表按规定巡视检查现场电能表本体与运行状况。

计量装置更换应提报停电计划并提前通知用户,换表后须经用户确认。

3. 抄表

供电段应安排人员每月定期抄表。按抄表方式可以分为以下两类:

第一类:人工现场抄表。供电段综合考虑供电网络分布结构、电能表层级和隶属关系

等因素，划分抄表区域、制定抄表计划，安排人员完成人工现场抄表。抄录时应核对电能表示数并检查计量装置状态，如发现电能表显示异常与损坏变形发热、接线盒损坏、内部放电等现象，应及时取证、拍照，并通知用户签认后处理。如因用户原因未能如期抄表，应通知用户择期补抄或按历史数据估表，但不得连续估表。

第二类：远程系统抄表。目前，利用微电脑技术、通信技术、数字信号处理技术，通过专线通信技术、无线通信技术或电力线载波通信技术，自动实现电能数据采集、存储、传输和处理的用电信息采集系统已在铁路逐步投入应用。该系统可以实现远程自动抄表。供电单位定期安排人员核对远程采集电能表数据，并对异常数据现场确认并修改。远程抄表系统拓扑图如图 3-1 所示。

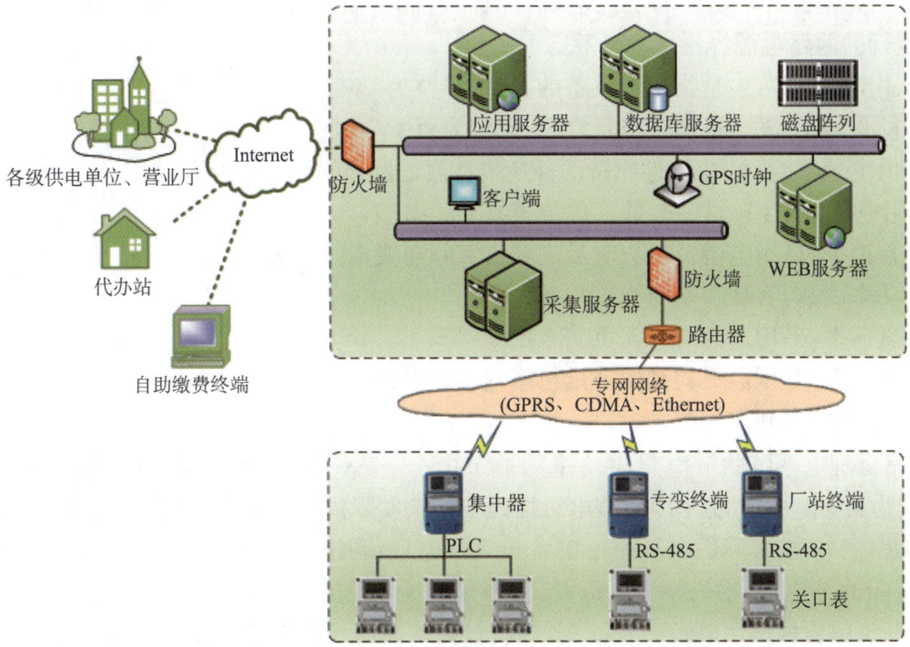

图 3-1 远程抄表系统拓扑图

4. 电能数据录入与分析

供电段抄表人员在完成抄表后，应及时将电能表示数录入计量电费收费系统，并完成复核、核验与线损分析。设有用电信息采集系统与质量监测分析系统的，可定期对用电量同比异常波动明显的用户进行现场确认和盯控。

(二)电压等级和质量[4]

1. 供电的额定电压：低压供电单相 220 V、三相 380 V。

2. 受电电压根据用电容量、可靠性和输电距离，可采用 110 kV、35 kV/63 kV、10 kV 或 380 V/220 V。

3. 用户受电端电压波动幅度应不超过额定电压的规定：

(1)35 kV 及其以上高压供电的，电压正、负偏差的绝对值之和不超过额定值的 10%；

(2)10 kV 及以下三相供电的，为额定值的 ±7%；

(3)220 V 单相供电的,为额定值的 -10% ~ +7%;

(4)自动闭塞信号变压器二次端子,为额定值的 ±10%。

在电力系统非正常情况下,用户受电端的电压最大允许偏差不应超过额定值的 ±10%。

供电单位应经常对用户受电电压进行测定和调查。当供电电压达不到上述要求,且对运输生产有影响时,应采取改善措施。

(三)经济运行指标

1. 供电能力:是指供电能力之和,单位为 kV · A。变电所按主变容量计算;配电所按进线流互计算,$S=\sqrt{3}\times U_n\times I_n$;T 接地方供电公司高压按变压器容量计算;T 接地方供电公司低压按与供电公司签订的协议容量计算;两路电源分段运行的变配电所按两路电源容量之和计算;三路电源分段运行的变配电所按三路电源容量之和计算,三路电源有一路作备用的,按运行的两路电源容量之和计算。

2. 用电设备容量:是指用电设备的容量,单位为 kW。

3. 发受电量:发电量和受电量之和,单位为万 kW · h。

4. 供电量:"合计"指依据收费的计量表计之总和,包括运输生产、路内其他和路外单位的实际用电量(不含自用供电量),单位为万 kW · h。

5. 自损率:自用电量及损失电量之和占实际总受电量的百分比。

6. 功率因数:有功功率与视在功率之比。

7. 负荷率:平均负荷与最大负荷之比。

8. 利用率:变压器平均利用容量与额定容量之比。

(四)电气节能[5]

铁路供配电系统的节电量由功率因数节电、负荷率节电、利用率节电、损失率节电组成,单位为万 kW · h。功率因数节电每提高 1%,按实际供电量的 0.1% 折算节电量;负荷率节电每提高 1%,按实际供电量的 0.05% 折算节电量;利用率节电每提高 1%,按实际供电量的 0.1% 折算节电量;损失率节电每提高 1%,按实际供电量的 1% 折算节电量。

供电单位要根据用电负荷特征,合理设置调整高压无功补偿和低压无功补偿装置的自动、手动补偿方式,尽可能地满足铁路供配电系统与公网接口处的功率因数不宜低于 0.9、低压配电系统的功率因数不宜低于 0.9 等要求。

供电单位应加强对轻载、空载运行的电力变压器的管理,根据负荷性质优化供电方式,合理分配负荷,提高变压器的利用率。

根据不同的用电情况,合理分配和平衡用电负荷,合理调整线路布局,控制总线损率及受电端电压在允许电压的偏差范围内。

选用节能型的变压器、空调、照明灯具、信号显示、继电器、仪表等电气设备和元器件,日常加强温控装置、防凝露装置等设备的管理,根据运行环境及季节等特征,及时调整设置,降低自用电量。

第二节　铁路电力运行方式

一、变配电所运行方式

两路电源配电所一次系统如图 3-2 所示，两路电源配电所如图 3-3 所示。

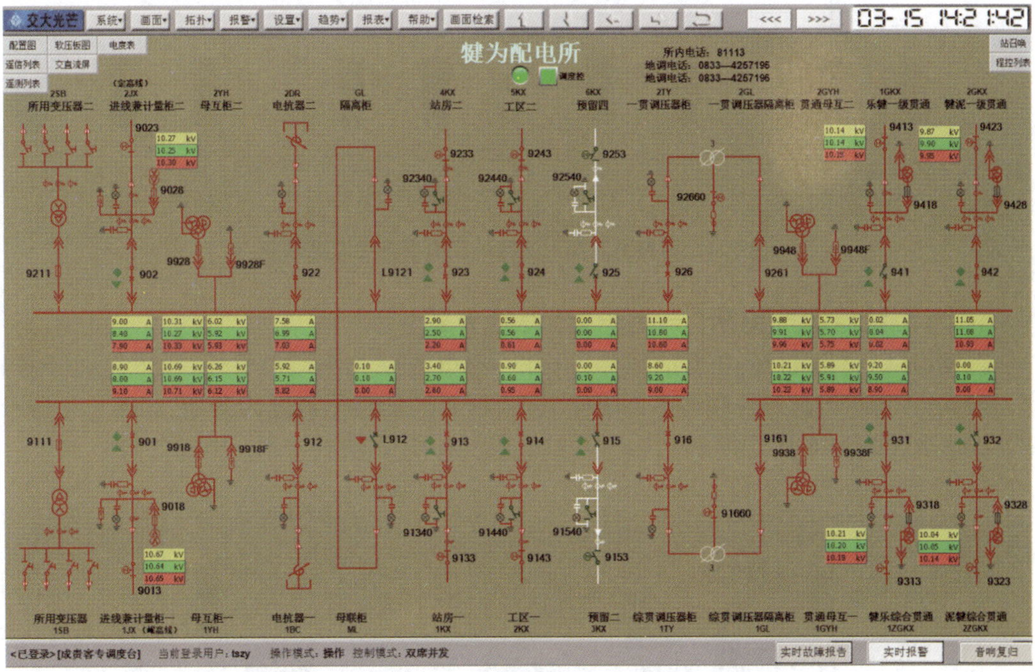

图 3-2　两路电源配电所一次系统

图 3-3　两路电源配电所

(一)两路电源配电所“单母线分段”运行方式

每路进线各带一段母线同时运行,母线联络开关断开,两路电源互为备用,由母线联络开关实现备用自投。当一路电源停电时,电源开关断开,母线联络开关闭合,由另一路电源带全所,如图 3-4 所示。

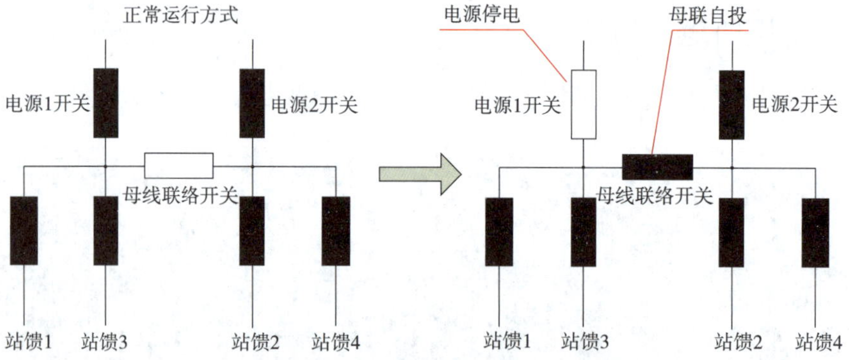

图 3-4　两路电源同时运行的配电所开关状态示意

(二)两路电源配电所“一主一备”运行方式

两路 10 kV 电源进线,正常运行状态下由一路电源带全部负荷,另外一路电源处于备用运行状态,正常运行时母线联络开关闭合(合闸状态),两路电源互为备用,如图 3-5 所示。当一路电源出现故障开关断开后,由另一路电源供电投入运行,带本所全部负荷。

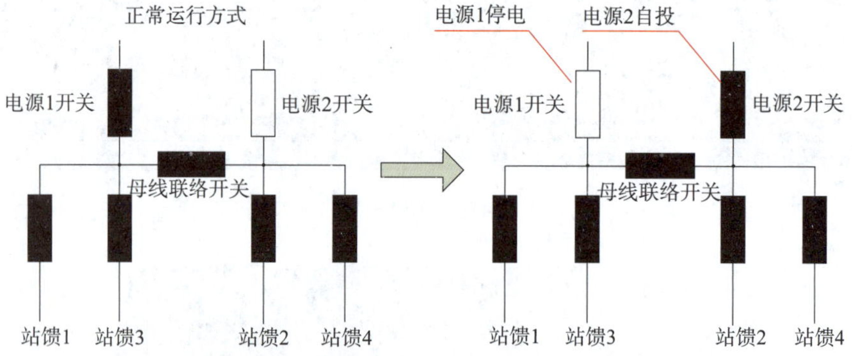

图 3-5　电源为“一主一备”配电所开关状态示意

(三)三路电源配电所

三路电源的配电所一般采用以下两种运行方式,即三路电源“两用一备”和“三路同时运行、互为备用”的供电方式。

1. “两用一备”供电方式

如图 3-6 所示,正常运行时电源 1、电源 2 分别通过两段母线带全部负荷,电源 3 处于热备状态,如果电源 1 停电,电源 3 通过母线联络开关带电源 1 的全部负荷。如果是电源 2 停电,电源 3 通过母线联络开关带电源 2 的全部负荷。

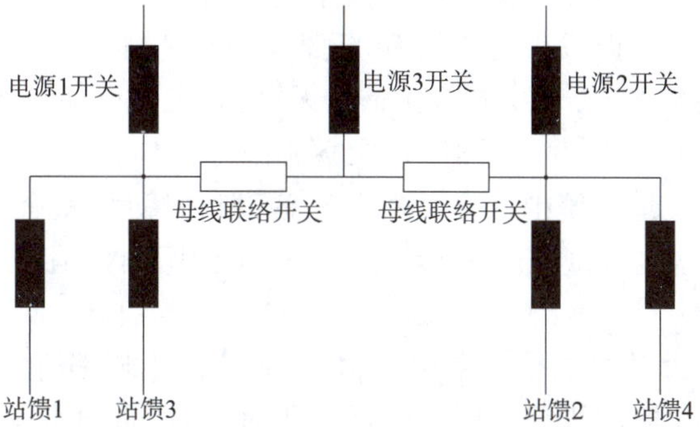

图 3-6　电源为“两用一备”的运行方式示意

2. “三路同时运行、互为备用”的供电方式

如图 3-7 所示，三路电源分别通过三段母线带配电所全部负荷，并通过母线联络开关形成环状，当任意电源停电，按顺时针或逆时针方向，由相邻电源通过母线联络开关带停电电源的负荷。

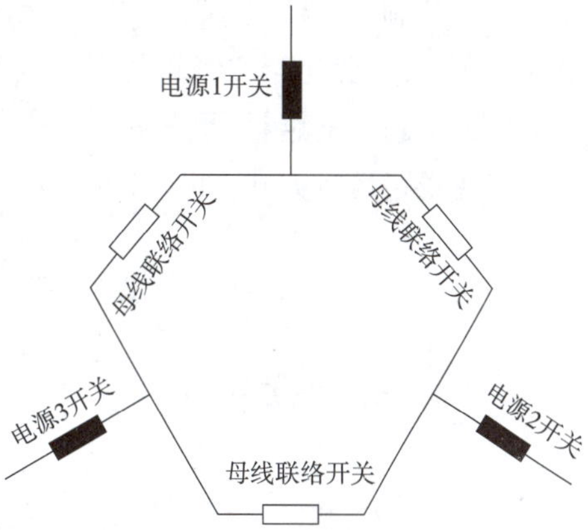

图 3-7　电源为“三路同时运行、互为备用”的运行方式示意

二、电力贯通线运行方式

(一) 变配电所贯通线馈出柜

变配电所的贯通线馈出柜，与其他常用馈线柜相比，增设了线路电压互感器，测量贯通线电压；同时在常规馈线设置的过电流、速断保护基础上，还增设有失压、零序、备用自投、重合闸等保护。变配电所贯通线馈出柜运行方式如图 3-8 所示。

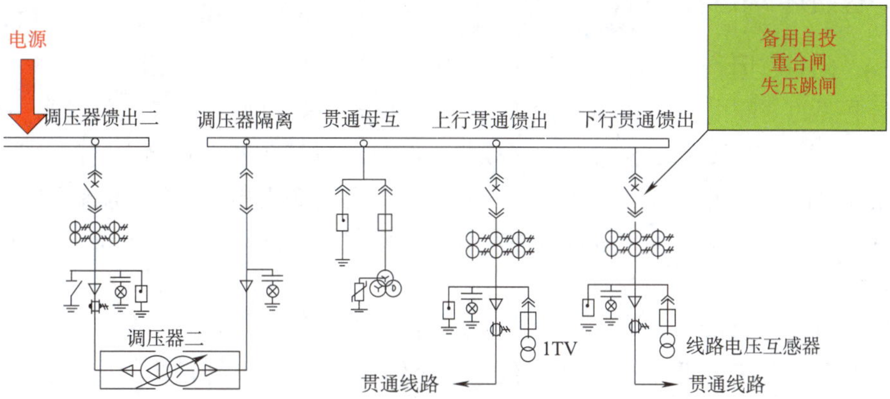

图 3-8　变配电所贯通线馈出柜运行方式

1. 过电流保护:当馈出线路发生过负荷,电流超过定值,断路器延时跳闸。

2. 速断保护:当馈出线路发生短路故障,断路器瞬时跳闸。

3. 失压保护:当电源失电,母线电压互感器无电,设有失压保护的开关柜断路器跳闸。一般应用于电源柜、电容器柜、调压器柜、贯通线馈出柜等。

4. 零序保护:指在接地系统中发生大短路电流接地故障后,就有零序电流、零序电压和零序功率出现,利用这些电气量进行保护动作。一般应用于小电阻接地系统的电缆贯通线馈出柜。

5. 备用自投:主要为贯通线另一端电源停电做备用。当相邻所主供电力贯通线且发生电源停电,本所贯通馈线柜的线路电压互感器失压时,本所贯通电源投入。一般应用于以架空线路为主的电力贯通线。同时,当贯通线路发生故障导致邻所贯通馈出柜跳闸时,本所贯通电源投入,尝试躲避架空线路的瞬时故障。

6. 重合闸:简称"自送自备",当本所主送的电力贯通线故障跳闸时,本所贯通电源再次投入一次,尝试躲避架空线路的瞬时故障。一般应用于电力贯通线开口运行时。

(二)贯通线路运行方式

贯通线路运行方式,如图 3-9 所示。

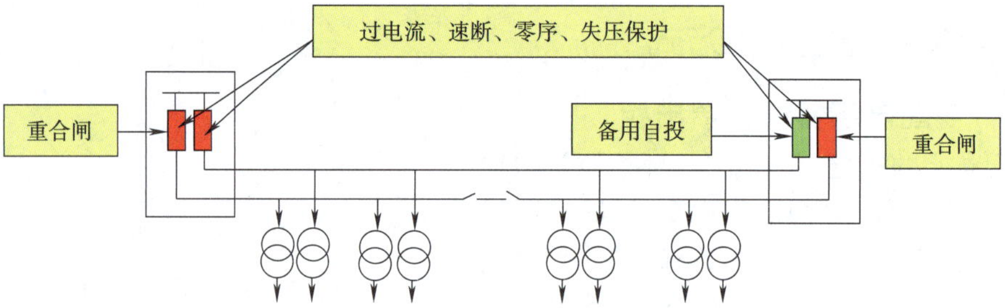

图 3-9 贯通线路运行方式

三、枢纽环网运行方式

(一)"闭环"运行

两路电源的变配电所,每段馈出母线的一个馈出柜送环网,一个馈出柜为另一段母线的馈出做备用。环网采用架空线路的,可以投入"备用自投"保护。环网中间的开关正常运行在合位,运行方式与电力贯通线类似。优点是当一路电源停电时,备用电源立即投入,保证用户两路电源供电;缺点是当线路发生故障会导致整个环网失电。枢纽环网"闭环"运行如图 3-10 所示。

(二)"开环"运行

两路电源的变配电所,每段馈出母线的两个馈出柜送环网,环网中间的开关正常运行在分位。优点是当线路发生故障不会影响整个环网失电;缺点是当一路电源停电时,备用电源不能立即投入,倒闸期间用户只有一路电源使用。枢纽环网"开环"运行如图 3-11 所示。

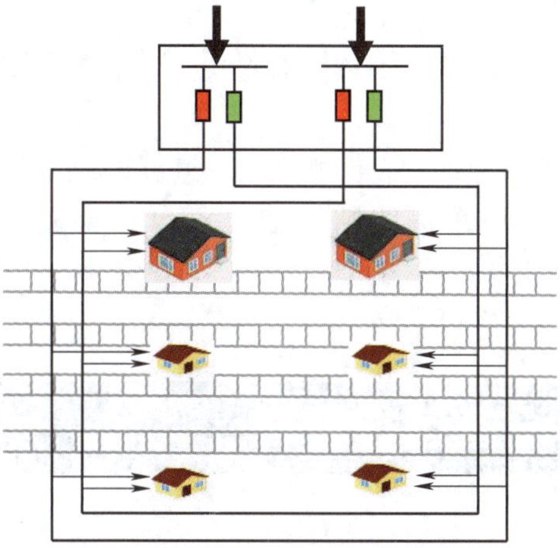
图 3-10　枢纽环网“闭环”运行

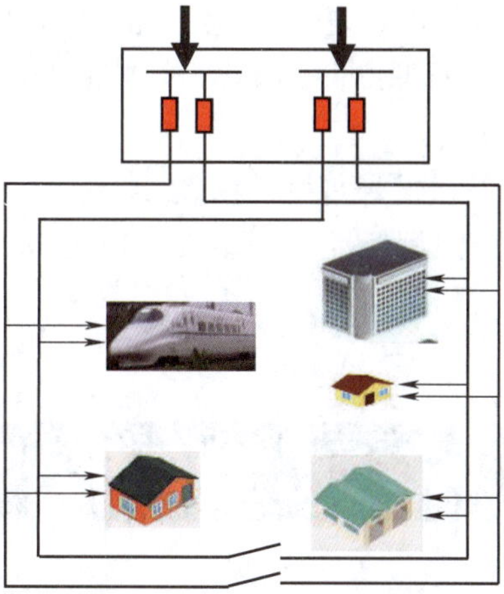
图 3-11　枢纽环网“开环”运行

四、铁路 10/0.4 kV 变电所低压运行方式

铁路 10/0.4 kV 变电所低压侧同样是两电源一母联开关配置,电源与母联开关的联锁受 PLC 控制,控制策略与高压基本相同,当一路电源停电时,电源开关分闸,三级负荷开关分闸退出,母联开关合闸投入,保证一、二级负荷的正常使用,如图 3-12 所示。

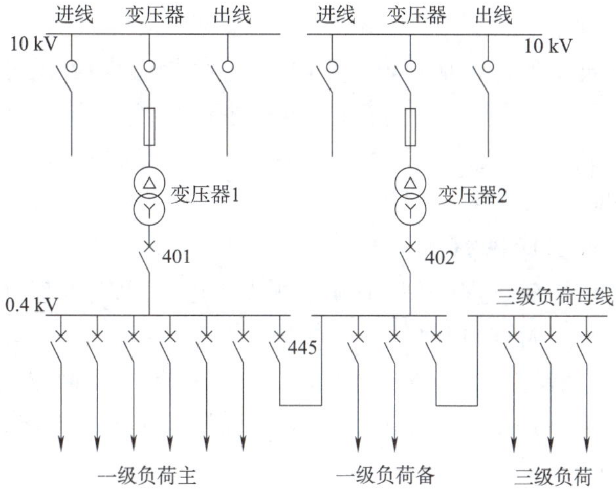

图 3-12　10/0.4 kV 变电所低压供电示意

低压开关的联锁应与高压联锁配合,特别应注意高压失电又迅速来电的工况。为此,低压电源与母联联锁间,还设置了此工况下的自投自复、自投不自复、手动投入与手动恢复等选择功能。

1. 自投自复:当任意一路电源停电时,停电侧低压总进线断路器断开、三级负荷开关断开、低压母联断路器闭合;当电源来电后,低压母联断路器断开、低压总进线开关闭合、三级负荷开关闭合，恢复正常运行。

2. 自投不自复：当任意一路电源停电时，停电侧低压总进线断路器断开、三级负荷开关断开、低压母联断路器闭合；当电源来电后，不自动恢复，维持既有供电方式，如需恢复停电前运行方式，需人工操作。

3. 手动投入与手动恢复：当任意一路电源停电时，停电侧低压总进线断路器断开，低压母联断路器不自动投入；当电源来电后，低压总进线断路器也不自动恢复，需人工操作。

第三节 电力设备运行管理

一、基本规定[6]

电力设备的运行管理贯彻岗位责任制、交接班制、分工负责制和设备保养制度。供电单位应加强对运行中的供电设备的监视、检查和养护工作，提高供电质量，保证安全、经济、可靠供电。

电力设备运行工作主要是对带电设备进行巡视检查、非停电检测，通过眼观、耳听、嗅味、测量等手段判断设备运行状态是否正常，发现设备缺陷和危及设备安全的隐患，为设备检修提供合理、准确、可靠的依据。巡视检查中还可以对不影响人身和设备安全的设备缺陷进行处理，有利于及时消除缺陷，预防事故发生，缩小故障范围。

电力设备运行管理工作还包括规定变配电所、电力贯通线路、信号电源等电力设备的正常运行方式、故障情况下的非正常运行方式及抢修预案，具体规定及要求由各铁路局集团公司根据实际情况确定。供电单位应具备必要的、与运行设备相符合的技术图纸及有关资料，以便系统地掌握设备历史状态。

(一)电力作业人员应做好的工作

1. 熟悉并掌握供电设备、运行方式，正确监视设备运行，及时处理故障。

2. 定期巡视和做好日常维护工作。

3. 经调度许可，正确操作非远动控制的高、低压开关(包含熔断器)。

4. 在远动设备故障、通信中断或其他原因导致无法实现远方操作时，根据调度命令正确操作高、低压开关并及时汇报。

5. 当发现设备异常时，应迅速向调度汇报。

6. 调度询问有关设备情况时，应准确答复。

7. 及时、正确地填写各种记录和报表，妥善保管图纸、资料，管好工具、备品。

(二)电力运行人员交接班时应进行的工作

1. 交班人员应向接班人员介绍设备运行情况，接班人员阅读运行日志及有关记录，熟悉上一班情况。

2. 交接班人员共同巡视设备，检查信号装置和安全设施是否良好完备。

3. 检查工具、仪表、安全用具、备品等是否完备。

4. 交接班完毕，由交接班人员在交接记录上签字。

5. 正在处理事故或倒闸作业，不得进行交接班。未办完交接班手续，交班人员不得离开岗位。

（三）电力调度应做好的工作

1. 掌握设备分布、运行方式及状态。

2. 正确及时发布调度命令。

3. 掌握管内设备作业情况，掌握停、送电和倒闸作业。

4. 正确操作远动装置。

5. 指挥事故处理，掌握安全情况，提出预防事故措施。

6. 掌握系统负荷、供电质量，分析运行中的问题，提出改进意见。

7. 及时传达上级命令和有关指示，及时向上级汇报情况。

8. 运用计算机进行调度管理工作。

（四）发、变、配电所运行值班人员应做好的工作

1. 熟悉供电系统和用户用电设备使用情况，监视设备的运行和仪表指示。

2. 熟悉供电设备性能和系统的一、二次接线，能迅速处理故障。

3. 按调度命令或工作票填写倒闸作业票，并正确进行倒闸作业。

4. 正确会签工作票和做好停电作业的安全许可和规定的监护工作。

5. 定期巡回检查和做好日常养护工作，定期对供电系统进行安全分析，制定预防事故措施。

6. 及时、正确地填写各种记录和报表，妥善保管图纸、资料、工具、备品。

二、高压变配电所巡视

（一）准备工作

1. 一次系统图及运行情况

铁路电力人员在进行高压变配电所设备巡视前，应充分掌握巡视所的一次主接线图，了解其运行方式。本节主要以某35/10 kV变电所为例介绍设备巡视工作，该所两路35 kV电源进线同时受电，经35 kV变压器降压为10 kV后供两路10 kV母线，10 kV母联母隔柜处于热备状态，母联断路器处于手动位，一次主接线图如图3-13所示。

该所设备选型：35 kV侧高压柜采用AIS柜型，电力变压器采用油浸式电力变压器。10 kV侧高压柜采用GIS柜型，调压变压器采用干式调压变压器，无功补偿装置采用磁控电抗器，一贯、综贯侧设小电阻接地，综合自动化系统采用集中组屏方式。

2. 巡视路径图

设备巡视按照既有规定的巡视路径进行设备巡视检查，该检查是不停电设备的检查，主要以观察、不接触测量为主，本节主要以某35/10 kV变电所为例，具体巡视路径如下。

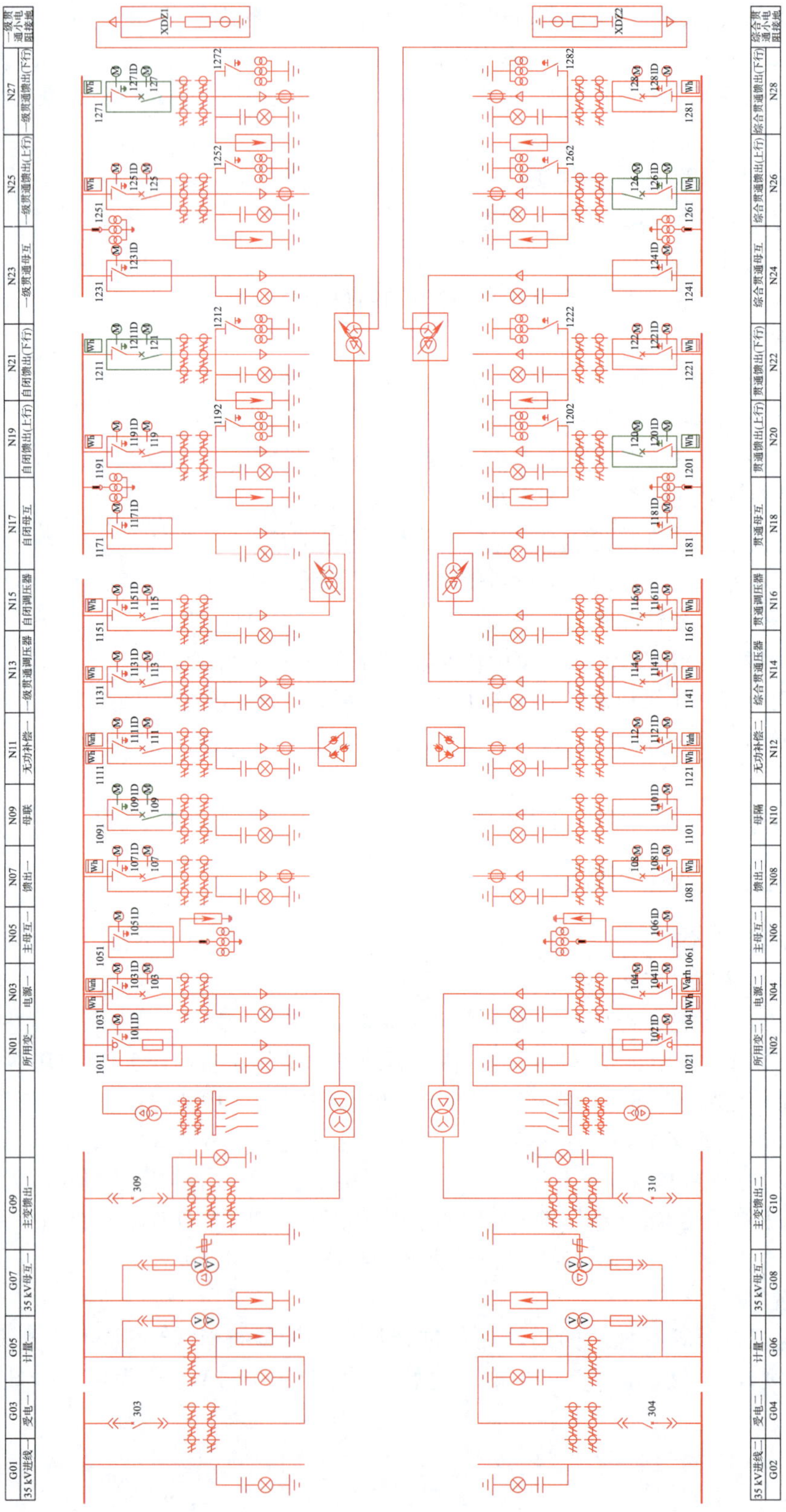

图 3-13 某 35/10 kV 变电所一次主接线

(1)一层主要巡视:电力变压器、一贯(综贯)调压器、自闭(贯通)调压器小电阻接地、无功补偿。一层设备巡视路径如图 3-14 所示。

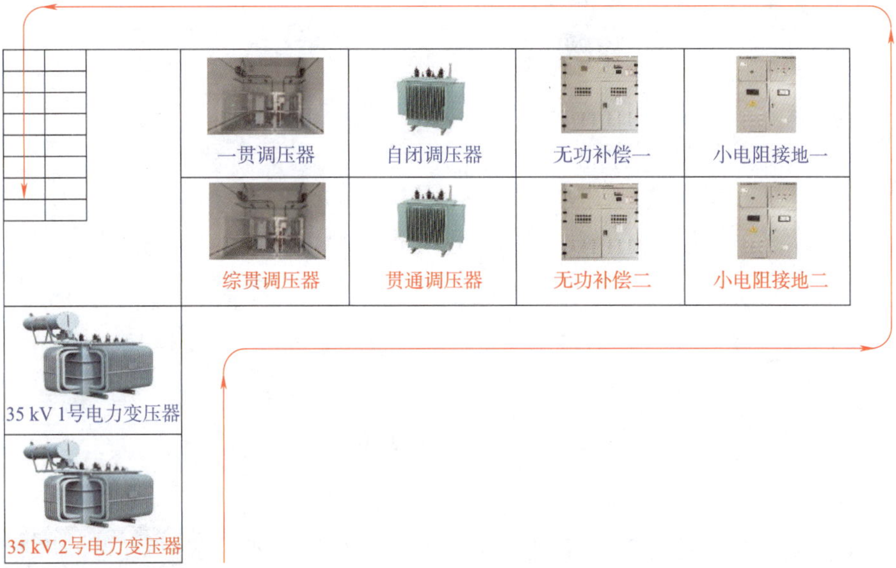

图 3-14　一层设备巡视路径

(2)二层主要巡视:电缆夹层。二层电缆夹层巡视路径如图 3-15 所示。

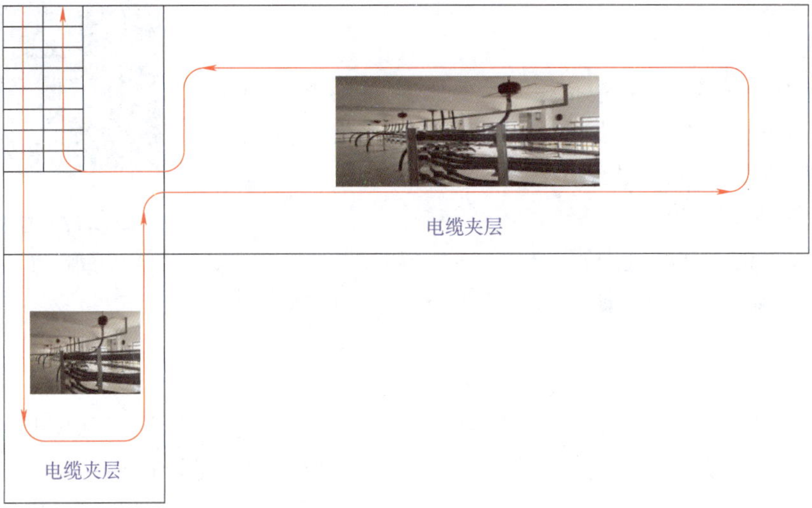

图 3-15　二层电缆夹层巡视路径

(3)三层主要巡视:控制室、10 kV 高压室、35 kV 高压室、所内辅助设备检查。三层设备巡视路径如图 3-16 所示。

(4)院内主要巡视:电缆沟及安防系统。

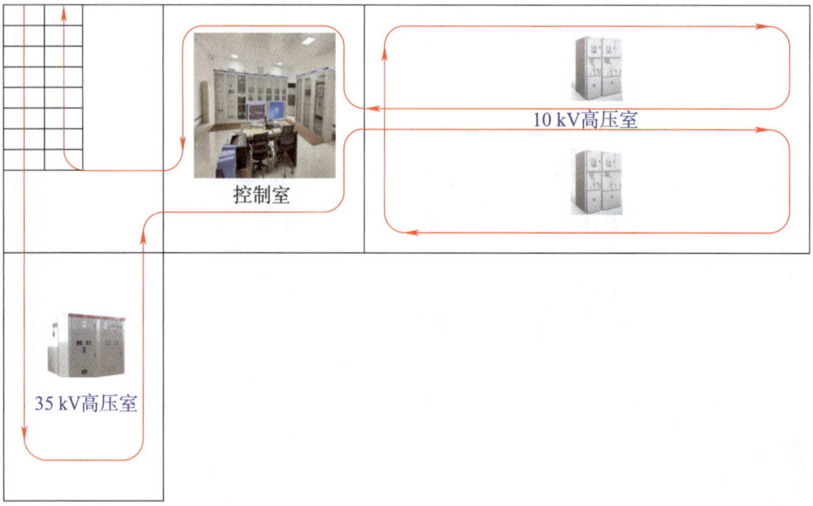

图 3-16　三层设备巡视路径

3. 准备工具

巡视作业前，合理安排人员，工作组员检查所需携带的工器具、台账本是否齐全。主要携带如下（包括但不限于）：变配电所巡视（技表）本（图 3-17）、笔、钳形电流表、个人工具（螺丝刀、斜口钳、扳手、电工刀、测电笔）、毛刷、绝缘胶布、标识牌、门锁、测距仪、测温仪等。

图 3-17　变配电所巡视（技表）本

（二）巡视内容

高压变配电所巡视内容包括控制室低压屏、高压配电柜、电力变压器（调压器）、无功补偿装置、小电阻接地装置、环境安全监控系统、其他设备，但不限于以上内容。

1. 控制室低压屏

（1）交流屏的巡视检查内容

①切换电流、电压等数据，检查多功能表读数/机械表是否正常。

②检查交流一、二路转换开关是否处于自动挡位。

③检查交流监测屏有无故障告警，判断交流两路运行是否正常，正常情况下母联开关分闸、交流一路、交流二路合闸供电，三个开关任何情况下均不能同时处于合闸状态。

④检查空开状态与开关颜色标识是否一致，红色代表合闸、绿色代表分闸；并检查指示灯与空开投入状态是否一致，开关处于合闸状态时，开关对应的指示灯亮，开关处于分闸状态时，开关对应的指示灯灭。

⑤检查交流屏屏后有无异响、异味，查看交流屏二次接线是否有老化、烧焦、发黑、放电的迹象，查看端子排接线是否排列整齐、美观、无灰尘，检查各连接片端子是否紧固良好无脱落。

⑥检查电度表运行状态是否正常。

⑦检查交流屏各元器件是否处于良好运行状态。

⑧检查接触器是否正常，有无异常声音，吸合是否牢靠。

⑨检查电流互感器绝缘护套有无破损，终端有无闪络放电现象。

⑩检查电缆的标示标牌是否齐全。

⑪检查电缆进出线侧封堵情况是否良好。

⑫检查交流屏柜体接地是否良好。

巡视检查内容①②③④⑤⑥⑦⑧⑨⑩⑪如图3-18所示。

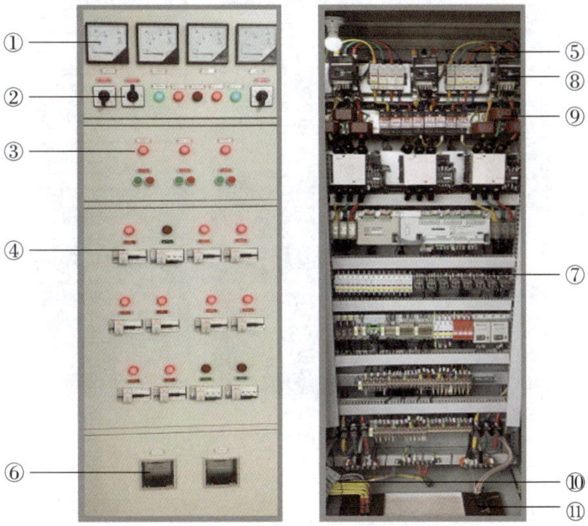

图3-18　交流屏

(2)直流屏的巡视检查内容

①检查柜面控母/合母电压电流数据是否正常。

②检查直流综合监控屏状态是否正常，有无故障告警。

③检查电池放电开关是否正常，平时一般处于打开状态。

④检查空开状态与开关颜色标识是否一致，红色代表合闸、绿色代表分闸；并检查指示灯与空开投入状态是否一致，开关处于合闸状态时，开关对应的指示灯亮，开关处于分闸状态时，开关对应的指示灯灭。

⑤检查直流屏充电模块运行是否正常，显示充电电压与电流是否正常。

⑥检查逆变器运行是否正常。

⑦检查直流屏屏后有无异响、异味，查看直流屏二次接线是否有老化、烧焦、发黑、放电的迹象，查看端子排接线是否排列整齐、美观、无灰尘，检查各连接片端子是否紧固良好无脱落。

⑧检查直流屏硅链是否正常，如图3-19所示。

图3-19　硅链

⑨检查直流屏各元器件、模块是否处于良好运行状态，运行指示灯是否正常。

⑩检查电池表面是否清洁无灰尘，蓄电池有无鼓包漏液、异常气味，桩头是否有氧化现象，桩头连接是否牢固。蓄电池标号是否清晰无脱落。

⑪检查电缆的标示标牌是否齐全。

⑫检查电缆进出线侧封堵情况是否良好。

⑬检查直流屏柜体接地是否良好。

巡视检查内容①②③④⑤⑥⑦⑧⑨⑩⑪⑫如图 3-20 所示。

图 3-20　直流屏

(3)保护屏巡视检查内容

①检查各微机保护模块(图 3-21)屏显示数据是否正常，各指示灯显示保护模块工作状态是否一致。保护屏操作是否置于远方位，与管理机、后台机的通信是否正常。

②检查各保护连接片(硬压板)连接是否牢固无松动，如图 3-22 所示。

图 3-21　保护模块

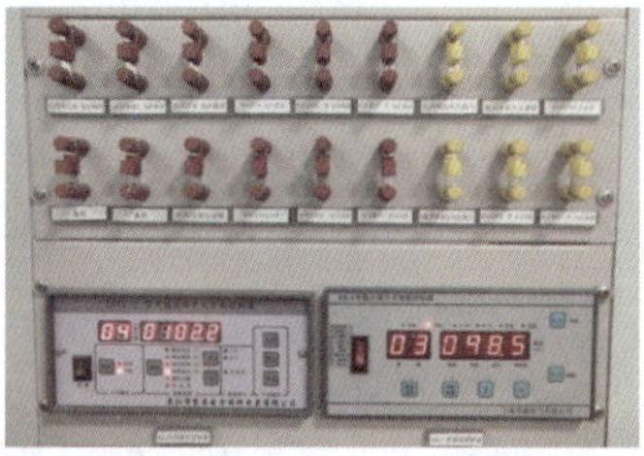

图 3-22　保护连接片及有载分接开关

③检查调压器有载分接开关运行是否正常，电源指示灯是否常亮，重点查看调压器挡位，电压指示。

④检查保护屏屏后有无异响、异味，查看保护屏二次接线是否有老化、烧焦、发黑、放电的迹象，查看端子排接线是否排列整齐、美观、无灰尘，检查各连接片端子是否紧固良好无脱落。

⑤检查交换机工作状态是否正常，指示灯是否正常。

⑥检查电缆的标示标牌是否齐全。

⑦检查电缆进出线侧封堵情况是否良好。

巡视检查内容①②③④⑥⑦如图 3-23 所示。

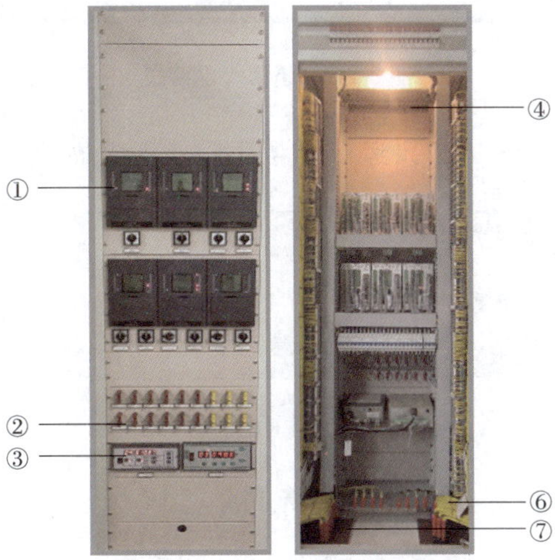

图 3-23　微机保护屏正视图及后视图

(4)综合自动化系统后台的巡视检查内容

①检查电脑主机是否运行正常、无异响、无异味;若电脑处于死机状态,通过重启开关,使电脑恢复正常工作状态。综合自动化系统后台如图 3-24 所示。

图 3-24　综合自动化系统后台

②检查后台机显示屏工作正常,画面无静止,鼠标、键盘能正常使用,查询是否有开关跳闸或告警等信息记录(回路、动作时间、保护类型、动作值),观察后台上的母线电压、电流是否正常。

③检查后台主接线图开关状态与现场实际是否一致,母线潮流颜色是否正确。

④检查后台报表系统是否正常,如图 3-25 所示。

图 3-25　后台报表系统

(5)远动通信屏的巡视检查内容

①检查通信管理装置(图 3-26)是否指示正常,通信灯闪烁,红色告警灯应熄灭。

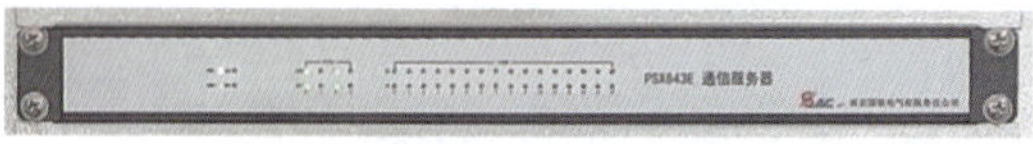

图 3-26　通信管理装置

②检查综合测控装置(图 3-27),运行灯常闪烁,电源灯显示正常。

图 3-27　综合测控装置

③检查 GPS 对时装置(图 3-28)是否运行正常。

图 3-28　GPS 对时装置

④检查远动屏柜后有无异响、异味,查看远动屏柜二次接线是否有老化、烧焦、发黑、放电的迹象,查看端子排接线是否排列整齐、美观、无灰尘,检查各连接片端子是否紧固良好无脱落。

⑤检查电缆的标示标牌是否齐全。

⑥检查电缆进出线侧封堵情况是否良好。

巡视检查内容①②③④⑤如图 3-29 所示。

图 3-29　远动通信屏

(6)磁控电抗器控制屏的巡视检查内容

①检查磁控电抗器微机控制装置运行是否良好,指示灯是否正常。

②检查磁控电抗器无功补偿量是否正常,功率因数是否正常。

③检查磁控屏柜后有无异响、异味,查看磁控屏柜二次接线是否有老化、烧焦、发黑、放电的迹象,查看端子排接线是否排列整齐、美观、无灰尘,检查各连接片端子是否紧固良好无脱落。

④检查电缆的标示标牌是否齐全。

⑤检查电缆进出线侧封堵情况是否良好。

巡视检查内容①②③④⑤如图3-30所示。

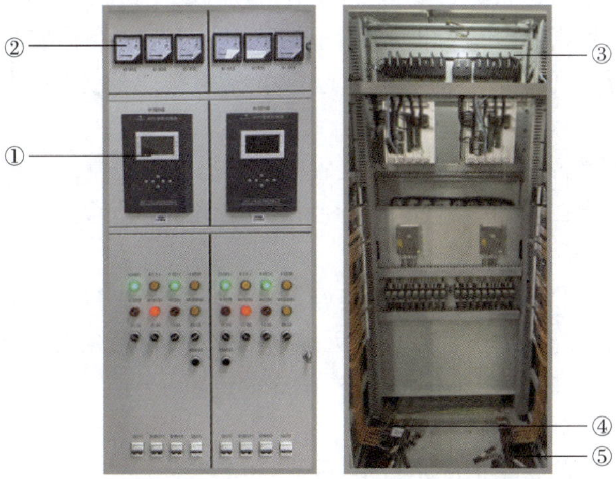

图3-30　磁控电抗器控制屏正视图及后视图

(7)计量屏的巡视检查内容

①检查各电能表(图3-31)是否工作正常,显示正确。

②检查各电能表接线盒(图3-32)、端子排连接是否可靠,编号是否完整、正确,接头有无损伤,弯曲方向是否正确。

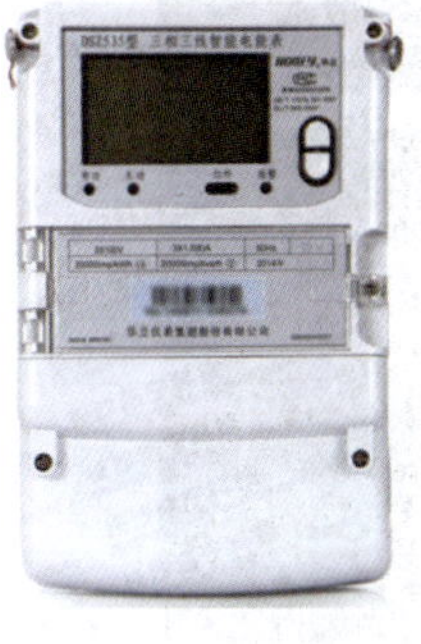

图3-31　电能表

图3-32　电能表接线盒

③检查计量屏的屏后有无异响、异味,查看计量屏二次接线是否有老化、烧焦、发黑、放

电的迹象，查看端子排接线是否排列整齐、美观、无灰尘，检查各连接片端子是否紧固良好、无脱落。

④检查电缆的标示标牌是否齐全。

⑤检查电缆进出线侧封堵情况是否良好。

⑥检查计量屏柜体接地是否良好。

2. 高压配电柜

(1) AIS 高压柜巡视检查内容

①检查柜面各指示仪表是否显示正常。

②检查指示灯状态是否与设备实际运行状态相符。

③检查温湿度控制器运行是否正常，湿度在 85% 以上时开启。

④检查带电显示器指示灯是否正常，指示灯状态是否与设备的实际运行状态相符。

⑤检查手车上分合闸指示是否与实际运行状况相符，“远方/就地”开关是否打到“远方”位。

⑥检查储能开关是否打开，弹簧储能装置储能状态是否正常。

⑦查看高压柜上窗二次端子排接线是否排列整齐、美观、无灰尘，端子排各端子是否紧固。

⑧检查高压柜柜内照明、电磁锁是否良好。

⑨检查高压柜后电缆仓内电缆外皮有无破损，电缆头有无烧焦、发黑等放电的迹象。

⑩检查避雷器有无裂纹，表面有无闪络、击穿等迹象。

⑪检查电缆的标示标牌是否齐全。

⑫检查电缆进出线侧封堵情况是否良好。

巡视检查内容①②③④⑥⑦⑨如图 3-33 所示。

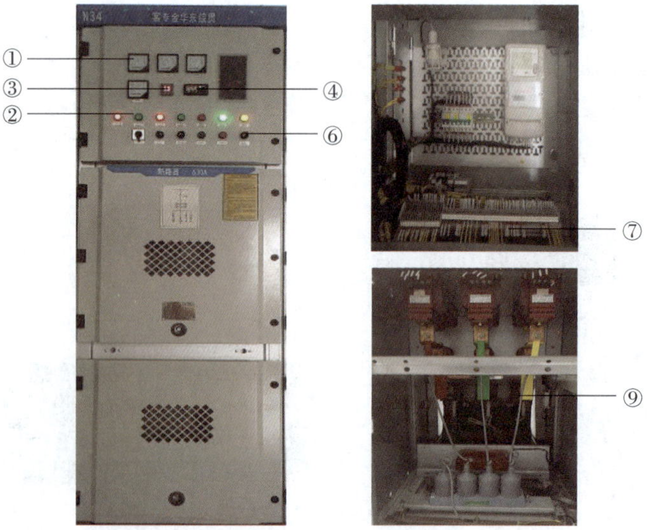

图 3-33　AIS 高压柜

(2)GIS 高压柜巡视内容

①进入高压室前应强制通风 15 min 以上。

②检查高压柜柜体有无异常声响、气味。

③检查断路器、隔离开关、接地刀闸的机械指示状态是否处于正常位置。

④检查断路器、隔离开关、接地开关灯光指示是否正常。

⑤检查“远方/当地”开关是否在“远方”位置。

⑥检查多功能仪表或电流、电压等表计指示是否正常。

⑦检查带电显示器指示灯是否正常,指示灯状态是否与设备的实际运行状态相符。

⑧检查保护单元运行情况,各指示小灯是否正常,报警灯有无亮起。

⑨检查高压柜后 GIS 气压监测装置或仪表显示是否正常,检查后台有无 SF_6 气压的相关告警信息。

⑩检查电缆头仓门是否正常,有无放电等异响。

巡视检查内容②③④⑤⑥⑦⑧⑨⑩如图 3-34 所示。

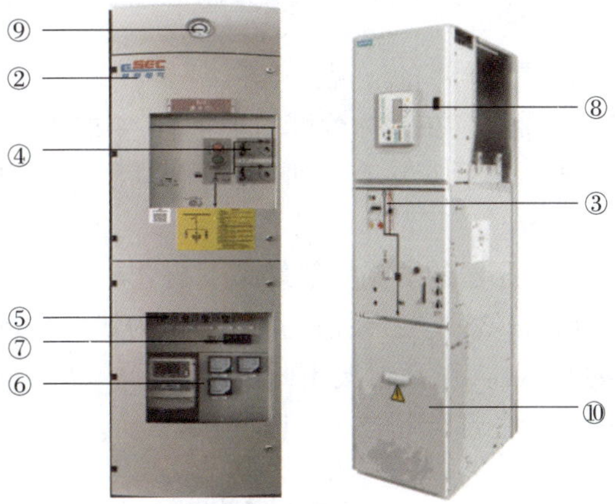

图 3-34　GIS 高压柜

3. 电力变压器(调压器)、无功补偿装置

(1)干式电力变压器(调压器)的巡视检查

①检查变压器电压、电流是否正常。

②检查运行中的变压器有无异常音响、异味(绝缘焦化的异味)。

③检查联接母线、一、二次引线接头处有无变形。

④检查绝缘子、绝缘支柱、套管有无裂纹、破损、放电痕迹。

⑤检查温控仪温度(测量范围一般在 0 ~ 200.0 ℃)是否在正常范围内,各种功能指示是否正确。对于没有温控仪容量小的变压器,应携带红外测温仪或热成像仪对变压器铁芯处、端子接续处测温,查看变压器及接续处温度是否在正常范围内。

⑥检查变压器(调压器)环氧树脂层,应完好,无龟裂、破损,外部表面无积污。

⑦检查调压器分接开关的位置及电源指示是否正常。

⑧检查变压器(调压器)室的凝露、烟感、通风、照明设施是否正常。

⑨检查安全警示牌是否缺失。

⑩检查变压器(调压器)室门、窗、护栏,消防设施是否完好。

⑪检查接地是否完好。

巡视检查内容②④⑤⑥⑦⑨⑩⑪如图 3-35 所示。

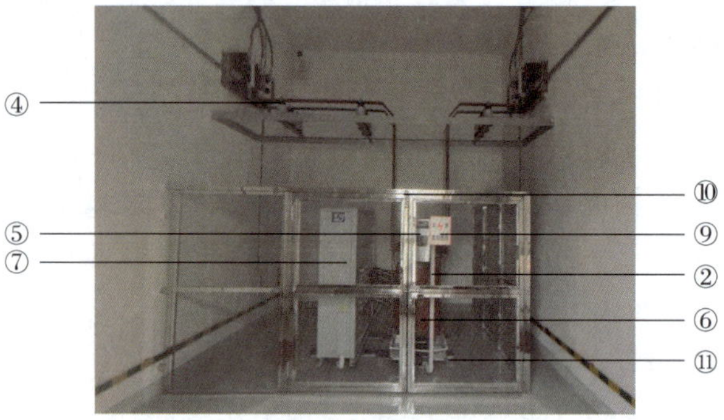

图 3-35　干式电力变压器

(2)油浸式电力变压器(调压器)的巡视检查

①检查油位(图 3-36),油位应在游标刻度的 1/4 ~ 3/4 之内,气温高时油面在上限侧,气温低时油面在下限侧。油面过低应检查是否漏油,若漏油应停电检修、若不漏油应加油至规定油位。

②检查油温(图 3-37),变压器的油温一般最高不超过 85 ℃。

③检查油色及呼吸器(图 3-38),变压器的油色最初为浅黄色的透明液体,检查是否变浑浊。对于装有呼吸器的变压器,正常情况下呼吸器内硅胶的颜色为白色或蓝色,受潮过多后变为黄色或红色。一般变色部分超过 1/3 时,应予更换。

图 3-36　油位计

图 3-37　油温度计

图 3-38　呼吸器

④测量温度,用测温枪对高低压侧接线端子、母排连接处以及刀闸触头等多个连接点进行温度测量,并观察这些连接点的连接处是否松动,有无过热、变色甚至发红现象。

⑤检查运行中的变压器本体有无异常声音、有无闻到异味。

⑥检查气体继电器有无开裂、破损。

⑦检查安全警示牌是否缺失。

⑧检查变压器(调压器)室门、窗、护栏,消防设施是否完好。

⑨检查接地是否完好。

巡视检查内容①②③④⑤⑥如图 3-39 所示。

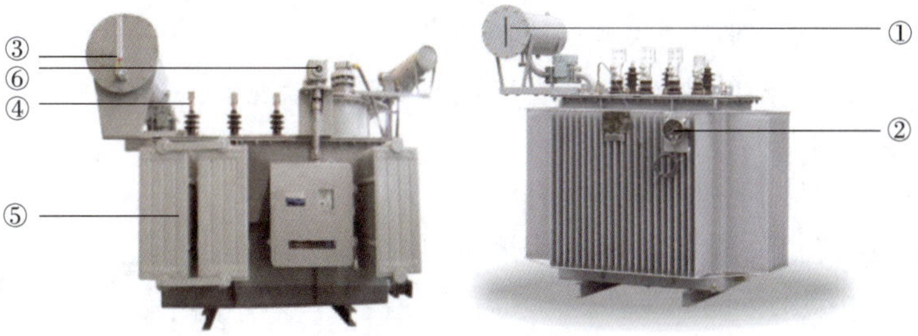

图 3-39　油浸式变压器

(3)磁控电抗器的巡视检查

①检查电抗器本体有无异常声音,有无异味,本体有无变色、开裂及放电现象。

②检查检查带电显示器指示灯是否正常。

③检查温度控制器温度显示是否正常,高温报警灯是否有报警,并记录温度值。

④检查柜照灯开关是否正常。

⑤检查电磁锁是否良好。

⑥检查室内防小动物措施是否完好。

⑦检查室内通风装置是否正常。

巡视检查内容①②③⑤如图 3-40 所示。

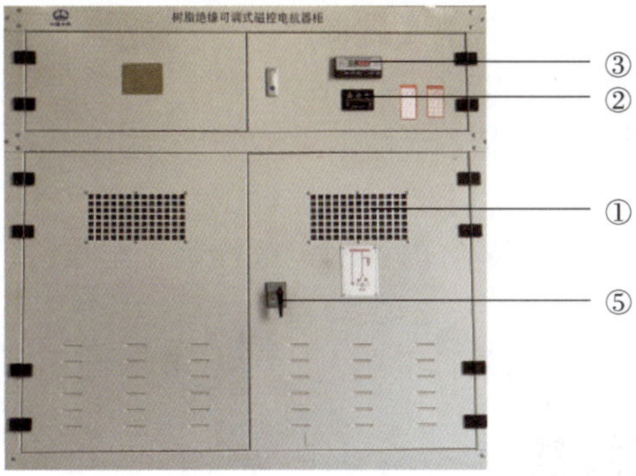

图 3-40　磁控电抗器

(4)其他注意事项

①运行变压器有下列情况之一时,应立即停止运行[7]。

a. 变压器内部音响很大,很不均匀,有爆裂声;

b. 在正常冷却条件下,温度不断上升;

c. 油枕或防爆管喷油;

d. 油面低于油位指标器下限;

e. 油色有明显变化,油内出现碳质等;

f. 套管有严重的破损和放电。

②运行电抗器有下列情况之一时,应立即停止运行[8]。

a. 电抗器保护动作跳闸;

b. 电抗器倾斜严重,线圈膨胀变形或接地;

c. 电抗器内部有强烈的放电声,套管出现裂纹或电晕现象;

d. 电抗器振动和噪声异常增大;

e. 在正常冷却条件下,温度不断上升。

③运行变压器按相关周期做好负荷测定、电压变动测量、绝缘电阻测定等测试工作。

4. 小电阻接地装置

①检查电磁锁、辅助开关、隔离开关操作机构是否正常。

②检查观察窗内设备是否正常,是否有异响、异味、异常。

③检查二次仓内接线是否整齐,是否有异味、烧焦发黑等迹象。

④检查通风与防小动物措施是否良好。

⑤检查“远方/当地”开关应在“远方”位置。

巡视检查内容①②③④⑤如图 3-41 所示。

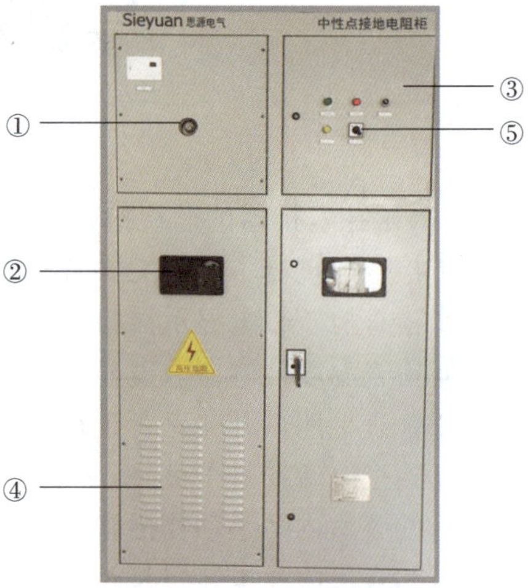

图 3-41 小电阻接地装置

5. 环境安全监控系统

(1)视频监控系统的巡视检查

①检查摄像头电源线、信号线接头是否良好。

②检查镜头、云台动作(图 3-42)是否灵活、可靠。

③检查摄像机外罩(图 3-43)是否清洁卫生。

④检查云台支架是否牢固。

⑤检查视频服务器机柜(图 3-44)内各固定螺栓是否牢靠,接线端子是否紧固,外表是否清洁。

⑥检查视频服务器电源、风扇是否正常。

图 3-42 视频监控画面

图 3-43 视频监控球机

图 3-44 视频监控服务器机柜

(2)消防系统的巡视检查内容

①检查灭火器瓶压力表(图 3-45)的压力值是否正常(如超出绿色区域为非正常)。

②检查感温、感烟探测器(图3-46)安装是否牢固、表面是否清洁。

③检查七氟丙烷灭火器(图3-47)手动、自动控制装置(图3-48)是否在正确位置。

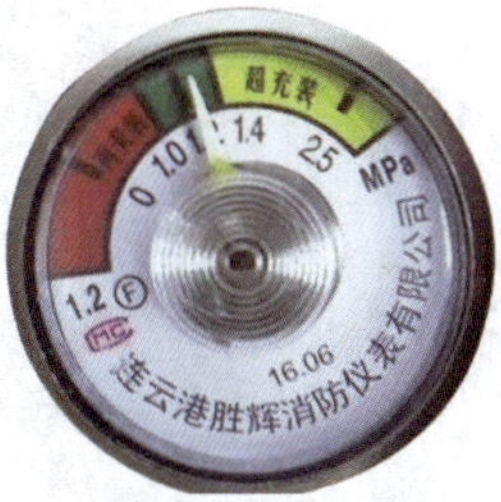

图3-45　压力表

图3-46　感烟探测器

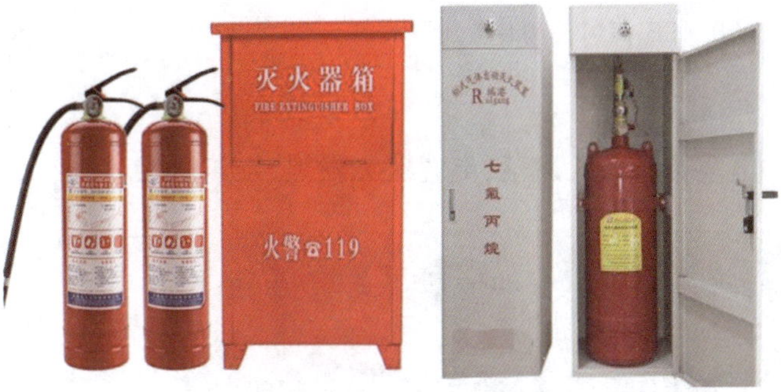

图3-47　消防灭火器及七氟丙烷灭火器

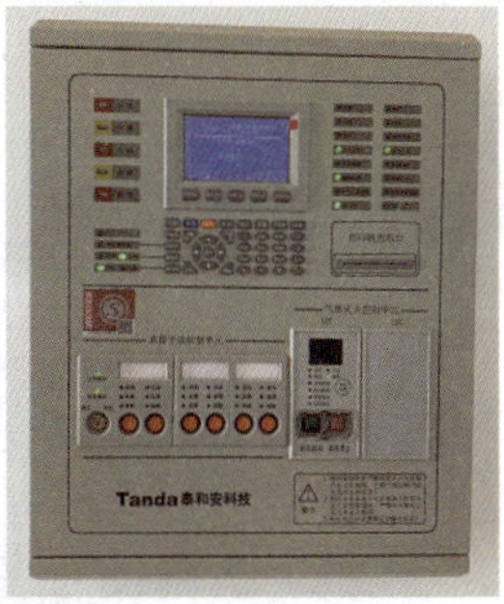

图3-48　消防控制面板

④检查灭火装置周边是否堆放其他物体。

(3)环境监控系统的巡视检查

①检查电子围栏主机面板上指示灯是否正常。主机控制器外观是否整洁平滑光洁,外壳表面无裂痕及永久性污渍。

②检查电子围栏(图3-49)前端围栏各支撑杆是否固定牢固。

③检查电子围栏每隔50 m左右一个的警示牌是否均匀悬挂且牢固。

图3-49　电子围栏

④检查电子围栏合金线是否表面光滑。

⑤检查电子围栏前端设备是否有树枝等遮挡物,并及时清理、清除。

⑥检查门禁系统是否正常,检查门禁主机、读卡器、出门按钮、电锁等设备状态。

⑦检查SF_6气体检测装置(图3-50)是否正常运行,SF_6气体探头安装牢固,指示灯正常运行。

⑧检查水浸报警、红外对射报警、电子围栏报警等数据,并检查各采集终端探头有无破损,是否工作正常。

图 3-50　SF_6气体检测装置及探头

6. 其他设备

①检查电缆夹层(图 3-51)内电缆挂牌有无脱落,电缆有无发黑、发热情况。

图 3-51　电缆夹层

②检查各设备间轴流风机是否正常运行,并启动风机进行试验。

③检查变配电所内机房专用空调是否正常运行,制冷效果是否良好。

三、电力箱式变电站(10/0.4 kV 变电所)的巡视

(一)准备工作

1. 一次系统图及运行情况

铁路电力人员在进行电力箱式变电站(10/0.4 kV 变电所)设备巡视前,首先需熟悉掌握其一次系统图,了解设备运行方式,电力箱式变电站(以下简称箱变)和 10/0.4 kV 变电所设备基本相同,均是由高压环网柜、变压器、低压配电柜及远动装置组成。主要以典型远动箱变为例,介绍电力箱变(10/0.4 kV 变电所)的巡视检查,电力箱变一次系统图如图 3-52 所示。

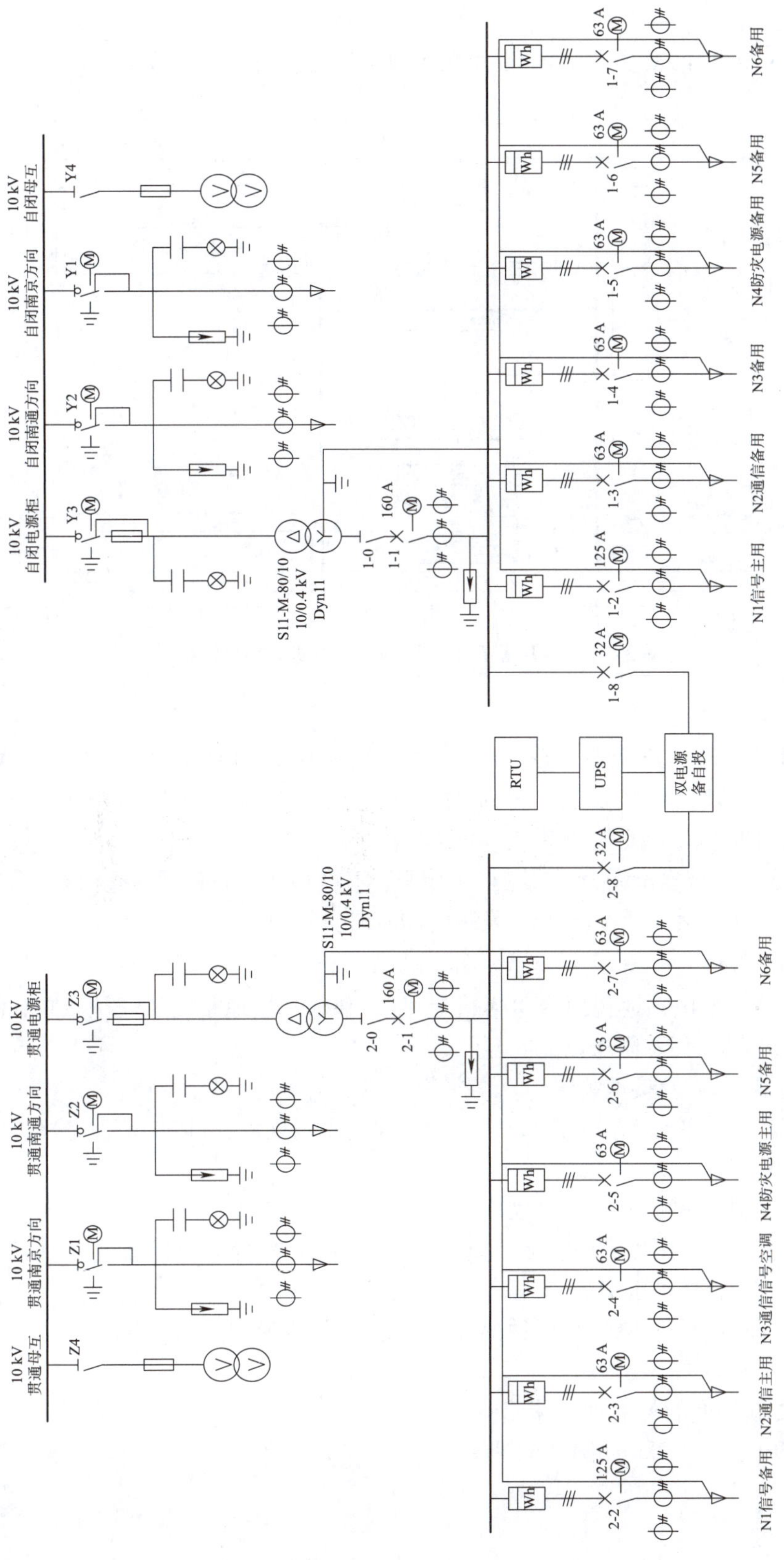

图 3-52　电力箱变一次系统

2. 巡视径路图

电力箱变(10/0.4 kV 变电所)的巡视按照规定的巡视路径进行,如图 3-53 所示。

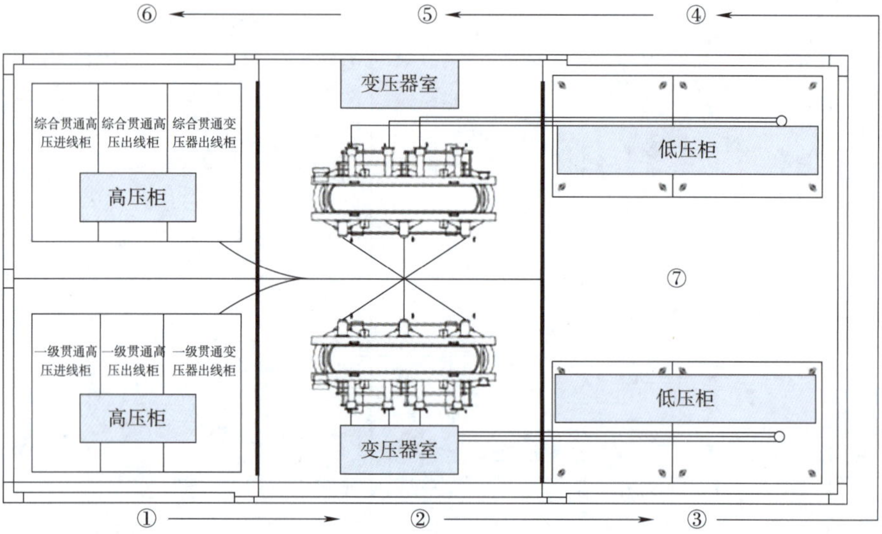

图 3-53 电力箱变(10/0.4 kV 变电所)巡视路径

3. 准备工具

(1)巡视需携带的工具及材料(包括不限于):螺丝刀、斜口钳、扳手、电工刀、测电笔、毛刷、望远镜、墨镜、熔断器、胶布、10~20 m 铜芯线、标识牌、铁锁、“有人工作,禁止合闸”警示牌、记录用笔、钳形电流电压表、相序表、测距仪等。

(2)巡视人员应戴安全帽,穿绝缘鞋、工作服,携带“电力设备巡视检查记录”到现场,对照记录本中的标准逐项进行检查核对,发现问题及时做好记录。

(二)巡视内容

铁路电力箱式变电站巡视内容包括箱变外观、基础及接地装置、高压柜、变压器、低压柜、UPS 及 RTU 装置,但不限于以上内容。

1. 箱变外观、基础及接地装置

①检查箱变检修平台是否平整、开裂,有无下沉、塌陷现象,排风口是否完好,是否低于周边地坪。

②检查箱变围墙是否有塌陷、开裂。

③检查箱变门以及围墙大门有无破损,打开时有无异响、松动,对门轴进行注油处理。

④检查各接地连接是否清洁、牢固。

⑤检查箱变壳体是否生锈,对锈蚀部分进行除锈、补漆处理。

⑥检查或实施防小动物措施。

⑦核对、更新箱变的名称、里程标识。

巡视检查内容①②③⑤如图 3-54 所示。

图 3-54　箱变

2. 高压柜

①检查 SF_6 气体压力(压力表或压力传感器)是否在正常范围内(SF_6气体指示表指针正常在绿色区,无指示表应用专用 SF_6气体泄漏测试仪器进行测试)。

②检查各回路名称及开关编号标识是否正确,各回路电压、电流显示是否正常,各回路分合闸指示灯是否正常,与规定运行方式一致为正常。

③检查各指示灯及各类表计运行是否正常。

④检查“远方/就地”开关是否正常,正常应在“远方”位。

⑤检查柜面负荷开关、接地开关机械位置是否正确,正常负荷开关在合位,接地开关在分位。

⑥检查负荷开关、接地开关操作孔是否在机械闭锁状态。

⑦检查带电显示器是否工作正常。

⑧检查各种二次开关、按钮、辅助开关、接触器、继电器接点有无烧损,运行应无噪声。

⑨检查高压柜下电缆沟、电缆夹层有无积水、小动物进出,构架是否锈蚀。

⑩检查高压室内照明、门窗、烟感传感器、排风机是否良好。

⑪检查专用工具、手动分合闸手柄工具是否齐全。

巡视检查内容①②④⑤⑥⑦如图 3-55 所示。

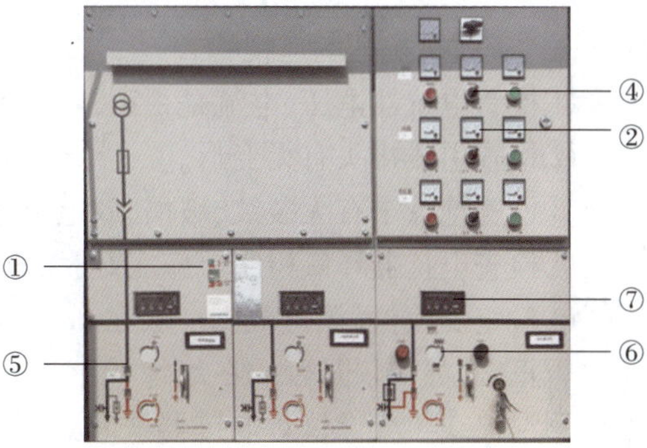

图 3-55　SF_6环网柜

3. 变压器

(1)油浸式变压器的巡视检查

①检查变压器瓷瓶有无灰尘、裂纹,有无闪络、击穿等放电痕迹。

②变压器本体有无异常声音,有无异味。

③检查高、低压桩头处有无放电痕迹。

④检查变压器本体是否有锈蚀及油漆脱落现象。

⑤检查变压器油位,有无渗油现象,干燥剂变色是否在 1/3 以上。

⑥检查安全警示牌是否缺失。

巡视检查内容①②③④⑤如图 3-56 所示。

(2)干式变压器的巡视检查

①检查变压器有无异常音响、异味(绝缘焦化的异味)。

②检查变压器一、二次侧引线接头有无变形。

③检查变压器环氧树脂层是否完好,无龟裂、破损,外部表面无积污。

④检查变压器室凝露、烟感、通风、照明设施是否良好,防小动物措施是否良好。

⑤检查变压器室门、窗、护栏、消防设施、接地装置是否良好。

⑥检查安全警示牌是否缺失。

巡视检查内容②③如图 3-57 所示。

图 3-56　油浸式变压器

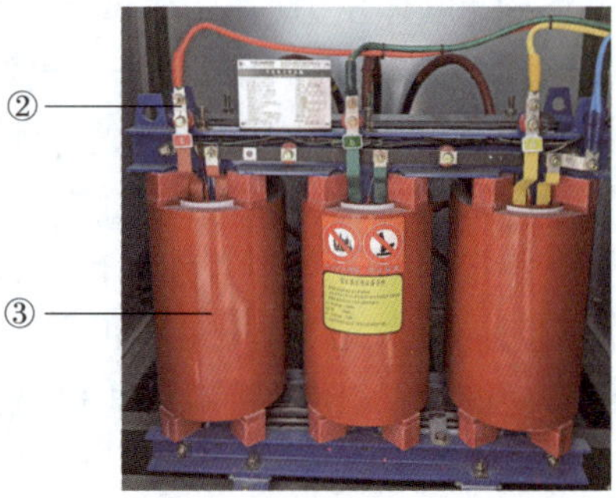

图 3-57　干式变压器

(3)干式电抗器的巡视检查

①检查电抗器电压、电流是否正常;有无异常音响、异味(绝缘焦化的异味)。

②检查引线接头有无变形。

③检查绝缘子有无裂纹、破损、放电痕迹。

④检查电抗器环氧树脂层应完好,无龟裂、破损,外部表面无积污。

⑤检查温控仪(测量范围一般在 0.0～200.0 ℃)温度是否在正常范围内,各种功能指示是否正确,温控仪是否插在绝缘块上部孔内。对于没有温控仪容量小的电抗器,应携带红外测温仪或热成像仪对电抗器铁芯处、端子接续处测温,查看电抗器及接续处温度是否在正常范围内。

⑥检查电抗器室的凝露、烟感、通风、照明设施是否正常,门、窗、护栏、消防设施是否完好。

巡视检查内容②③④⑤如图 3-58 所示。

4. 低压柜

①检查各回路电压、电流显示是否正常。

②检查分合闸指示灯是否正常,与规定运行方式一致为正常;“远方/就地”开关,正常在“远方”位。

③检查开关储能装置指示、故障指示是否正常。

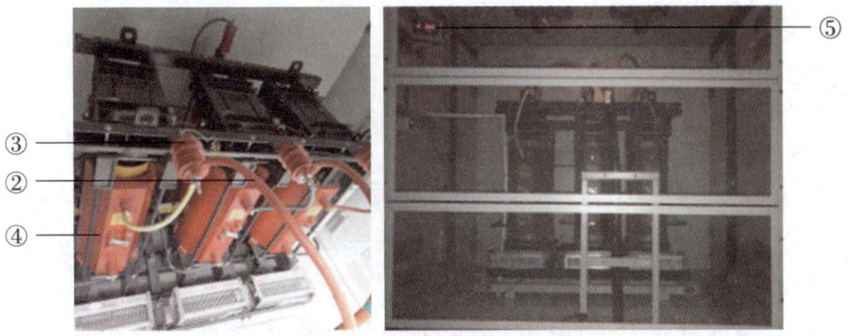

图 3-58　干式电抗器

④检查各回路电气设备连接点有无过热、松动现象，各配电装置和低压电器内部有无异声、异味。

⑤检查双电源切换装置运行是否正常，是否存在卡滞现象。

⑥检查低压室凝露、烟感、通风、照明、温控设施是否良好，防小动物措施是否良好。

⑦检查各部接地装置是否良好。

⑧检查电缆敷设是否规范，电缆接地连接是否良好，电缆井内是否存有积水。

⑨检查绝缘工具、专用工具是否齐全。

巡视检查内容①②③如图 3-59 所示。

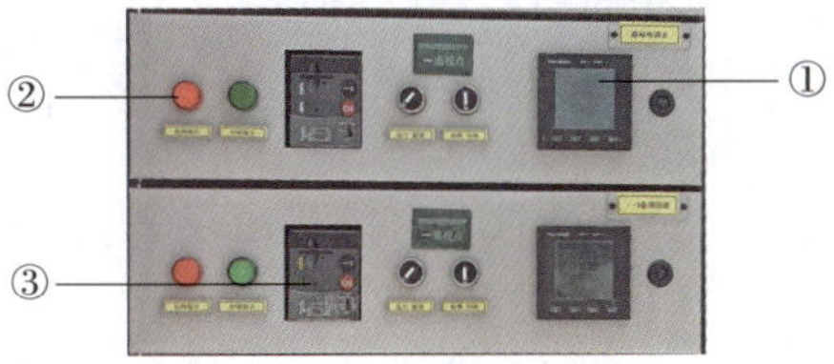

图 3-59　低压柜

5. UPS 及 RTU 装置

①检查 RTU 面板指示灯闪烁是否正常。

②检查 UPS 装置指示灯是否正常，检查电池模块外观是否正常。

③检查 RTU 装置背面接线至 RTU 柜接线端子接线是否牢固，完好。

④检查接地装置是否完好。

巡视检查内容①②③如图 3-60、图 3-61 所示。

图 3-60　UPS

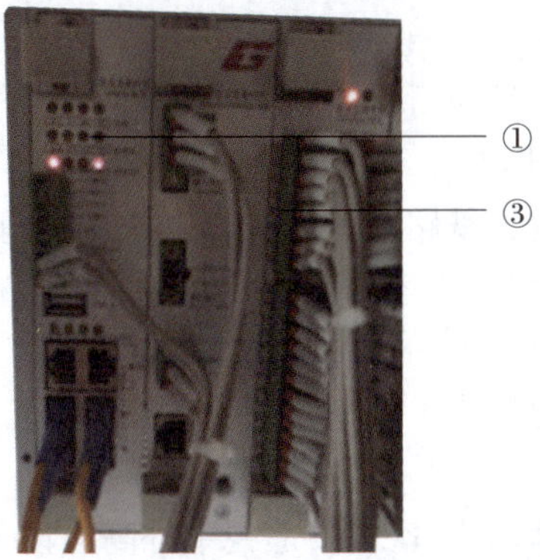

图 3-61　RTU

四、电力线路的巡视

(一)准备工作

1. 一次系统图及运行情况

电力线路按结构可以分为架空线路和电缆线路两大类。架空线路一般由导线、杆塔、绝缘子和金具组成;电缆线路一般由电力电缆、分支箱、开关箱等组成。高速铁路一般采用电缆线路供电,普速铁路一般采用架空线路供电。

(1)普速铁路单贯通线路区间供电示意,如图3-62所示。

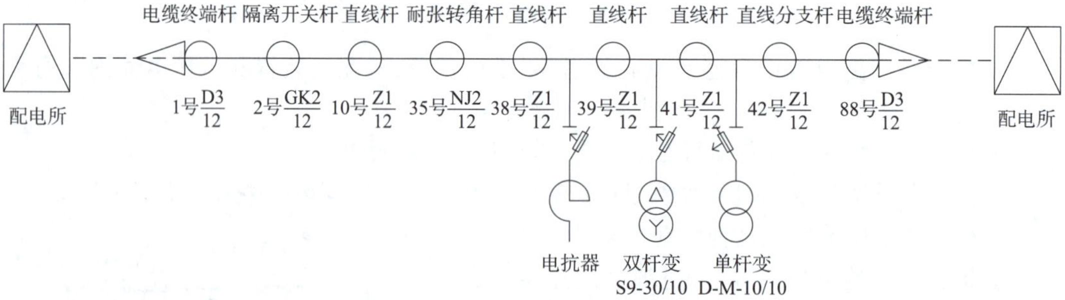

图3-62 普速铁路单贯通线路区间供电示意

(2)高速铁路区间供电示意,如图3-63所示。

2. 巡视准备工具

(1)巡视需携带的工具及材料(包括不限于):螺丝刀、斜口钳、扳手、电工刀、测电笔、毛刷、望远镜、墨镜、熔断器、胶布、10~20 m铜芯线、标识牌、铁锁、“有人工作,禁止合闸”警示牌、记录用笔、钳形电流电压表、相序表、测距仪等。

(2)巡视人员应戴安全帽,穿绝缘鞋、工作服,携带“电力设备巡视检查记录”到现场,对照记录本中的标准逐项设备进行检查核对,发现问题及时做好记录。

3. 巡视注意事项

(1)巡视作业,应按工长或段发布的工作命令进行,并严格执行电力安全规程和技术规程。

(2)必须执行“二穿三戴”制度,合理安排作业人员,作业人员明确所分担的作业任务和作业安全事项。

(3)普速铁路在道床坡脚以外封闭栅栏以内的不上道、不侵入行车限界、不影响行车安全、不影响人身安全的设备巡视作业,可在天窗点外实施,其他处所应采用上道、添乘方式进行。

(4)巡视人员知道电气化区段的安全防护措施,且参加电气化安全基本知识的培训,并经考试合格。

(5)雷雨天气,需要巡视室外高压设备时,应穿绝缘靴,并不准靠近避雷器和避雷针[9]。

(6)在隧道内进行巡视作业时,还要确保照明器具充足,有足够的照明,保证人员及作业范围内的照度,保证通信联系畅通,不能够保证时,增设中间联络员,并且要有对安全防护措施进行重点交代。

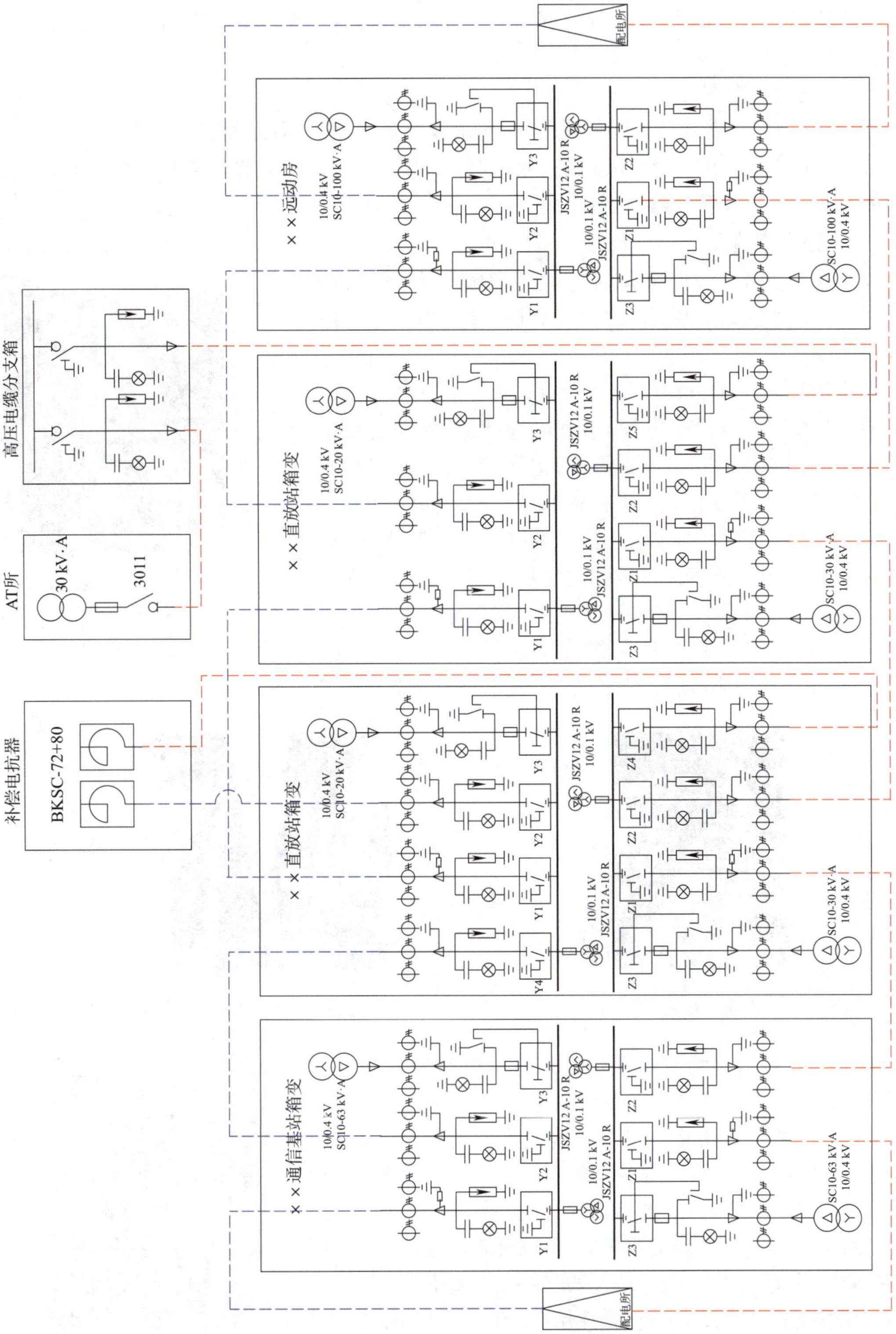

图 3-63 高速铁路区间供电示意

(7)班组必须配备足够的通信对讲机(GSM-R),并确保状态良好,频点正确,电池充满,人人都会使用。班组有驻站联络员、现场防护员的制度,职工经过专业培训,达到驻站联络员、防护员的标准,并经考试合格。

(8)巡视时不得在道心内行走、坐卧。

(9)巡线时应沿着线路的外侧进行,以免触及断落导线。高压设备发生接地时,室内不准接近故障点4 m以内,室外不准接近故障点8 m以内。进入上述范围人员应穿绝缘靴,接触设备的外壳和构架时,应戴绝缘手套[10]。

(二)巡视内容

铁路电力线路巡视内容包括电缆线路、架空线路、升降(固定)灯塔(高杆、水泥铁塔)、灯桥、灯杆(柱),但不限于以上内容。

1. 电缆线路

①沿电缆槽道敷设的电缆,检查电缆槽道、支架有无破损、锈蚀,槽道安装固定是否牢固,槽道警示标志、回路标识是否清晰,电缆有无外露。电缆槽道如图3-64所示。

图3-64 电缆槽道

②沿电缆综合管沟敷设的电缆,电缆沟槽的防水、防火封堵应完好;沟内支架应完好、固定牢靠、不锈蚀;盖板齐全无严重破损。电缆沿综合管沟敷设如图3-65所示。

③上下桥桥架电缆,检查电缆支架是否牢固,桥架、支架有无破损、锈蚀;桥架警示标志、回路标识是否清晰,电缆有无外露。上下桥桥架敷设如图3-66所示。

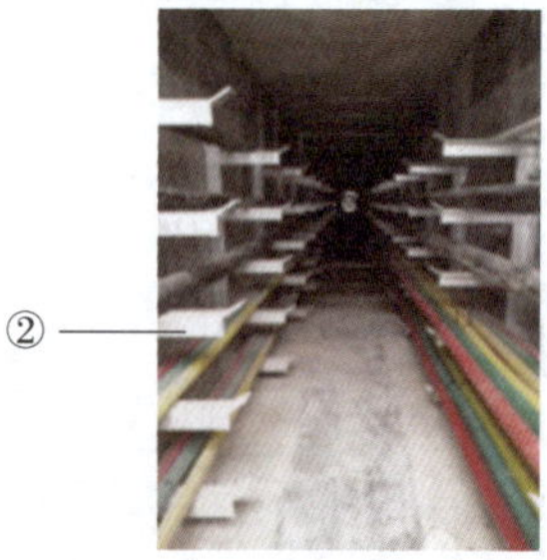

图3-65 电缆沿综合管沟敷设

图3-66 上下桥桥架敷设

④直埋区段电缆,检查电缆路径埋设标桩是否齐全,配件是否松动、锈蚀,保护套管有无撞伤损坏和被盗,电缆外部有无撞伤变形。检查是否两路及以上电缆同沟同槽敷设在同一径路,无法避免时是否采取电缆管槽等保护措施。当受条件限制同槽敷设时,是否每隔1 m进行物理分隔。检查电力电缆与接触网上网电缆、通信电缆、信号电缆等不同部门之间的电缆是否直接同沟敷设,无法避免时是否采取相关隔离措施。

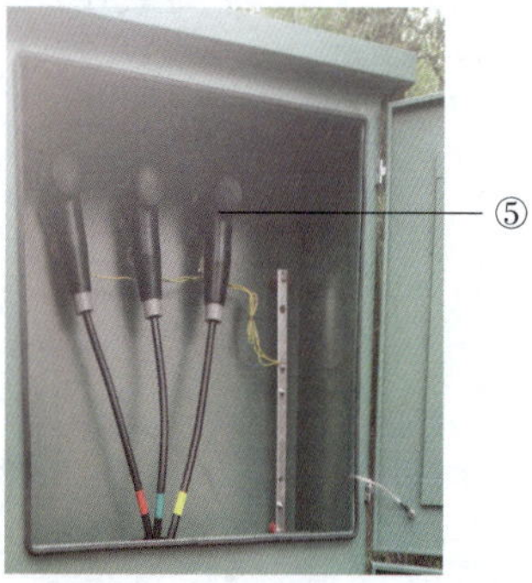

图3-67 电缆接头(箱)

⑤观察高压电缆接头(箱)整体情况,有无漏水、漏剂,密封和基础是否良好,瓷套管螺杆有无破裂、接触不良、闪烁等。电

缆接头如图 3-67 所示。

⑥巡视检查电缆沟应无易燃杂物、积水、杂物和小动物活动的痕迹;发现后要及时清理,电缆沟通向室内的入口处应有完好的防止小动物进入的措施。

⑦巡视检查电缆接地装置及接地导线有无破损、接触不良等。

⑧巡视检查电缆路径附近有无造屋、挖井、打桩、开河、筑路、铺管、种树取土等外部环境影响。

上述①、⑧可作为添乘巡视及视频分析内容。

2. 架空线路

①巡视架空线路上及安全距离内有无危及供电安全的异物,如野火、风筝、造屋、堆积物,有无种树、树枝接近导线、导线上挂物的情况;各种交叉及电杆填土。检查线路附近有无施工及邻近营业线施工等情况,发现情况应立即制止并及时上报车间,同时派专人现场监督施工。

②巡视检查电杆有无倾斜、偏移、下沉、裂纹,周围有无取土堆土等,混凝土杆有无裂纹、酥松、钢筋外露,焊接缝有无开裂、锈蚀。检查杆塔标志(线路名称、杆号、相位指示等)是否齐全、明显。

③巡视检查杆上金具是否弯曲、锈蚀、松动、瓷瓶破损、螺帽松动脱落;铁梯等有无拉伤异状。

④巡视检查绝缘子、瓷瓶表面是否有脏污,表面有无裂纹、放电、绝缘老化现象。

⑤巡视检查拉线有无松弛、断股、地锚上拔、张力分配不均,拉线是否妨碍交通或被车碰撞,路边拉线的防护管有无损坏或缺少,拉线固定是否牢固,基础周围土壤有无突起、沉陷、缺土等现象。

⑥检查导线是否有断股、损伤、烧伤痕迹,三相弛度是否平衡,有无过紧、过松现象。

⑦巡视检查跳线、引线接头是否良好,有无过热现象(如接头变色、融雪等),跳线、引线在最大摆动时对地及相间距离是否符合要求。

⑧巡视检查电缆固定支架、电缆保护管有无锈蚀、损坏、被盗,电缆保护管口是否封堵良好,电缆有无挂牌,挂牌信息是否正确,相位标识是否清晰、准确等。

⑨巡视检查接地装置是否松弛、断股,接触部位是否接触良好。

⑩巡视检查避雷器、令克安装螺栓是否脱落,避雷器、令克外观是否良好,避雷器、令克引线有无损伤、断股、歪扭,有无过紧或过松,与电杆构件、拉线、电杆间的距离是否符合要求。

⑪检查隔离开关分断位置是否与规定的运行方式一致,检查相位标识是否清晰准确。巡视检查隔离开关操作机构是否已上锁,锁具是否良好。

⑫检查并清扫杆上配电开关箱,观察箱内导线有无发热、变色。

⑬对架空绝缘线路杆塔根部进行培土、加固,对电杆法兰盘螺栓连接处用水泥封堵,对电杆钢圈焊接处除锈防腐,防止受力严重情况下发生倒杆。

⑭检查架空绝缘导线的绝缘外层是否完整,有无鼓包、变形、磨损、龟裂及过热烧熔,绝缘护罩是否有脱落或连接处是否存在氧化的情况。

⑮检查架空绝缘导线是否有从线夹中滑出;绝缘绑扎线是否存在放电烧坏绝缘层出现脆化脱皮等。

巡视检查内容①②③④⑤⑦⑧⑨⑩⑪⑫如图3-68~图3-72所示。

图3-68　架空线路

图3-69　耐张杆

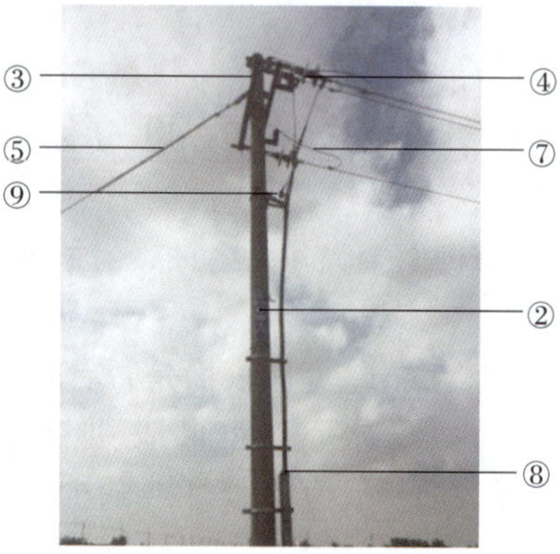

图3-70　电缆终端杆

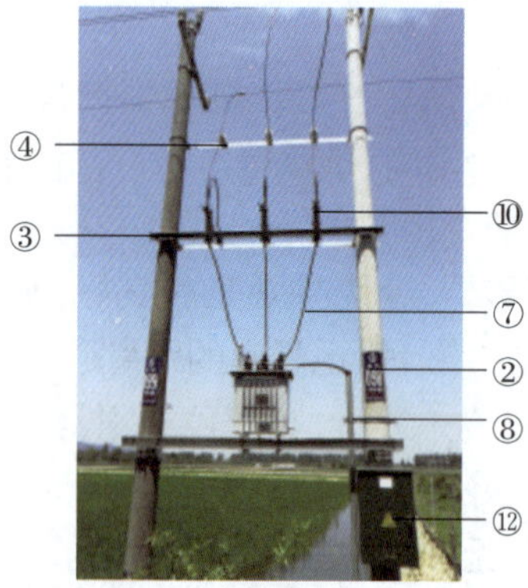

图3-71　变压器台杆

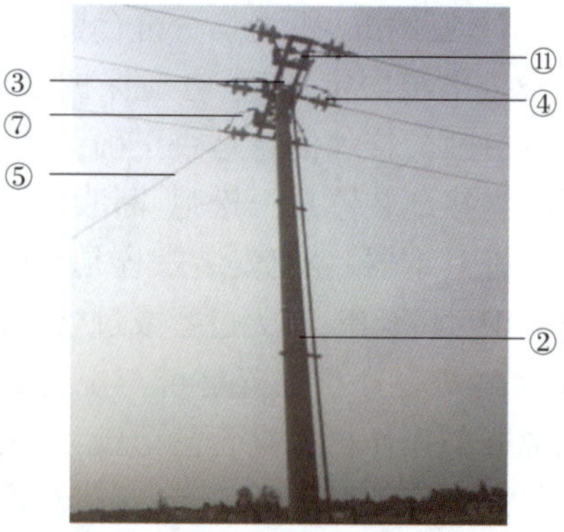

图3-72　隔离开关杆

3. 升降(固定)灯塔(高杆、水泥铁塔)

①检查灯塔控制开关箱(图3-73),进行亮灯试验,了解用户照明需求。

②检查灯塔底座基础(图3-74)是否牢固,塔身是否倾斜,灯塔水泥基础是否破损,灯塔固定螺栓是否紧固。

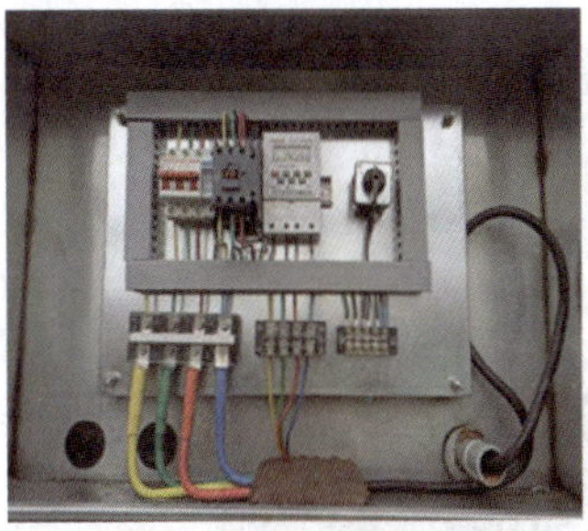

图 3-73　灯塔控制箱

图 3-74　灯塔底座基础

③检查灯塔警示标志是否齐全。

④检查灯塔上搭挂安装的其他设备是否存在安全隐患，掌握相关管理安全协议是否已签订。

⑤清除灯塔基础周围的杂草、杂物。

⑥检查接地装置是否完好。

⑦检查升降式灯塔配重固定情况。

升降式投光灯塔如图 3-75 所示，固定式投光灯塔如图 3-76 所示。

图 3-75　升降式投光灯塔

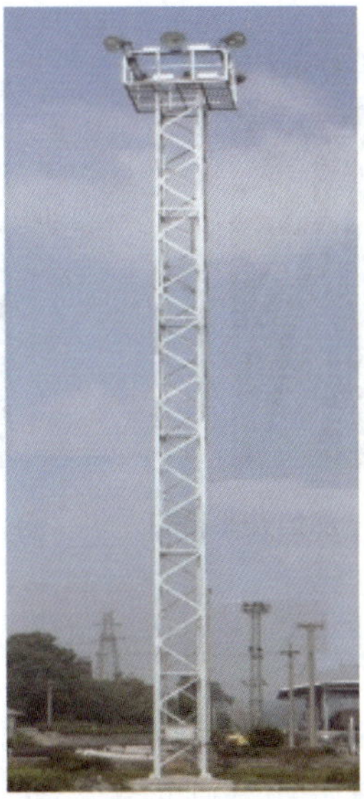

图 3-76　固定式投光灯塔

4. 灯桥（图 3-77）

①检查投光灯远方控制开关箱，进行亮灯试验，了解用户照明需求。

②检查开关箱封堵情况，检查电缆标牌是否完整。

③检查电缆固定支架是否锈蚀，对锈蚀部分进行记录。

④检查桥体登高设施（通道门）和防护栏杆，紧固各部构件，对锈蚀部分进行记录。

⑤检查灯桥警示标志是否齐全。

图 3-77　灯桥

⑥检查灯桥上搭挂安装的其他设备是否存在安全隐患，掌握相关管理安全协议是否已签订。

⑦清除灯桥基础及登高铁梯基础周围的杂草、杂物。

⑧检查接地装置是否完好。

巡视检查内容①③④⑥如图 3-78 ~ 图 3-80 所示。

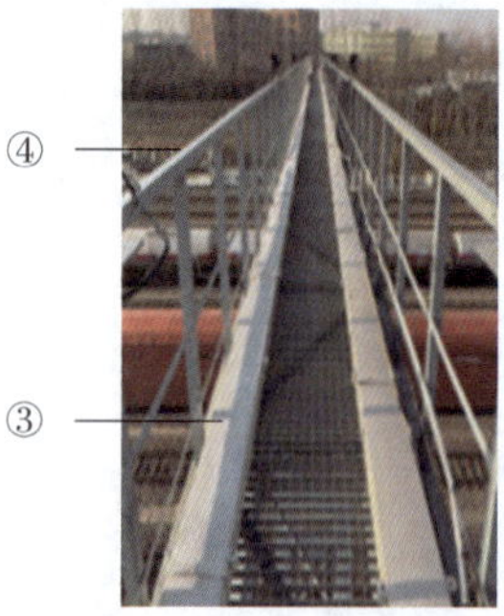

图 3-78　灯桥上部结构 1

图 3-79　灯桥上部结构 2

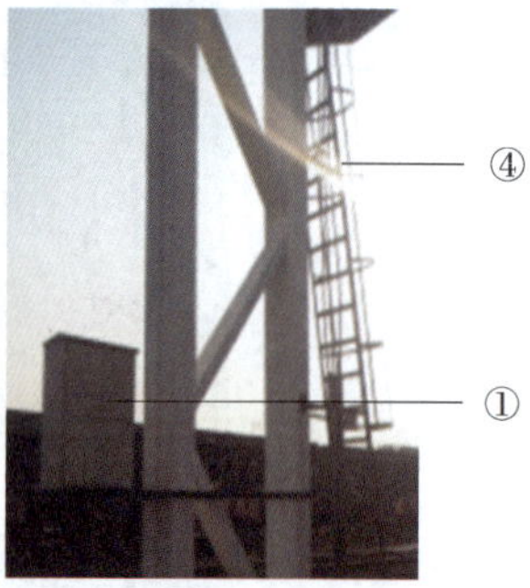

图 3-80　灯桥下部结构及投光灯控制箱

5. 灯杆(柱)

①检查控制开关箱，进行亮灯试验，记录不良处所。

②检查灯柱底座基础是否牢固，地脚螺栓是否松动，预埋地脚螺栓必须有一个对准灯柱倾倒方向。

③检查灯柱法兰盘固定螺母是否松动、灯杆电气门及可倾门固定螺栓是否松动。

④检查灯柱内外壁是否有锈蚀、剥落现象。

⑤检查灯柱电气门内接线柱是否松动，电线是否老化及是否存在安全隐患。

⑥检查灯具是否锈蚀、破损、脏污，灯泡有无灭灯，灯光是否合适。

⑦检查安全警示标识是否齐全、清晰。

⑧检查接地是否完好。

巡视检查内容②③④⑤如图 3-81、图 3-82 所示。

图 3-81 灯柱 1

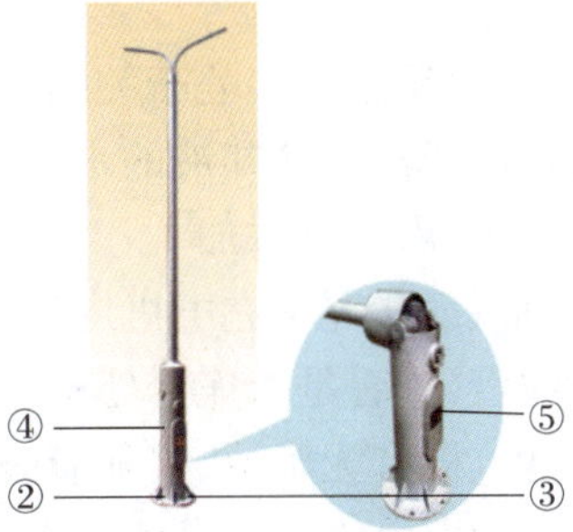

图 3-82 灯柱 2

五、发电机组

(一)一般规定

1. 发电机组在安装前须向供电单位提报防止反送电的联锁装置方案,批准后方可投入运行。

2. 新安装及大修后的发电机以及长期停运的发电机,在接入负载前应核对相序,与既有市电供电相序一致。

3. 发电机的电压变动应保持在额定值的 ±5%;频率变动不应超过 ±2 周/s;三相不平衡电流不应超过额定电流的 10%;任何一相的电流均不应大于额定值[11]。当发电机并列运行时,应电压相同,频率相同,相位一致,并严格遵守操作程序[12]。

4. 发电机的允许温升和短时过载,不应超过制造厂规定的数值。

(二)枢纽站房大型发电机组

大型枢纽站房设置的固定式发电机组(图 3-83)应满足重要负荷继续供电的时间要求,且与正常电源之间应采取防止并列运行的措施。当有特殊要求时,发电机组向正常电源转换需短暂并列运行时,应采取安全运行的措施。

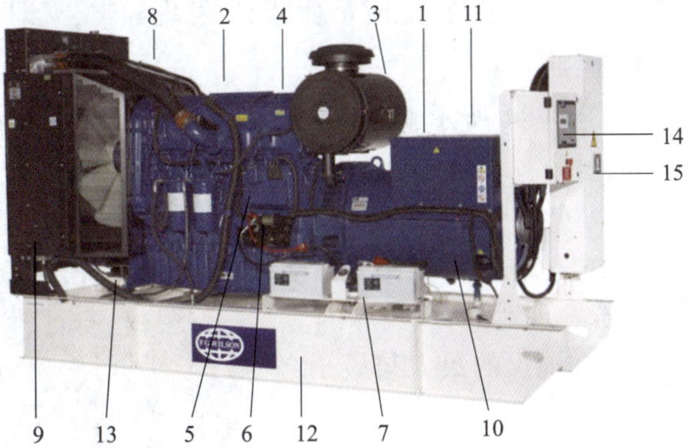

图 3-83 发电机组结构

1—发电机组铭牌;2—柴油发电机;3—空气滤芯器;4—涡轮增压器;5—发动机调速器;6—启动电动机;7—电池/电池架;8—电池充电发动机(安装于另一侧);9—散热水箱;10—交流发电机;11—电源接线箱;12—机底座及油缸;13—减振器;14—控制屏;15—电源输出断路器(空气开关)

1. 手启动发电

(1)确认控制开关/钥匙开关处于关闭状态。

(2)检查发动机润滑油及冷却液的水平,不够时加满。

(3)检查燃油水平,需要时添加。

(4)检查发动机风扇状况和充电机皮带的松紧,必要时收紧。

(5)检查所有线管,查看是否连接处松脱或破损,必要时进行收紧或更换。

(6)检查蓄电池电极有无腐蚀,有则清洁。

(7)检查控制屏和发电机组上是否有大量灰尘堆积,有则清洁。

(8)检查空气滤芯器的阻塞指示器,如出现阻塞显示则更换滤芯器。

(9)发电机组周围场地要清理,把不安全物件搬开以免影响操作或引发危险。确保机房进排风的通风道没有被阻塞。

(10)检查机组的燃料系统、冷却系统及润滑油有无泄漏现象。

(11)启动控制屏,查看蓄电池电压是否正常,自动启动装置是否在退出位。

(12)检查确认反送电的联锁装置是否正常,不存在发电机电源反送电的可能。

(13)通过控制屏启动机组,检查机组有无异常噪声及振动,检查排放系统有无气体或液体泄漏,检查控制屏有无故障显示。

(14)待空载运行至电压、频率稳定后,合上电源输出断路器,若带负载运行,最后再逐步增加负荷,从半负荷增至满负荷,一般不少于 10 min。

2. 自启动发电

(1)在控制屏中将自动启动装置设置在投入位。

(2)电源输出断路器处于合闸位置。

(3)油箱保持在正常油位,确保发电机组自启后 2 h 的发电燃油。

(4)发电机自启动条件满足设计要求(一般采用市电失压、市电受电总开关分闸位置作为自启动条件)。

(5)发电机自启动后,相关值班人员或应急人员应立即赶赴现场,到达现场后应观察排油烟风机、送风机、油箱油位、输出电压、电流负荷情况,发现异常,立即汇报并处理。

(三)沿线车站发电机组

沿线车站发电机组如图 3-84 所示,其使用操作流程包括如下几个部分。

1. 启动前准备工作

(1)打开旁门并检查发电机底部及周围是否有机油、燃油或冷却剂泄漏,若发现泄漏,检查原因。

(2)检查机油油位是否在油尺的最大与最小之间,如不够则进行补充。

(3)检查冷却液是否在水箱盖 FULL 和 LOW 之间,如不够则进行补充。

(4)检查燃油箱的视表来确定油箱是否充足。

(5)检查蓄电池联机以及蓄电池电解液的容量。

图 3-84 箱式发电机组

(6)检查水泵、充电机、风扇、传送皮带是否正常。

(7)确认排气管出口无阻塞,保证消音器和管道连接紧密。

(8)确认所有控制器指示灯正常。

2. 启动

(1)把钥匙选择开关转到“ON”位,将控制器的控制模式选择到“MAN”手动模式,再按下机组控制器的“START”启动按钮,机组开始运转。

(2)柴油发电机组启动后,应马上检查有无异常噪声及振动,有无漏油、漏水、漏气现象,控制屏有无异常显示。

若带负载运行,需柴油发电机组启动后,空载运行 5 min,确认冷却水温、机油温度正常,确认电压、频率、相序正常后再逐步送电。

3. 停机

(1)待发电机空载运行 5 ~8 min,按下控制屏“STOP”键,发电机停止运转(若带负载运行时,需先切除负载)。

(2)停机后对机身清洁,并检查冷却剂位、机油油位以及发电机底部是否泄漏。

如果有紧急情况需停机,可以在不切断负载的情况下按下控制屏红色急停按钮。

(四)移动式小型发电机

移动式小型发电机如图 3-85 所示,其使用操作流程包括如下部分。

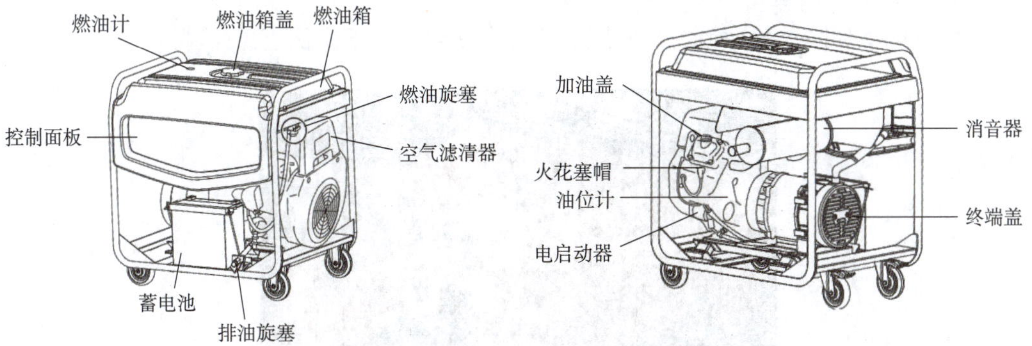

图 3-85　移动式小型发电机

1. 启动前准备工作

(1)将发电机放置于平稳的地方,并连接好接地线。

(2)拔出油位计,检查机油油位是否在下部油位“L”至上部油位“F”之间。如果机油已脏,请予以更换。

(3)通过燃油油位计检查燃油油位。

(4)检查蓄电池液的液位。

(5)检查零部件,燃油软管是否漏油、螺栓和螺母是否松动、零部件是否有损伤、发电机是否压着或靠近电线等。

(6)检查发电机的四周,附近不可有易燃物或其他有害物质,发电机必须离开建筑物或其他装置1 m 以上,要在干燥、空气流通良好的地方使用发电机,排气管内不可有异物,发电机附近不可有明火,不可吸烟,发电机吸气管不可用纸或其他物质堵塞。

(7)选择带漏电保护装置和有电压表接线板,连接好输出导线,在发电机提手柄上绕2或3圈后接到接线板,确认交流开关是在"关"的位置上,严禁带负荷直接启动发电机。

2. 启动

(1)把燃油旋塞柄转至垂直(开)的位置。

(2)把阻风门开关拉至全关的位置上。

(3)将引擎开关设在"ON"的位置上。

(4)慢慢拉动重卷式启动器直至其扣合好,稍有阻力感后,再用力快速拉至启动。

(5)待发电机启动后,把阻气杆移回原来的位置。

(6)确认发电机运行正常,输出电压正常。

若带负载运行,用电负荷一般控制在发电机额定容量的90%以内。检查发电机运行情况,查看电压、电流波动情况,在使用过程中监护人应不断对发电机进行检查,查看是否有异常,并注意油位情况。

3. 停机

(1)在停止运作前,须先切断用电负荷,断开开关或拔下发电机上AC交流插头。

(2)把燃料开关控制杆移至"OFF"位置。

(3)待发电机自动停止运行后,把引擎开关置于"STOP"位置。

(五)应急发电车

应急发电车如图3-86所示,其使用及注意事项包括以下方面。

图3-86　应急发电车

1. 使用前准备工作

(1)应急电源车出发之前,必须事先勘察明确应急发电车行驶线路、拟供电范围现场,功率负荷与电源车功率大小匹配,做好防止向电网倒送电的安全措施。

(2)检查发电机组润滑油,做好润滑油的更换、加注工作。

(3)检查蓄电池电压、电量,做好蓄电池的更换、充电工作。

(4)检查燃油箱油位,做好燃油的更换、加注工作。

(5)检查水箱防冻液,做好防冻液的更换、加注工作。

(6)检查并做好"三滤"(空气滤芯、机油滤芯和柴油滤芯)的清洗、更换工作。

(7)做好相应的准备工作后,由取得相应驾驶执照人员驾驶车辆至指定拟供电范围现场,应急电源车在执行任务时,必须同时随车配备至少2名随车作业人员。

2. 启动前准备工作

(1)确保在应急发电车投入运行期间,现场必须具有相应操作资质的专人值班并配备必要的通信设施,值班人员应做好运行记录。

(2)将应急发电车停在合适位置,放下支撑腿,保持车体平稳,连接好输出、通信、接地电缆(未接地不得启动电源车)。

(3)工作场所具备防火设施,通风良好,防止尾气中毒。在工作现场严禁抽烟和燃放烟花爆竹,并悬挂"严禁烟火""止步,高压危险"安全警示标志牌并设置围栏,防止人员触电。

(4)保持车厢内清洁,打开进风口、车厢后面排风口,使空气流通,排烟顺畅。

(5)检查各连接口是否松动,螺栓松动程度。

(6)检查电源应急车电源输送系统:应急发电车不允许与电网并列运行;确认发电机组电源输出开关处于断开状态;所连接的线路与电网必须有明显的断开点,并在断开点处悬挂"禁止合闸,线路有人工作"标示牌,防止应急电源车反送电。

需注意的事项:

(1)严禁在电缆未连接用电设备的状态下给电缆供电。

(2)严禁在电缆已连接用电设备的状态下行驶车辆。

3. 启动(单机运行)

(1)合上机组蓄电池总开关。

(2)参照发电机组使用说明书手动或自动启动发电机组,如气温低于5 ℃以下时,需要提前开启水套加热器进行预热。如未着车,则需等10 s后再次启动;再次启动时,需机组完全停止运转,以免蓄电池和启动电机损坏。

(3)检查、核对机组电压、电池电压、油压及频率值等参数是否符合要求。

若带负载运行,进行以下步骤:

(1)待机组运行2~3 min后,核实输送电缆安全后合上输出电源总开关进行供电。

(2)按从大到小的原则逐步加载并检查输出电流。

(3)检查三相电流输出,其不平衡电流不能超过20%。

(4)最大负载电流不能超过额定电流。

(5)观察机组运行状况,如果出现异常情况,应先断开输出断路器后停机。

(6)紧急情况下可以通过厢外急停按钮进行停机。

4. 启动(并机运行)

(1)把所并机组输出电缆统一连接至同一供电母线(ATS柜油机输入端)。

(2)连接所有并机机组控制屏间的通信线缆。

(3)连接ATS柜与市电连接电缆。

(4)连接并机机组控制屏与ATS柜自启动通信线缆。

(5)合上所有发电机组蓄电池总开关。

(6)进行单台机组试运行,正常后停机。

(7)检查各控制屏的通信状况,未通信不得进行并机运行。

(8)模拟市电故障,试验机组自启动并机、合闸、带满载信号、功能正常。

(9)模拟市电故障信号恢复,自动停止所有机组。

5. 停机

(1)待机组空载运行 2 ~3 min 后参照发电机组使用说明书停止发电机组(若带负载运行时,需先切除负载)。

(2)关闭蓄电池总开关。

(3)关闭相应燃料阀。

(4)关闭相应进排风口。

6. 结束工作

(1)收起支撑腿、拆除并收拾好接地电缆。

(2)收拾相关安全围栏、指示牌。

(3)做好相关记录,总结事项。

(4)关好相应门窗。

(5)还原现场,撤离。

第四节　电力设备检修管理

一、基本规定

电力设备检修实行修前查勘、修中检查、修后验收制度,分别如下:

1. 修前查勘:设备修理前应进行质量状态检查,确定检修项目,认真做好设计文件和材料、工具、备件及劳力的准备工作[13]。

2. 修中检查:检修过程中检修人员必须按工艺精检细修,解决技术关键,加强零部件的中间检查,保证检修质量。同时对设备的关键部件、主要的技术参数和隐蔽工程,应认真做好记录。

3. 修后验收:按设备鉴定标准进行验收。大修工程验收应按《铁路建筑安装工程质量评定验交标准(电力)》的有关规定进行,并提出验收报告。验收报告包括:竣工图纸、试验合格证、各种记录和技术文件,并及时纳入技术档案。

各电力检修工区应提前 1 ~2 个月由工长、设备负责人及有关人员参加修前查勘,并做好电力设备检修(保养)工作量记录,同时通过物资材料系统及时申领相关材料。

(一)检修分类

铁路电力设备检修分为三个等级:大修、保养、状态维修。

1. 大修:属彻底性修理,对设备进行全部解体,全面检查、试验、探伤、调整,更换全部不合标准零、部件及附属装置。大修应结合运输生产发展的需要进行技术改造。通过大修提高设备的性能与效率,保证质量良好地使用。铁路电力大修年限应符合相关规程,电力设备寿命超过使用年限后的彻底更换[14]。

2. 保养:定期对电力设备进行检查、测试、清扫、调整、更换易损易耗元件等,达到及时发现设备隐患,改善设备工作状态的目的。日常保养(不需停电进行)可结合巡检进行。

3. 状态维修:通过检测、故障排查、实时监视、巡视发现运行中存在问题的设备,进行有计划、针对性的维修。

(二)缺陷处理原则

铁路电力设备维修,对存在问题或已损坏的元器件进行修复,宜采用更换元器件的方式,一般不采用现场修复方式。对所有密封设备(GIS 柜气室内设备、干式变压器、干式互感器、低压塑壳开关、微断开关、UPS 等)只检测、不维修,发现密封设备内部问题应整体更换。

现场无法修复、需返厂维修的设备,经上级部门同意,方可拆除返厂维修。维修期间,需加强所内设备巡视,做好现场应急供电保障方案,确保设备退出运行后,对所内供电影响降至最低。

二、高压变配电所检修

(一)准备工作

1. 停电示意图

根据电力倒闸作业标准,做好检修设备的停送电工作。一般情况,对于单电源的电力变配电所宜采用全所停电方式检修;对于双电源的电力变配电所宜采用半所停电方式检修。

检修前做好安全措施,从各方面断开可能来电的情况,确保作业组安全。主要以某 35/10 kV 变电所为例(电源一停电检修)介绍设备检修内容,停电范围、作业范围如图 3-87 所示。工作组员必须明确:停电范围 > 封线范围 > 作业范围,在做好各类安全防范措施后,方可进行检修作业。

2. 作业前的准备

(1)作业人员严格执行“二穿三戴”制度,合理安排作业人员,作业人员明确所分担的作业任务和作业安全事项,落实记名检修,责任到人,责任可追溯。

(2)执行“两票一簿”制度,办理好要令许可,并召开可视化预想会。

(3)准备好作业所需的工具材料。

(4)对低压带电部分的清扫和紧固须采用有绝缘防护的工具进行,以防相间短路引起触电和弧光伤害。

(5)作业人员的袖口应紧扣,不得翻卷或袖口松散。

(6)检修作业人员状态应良好,精神集中,检修作业过程中,不得谈论和做与检修无关的事情和工作。

(7)根据实际做好登销记。

(二)检修内容

高压变配电所检修内容包括控制室低压屏、高压配电柜、电力变压器(调压器)、无功补偿装置、小电阻接地装置、环境安全监控系统及其他设备,但不限于以上内容。

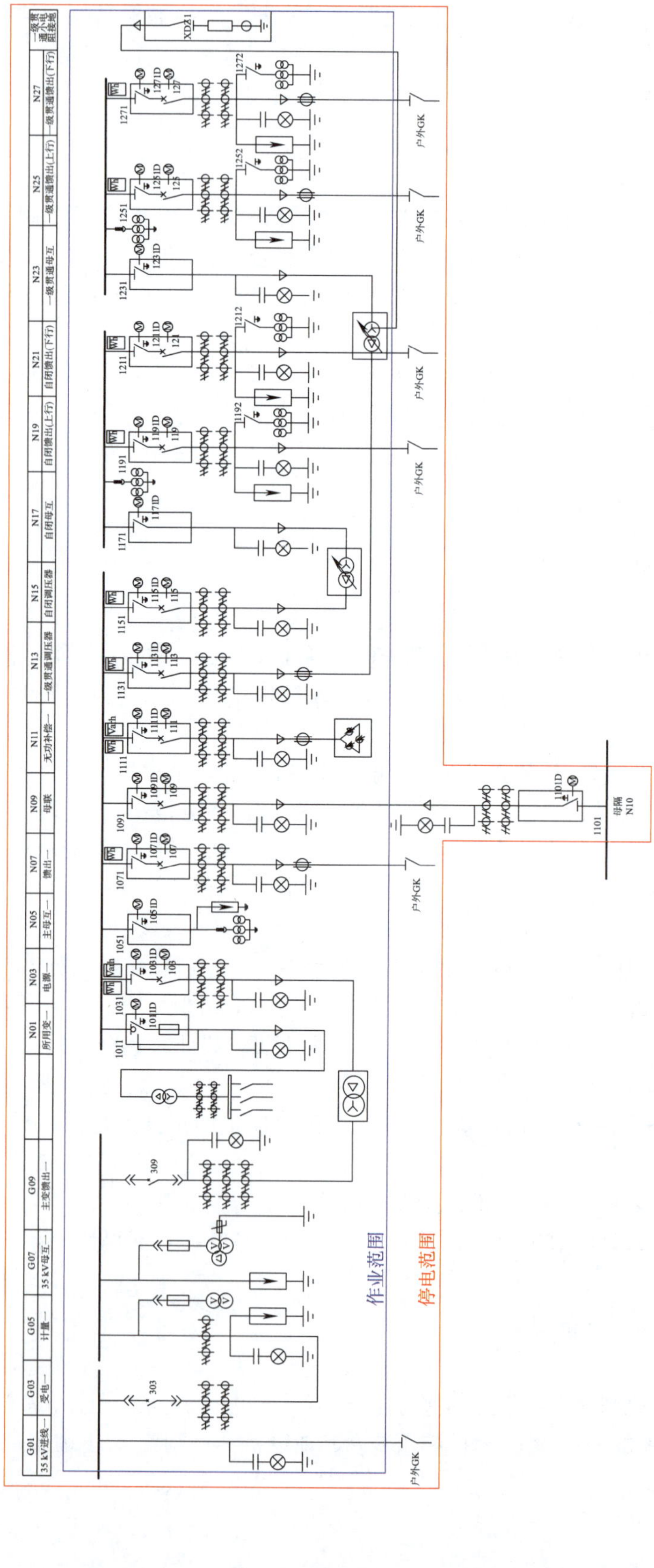

图 3-87　35 kV 变电所电源一停电检修作业范围与停电范围示意

1. 控制室低压屏柜

(1)交流屏的维护检查项目和内容

①柜内清尘、除灰,确保各元器件表面应无灰尘、杂物。

②检查两路电源是否自动切换正常。

③检查交流屏是否有锈蚀,若有锈蚀应该用钢丝刷或砂布打磨后再涂漆,柜体接地良好。

④检查各附件设备、电缆挂牌、元器件的标志,应齐全完好、清晰、整洁,并与实际设备相一致。各附件设备及元器件安装位置应正确牢靠,型号、规格应图实相符。

⑤对柜内各种灯具、开关、继电器、接触器、熔断器、仪表、配线、端子排、连接片等装置进行外观检查,有无发热、发黑现象。

⑥检查柜上各馈出开关分、合闸位置正确,安装牢固,性能良好,容量适当,各种按键和转换按钮应灵活、有效,无卡滞现象。

⑦检查端子排上螺栓是否松动,紧固螺栓。

⑧检查各电缆、端子排及各接线端子和各部连线、电气连接应良好,无过热、断股和散股、过紧或虚接、混线及电气损伤和机械损伤。

⑨检查柜底防火封堵是否良好,防火泥有无脱落。

维护检查内容①②③④⑤⑥⑦⑧⑨如图 3-88 所示。

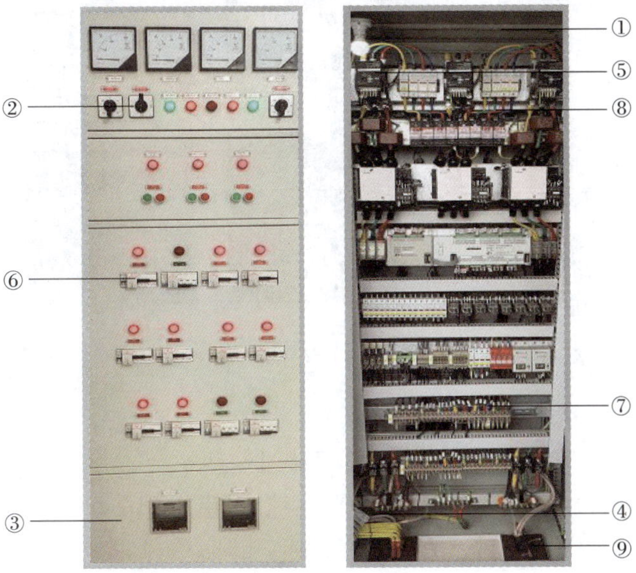

图 3-88 交流屏

(2)直流屏的维护检查项目和内容

①柜内清尘、除灰,确保各元器件表面应无灰尘、杂物。

②检查两路电源是否自动切换正常。

③检查硅整流装置、直流屏高频开关直流电源装置充电模块运行是否正常,显示充电电压与电流是否正常,观察充电模块前后通风网应无灰尘和堵塞现象。

④检查直流系统绝缘是否良好,输出直流工作电压是否符合要求。

⑤检查柜上各馈出开关分、合闸位置是否正确,安装牢固,性能良好,容量适当,各种按键和转换按钮应灵活、有效,无卡滞现象。

⑥检查柜内灯具、继电器、接触器、熔断器、仪表、连接片是否正常、牢固。

⑦检查端子排上螺栓是否松动,紧固螺栓。

⑧检查各电缆、端子排及各接线端子和各部连线、电气连接是否良好,无过热、断股和散股、过紧或虚接、混线及电气损伤和机械损伤。

⑨检查电池有无鼓包、漏液,端子有无氧化现象,用干净的布对蓄电池进行清扫和擦拭,并对蓄电池进行活化,测量蓄电池电压。

⑩检查柜底防火封堵是否良好,防火泥有无脱落。

维护检查内容①②③④⑤⑥⑦⑧⑨⑩如图 3-89 所示。

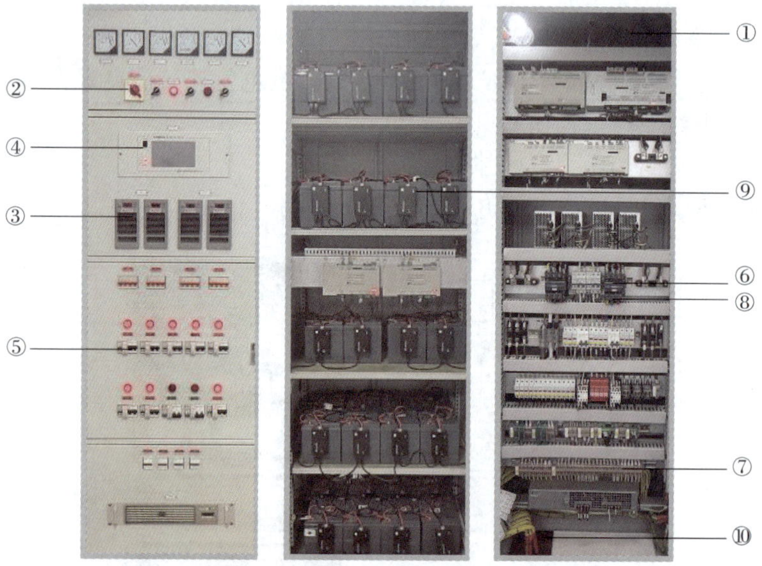

图 3-89　直流屏

(3)保护屏的维护检查项目和内容

①柜内清尘、除灰,确保各元器件表面应无灰尘、杂物。

②在保护测控装置界面查看继电保护整定值,继电保护动作事故信号及故障报告、故障录波、波形分析、报警信号,自动装置动作信号,电压、电流、功率、角度等电量实时值,各种历史记录、操作记录、事件记录等。检查保护测控装置与综合自动化装置后台机通信是否良好。

③检查各保护连接片(硬压板)连接是否牢固无松动。

④检查调压器控制器,电压指示正常,挡位显示正常。

⑤检查各断路器位置信号灯显示与断路器实际位置是否一致。

⑥检查屏后有无异响、异味,查看二次接线是否有老化、烧焦、发黑、放电的迹象,查看各连接片端子是否紧固良好无脱落。

⑦检查保护模块内各插件插头有无断针，集成块应无断脚和破损，插件面板应平整，用柔软的毛刷或小功率的电吹风清除插件上各元器件的灰尘，将装置内部清扫干净，若有油污，应用干净的丝绸蘸酒精擦拭干净。

⑧检查插件的焊接点有无虚焊、开焊、熏黑现象，印刷电路板有无变形，铜箔线有无断裂、脱线。若有上述现象，应进行修复处理。

⑨检查插拔插件时应无卡滞现象，插槽光滑、笔直、无阻碍物；各插件之间应保持一定的距离，不能相互影响。

⑩检查柜底防火封堵是否良好，防火泥有无脱落。

维护检查内容①②③④⑤⑥⑦⑧⑨⑩如图3-90、图3-91所示。

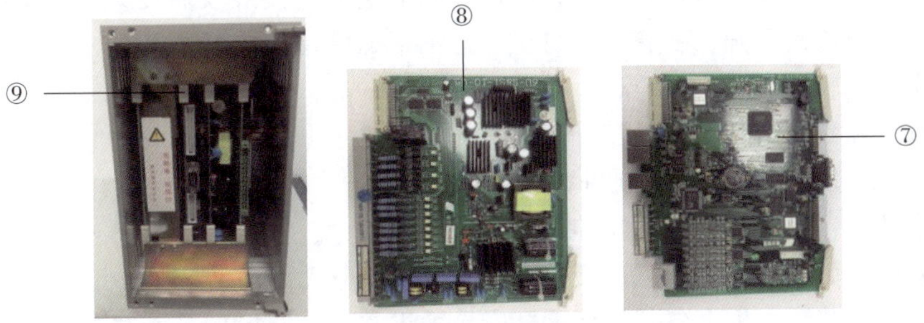

图3-90　保护模块板件

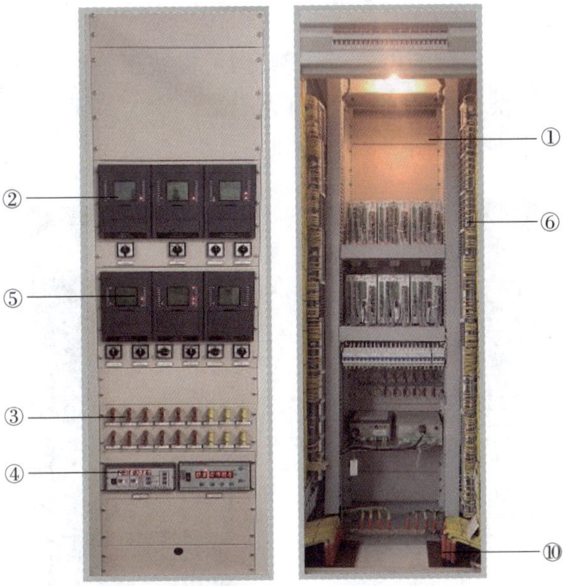

图3-91　保护屏

（4）综合自动化系统后台的维护检查项目和内容

①检查系统数据库、主站报文、装置报文是否正常，发现异常及时查找原因并进行处理。

②检查综合自动化装置后台机运行数据是否正常。

a. 查看继电保护整定值，断路器、隔离开关等设备位置信号、变位信号，继电保护动作事故信号及故障报告、故障录波、波形分析、报警信号，自动装置动作信号，电压、电流、功率等电量实时值。

b. 查看最大值、最小值、曲线图及负荷录波，日报、月报报表，各种历史记录、操作记录、事件记录、自检报告等。

③检查综合自动化装置后台机与保护测控装置、远动系统、交直流系统通信是否良好。

④检查后台机键盘，操作键盘字母、数字、功能键、光标移动键，查看各键应该正常。操作鼠标，应灵活可靠。

⑤检查综合自动化装置后台机与打印机之间的电缆连接线及插接应正确良好，固定牢固。打印字迹应清楚正确，无错打、漏打、卡滞、不正确跳行和缺墨等现象。

⑥备份后台软件、数据库及点表。

⑦检查工控机运行状况，对机箱内部除尘。

(5)远动通信屏的维护检查项目和内容

①柜内清尘、除灰，确保各元器件表面应无灰尘、杂物。

②检查测控装置、通信管理机、交换机及附件外壳应无划伤、碰伤及污损等情况。

③检查测控装置面板上各信号指示灯应显示正常，通信良好，并与实际运行情况相符。若有与实际不符应检查处理。

④检查 GPS 对时功能是否正常，确认装置界面显示时间与后台机显示时间应一致，不一致时应校对时钟。

⑤检查通信接口与其相连接的位置应接触良好、接线正确。

⑥检查柜底防火封堵是否良好，防火泥有无脱落。

维护检查内容①②③④⑤如图 3-92 所示。

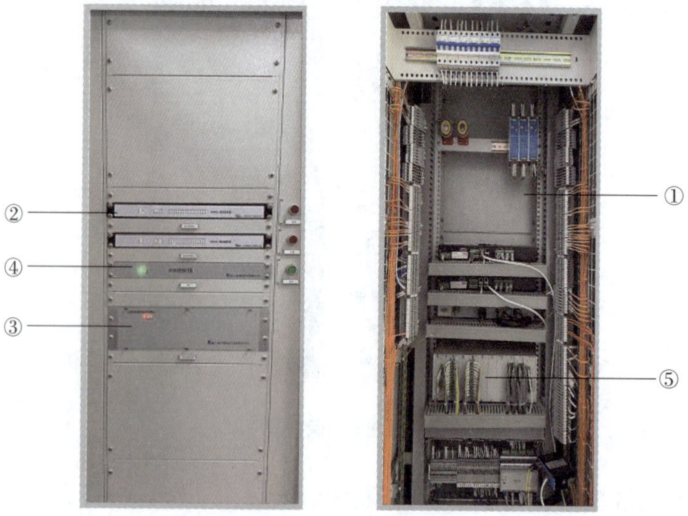

图 3-92　远动通信屏

(6)磁控电抗器控制屏的维护检查项目和内容

①柜内清尘、除灰,确保各元器件表面应无灰尘、杂物。

②检查磁控电抗器微机控制装置运行是否良好,指示灯是否正常。

③检查屏柜后有无异响、异味,查看控制屏二次接线是否有老化、烧焦、发黑、放电的迹象,查看各连接片端子是否紧固良好、无脱落。

④检查、修理各操作开关、按钮、继电器,使其接触良好,接点无烧损,动作灵活正常,设备固定完好,运行无噪声。

⑤查看端子排接线是否排列整齐、美观、无灰尘,紧固端子排各端子。

⑥检查各指示灯运行是否正常,各断路器位置信号灯显示与实际位置一致。

⑦检查柜底防火封堵是否良好,防火泥有无脱落。

维护检查内容①②③④⑤⑥⑦如图 3-93 所示。

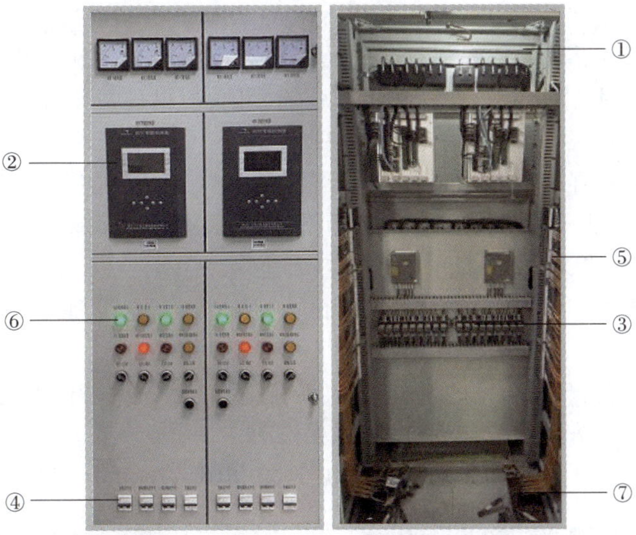

图 3-93　磁控电抗器控制屏

(7)计量屏的维护检查项目和内容

①柜内清尘、除灰,确保各元器件表面应无灰尘、杂物。

②检查各电能表工作是否正常,显示正确。

③检查各电能表接线盒、端子排连接是否可靠,编号完整、正确,接头无损伤,弯曲方向正确。

④检查计量屏屏后有无异响、异味,查看计量屏二次接线是否有老化、烧焦、发黑、放电的迹象,查看端子排接线是否排列整齐、美观、无灰尘,检查各连接片端子是否紧固良好、无脱落。

⑤检查电缆的标示标牌是否齐全。

⑥检查柜底防火封堵是否良好,防火泥有无脱落。

2. 高压配电柜

(1)高压柜柜体的维护检查项目和内容

①柜内清尘、除灰,确保各元器件表面应无灰尘、杂物。

②检查开关柜内无异物，移动轨道润滑良好，挡板无变形，位置正确。

③检查柜内加热器（图 3-94），接线紧固无松动，加热器完好。

④检查柜内照明装置（图 3-95）是否可用。

图 3-94　加热器

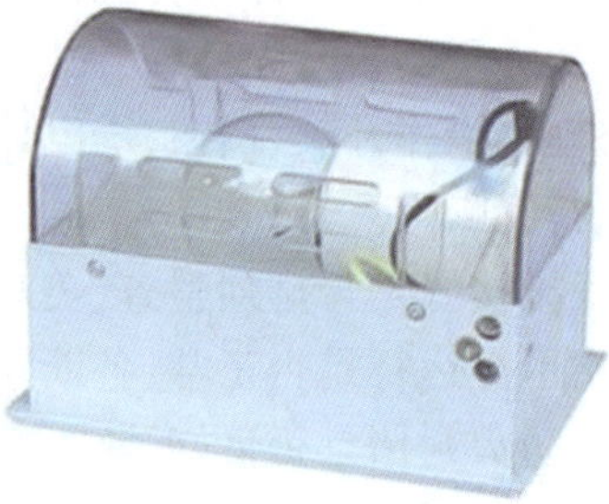

图 3-95　柜照灯

⑤检查开关柜是否密封良好、门锁齐全、机械和电气带电闭锁装置作用可靠、手车位置检测行程开关作用良好、能正确反映手车位置，开关机械位置闭锁装置作用是否良好。

⑥检查柜面元件是否安装端正、接线牢固。

⑦检查电能表、高压带电指示装置、继电器及信号灯是否正常工作。

⑧检查开关位置指示信号灯应指示正确，柜面名称及开关等标识（含分合闸、灯光等指示灯）与供电系统图（技术图纸）应一致、完整、齐全。

⑨检查、修理各种二次开关、按钮、辅助开关、接触器、继电器，使其接触良好，接点无烧损，设备固定完好，运行无噪声。

⑩检查二次端子排（图 3-96），编号完整、正确、接头无损伤，弯曲方向正确。

⑪紧固各部螺栓，齐全无滑牙现象，牢固无松动。

⑫检查电缆桩头（图 3-97）有无发黑、发热现象，电缆的标示标牌是否齐全。

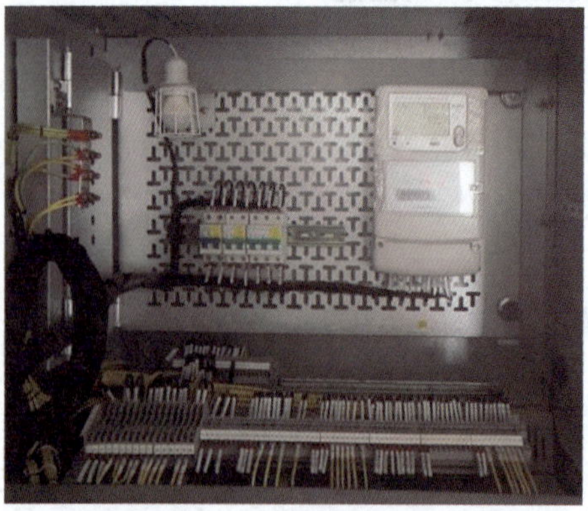

图 3-96　二次电缆仓

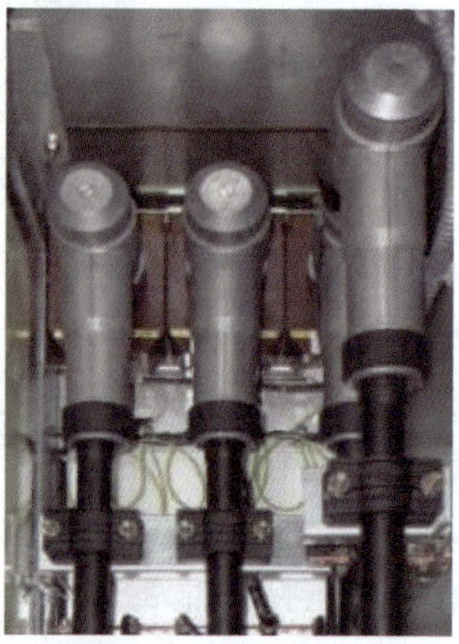

图 3-97　GIS 高压柜电缆插拔头

⑬检查柜底防火封堵是否良好，防火泥有无脱落。

维护检查内容①②③④⑥⑦⑧⑨⑩⑪⑫⑬如图 3-98 所示。

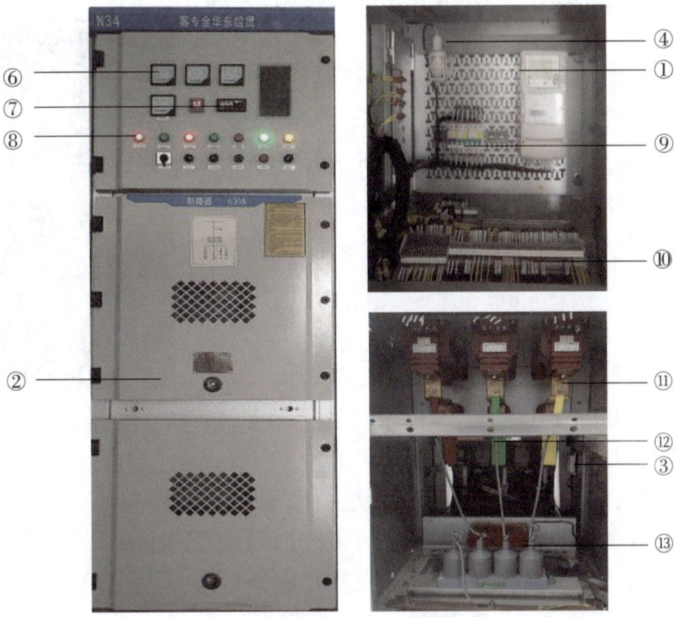

图 3-98　高压柜

(2)高压柜小车的维护检查项目和内容

①检查高压柜小车检修进出无卡滞。

②检查、清扫高压柜小车触头有无变形、发黑、氧化现象,并涂抹凡士林。

③检查、操作高压柜小车分、合闸按钮,确认状态是否良好。

④检查高压柜小车进出位置与位置标识是否一致,小车位置接点与小车位置是否一致。

⑤检查航空插头(图 3-99),插头内各针脚应牢固,无弯曲、脱落。

维护检查内容①②③⑤如图 3-100 所示。

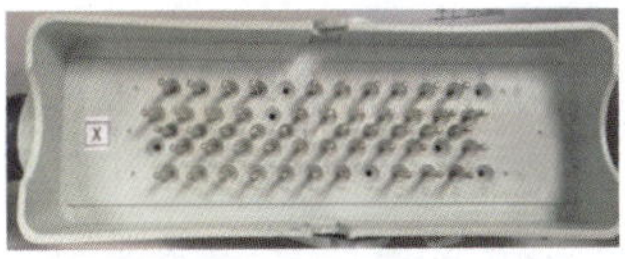

图 3-99　航空插头

图 3-100　高压柜小车

(3)电流、电压互感器的维护检查项目和内容

①检查、清扫各绝缘部件,外表绝缘完好,无积灰、开裂、劣化,无放电痕迹。

②检查各部螺栓,应紧固,无松动。

③检查一次、二次接线端子接触良好,无氧化,连接紧固。

④检查设备与一次母线连接部位,应无机械应力。

⑤检查保护接地应良好可靠。

维护检查内容①②③④⑤如图3-101所示。

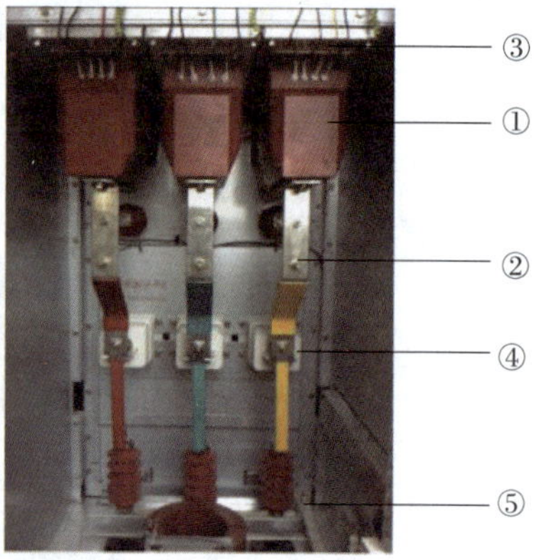

图3-101 高压柜后下仓

(4)母线、绝缘子及套管的维护检查项目和内容

①检查、清扫各处瓷瓶套管,应清洁、无破损、无放电痕迹。

②检查各部螺栓,应紧固、无松动。

③检查母线连接处、T接处应接触良好,无氧化,无过热、变色等现象,连接紧固。

④检查母线安装是否牢固平直。

⑤检查母线相序,相色应鲜明,必要时,重新涂漆或套色管。

⑥检查母线支持夹板与支持绝缘子面的固定情况,应牢固。

⑦母线上各部螺栓受力应均匀,螺帽拧紧后,螺栓口应露出螺母2~5扣。

维护检查内容①②③④⑤⑥⑦如图3-102所示。

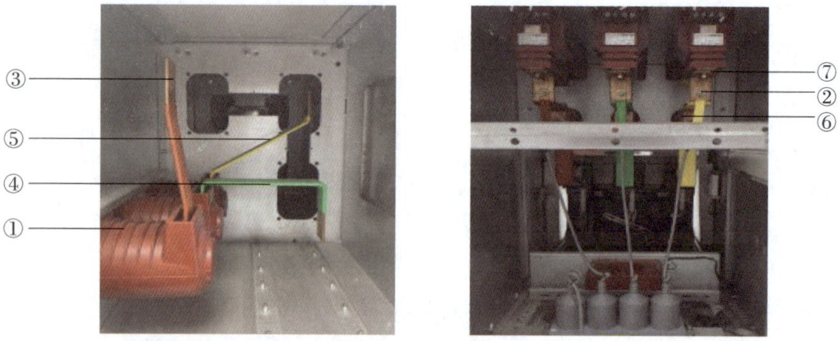

图3-102 母线、绝缘子及套管

(5)真空断路器的维护检查项目和内容

①检查各绝缘部件有无裂纹破损,是否有放电闪络痕迹,清洁绝缘部件。

②检查各部螺栓,应紧固。

③检查调整三相同期度是否符合规定。

④检查断路器储能电机有无渗油,若渗油严重,应及时更换储能电机。

⑤检查断路器各辅助开关,接线有无松动。

⑥采用断口耐压法检测真空灭弧室真空度,真空度不合格时更换真空灭弧室。

⑦更换真空灭弧室、断路器大修及需要时检测并调整行程,使其符合规定。

⑧检查断路器操作传动机构,应完好,无卡滞,清洁转动部位,加适量润滑油。

维护检查内容①②③④⑤⑥⑧如图3-103所示。

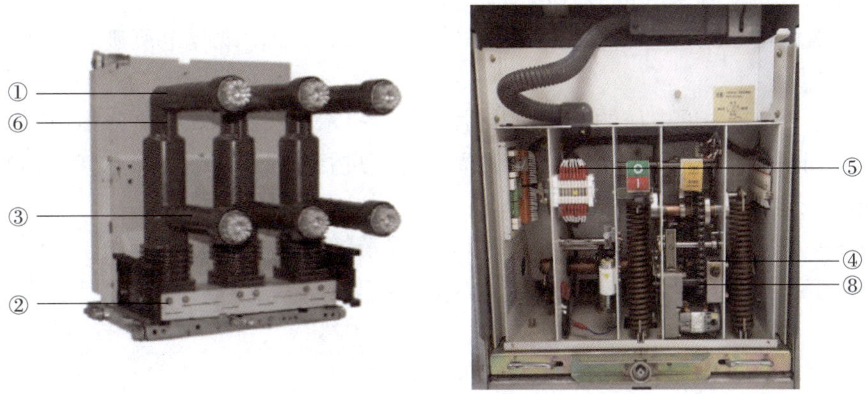

图 3-103　真空断路器

(6) SF_6断路器的维护检查项目和内容

SF_6断路器结构如图 3-104 所示,其维护检查的项目和内容包括以下几方面。

①检查各绝缘部件无裂纹破损,有否存在放电闪络痕迹,清洁绝缘部件。

②检查各部螺栓,应紧固。

③断路器大修及需要时检测并调整行程,使其符合规定。

④检查 SF_6气体压力(压力表或压力传感器)在正常范围内,否则应由专业人员进行充气作业。

⑤检查断路器操作传动机构,应完好,无卡滞,清洁转动部位,加适量润滑油。

3. 电力变压器(调压器)、无功补偿装置

(1)干式电力变压器(调压器)的维护检查项目和内容

①清扫变压器外壳及外部配件,去除表面污物,必要时局部除锈、涂漆。同时紧固各部位的螺栓,特别是导电连接部位。

②清扫绝缘子瓷瓶,确保无灰尘,更换存在裂纹、闪络、击穿等放电痕迹的瓷瓶。

③检查变压器接地有无松动、锈蚀、断裂,若有断裂现象,及时焊接接地排。

④检查浇注型绕组和相间连接线有无积尘,有无龟裂、变色、放电等现象,绕组压紧装置是否松动。

⑤检查变压器温度控制器数显是否正常、风机是否正常开启,并做好风机清洁除尘工作;检查对应的二次线缆是否紧固牢靠。

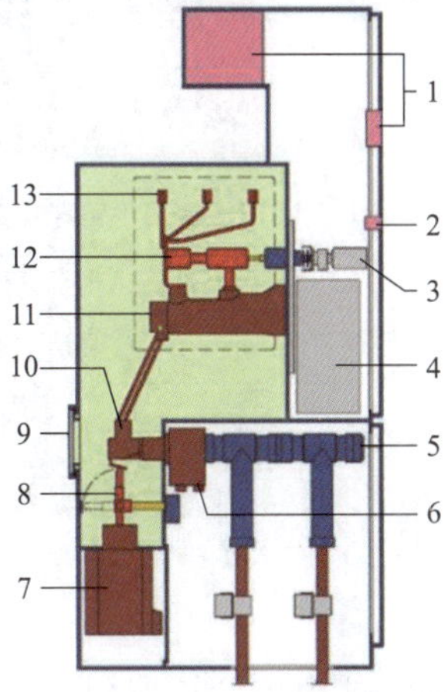

图 3-104　SF_6断路器

1—可拆卸的低压室模块;2—带电显示插座;3—三工位开关的操作机构;4—断路器操作机构;5—肘型电缆连接头;6—环形电流互感器;7—电压互感器;8—电缆侧电压互感器的隔离装置;9—压力释放盘装置;10—外锥电缆插座;11—断路器;12—轴线式三工位开关;13—水平母线

⑥检查铁芯风道有无灰尘、异物堵塞,有无生锈或腐蚀等现象。

⑦检查有无由于局部过热、有害气体腐蚀等使绝缘表面出现爬电痕迹和炭化现象等造成的变色。

⑧检查是否根据电网电压的高低,按铭牌和分接指示牌上的标志调整分接头的连接片。

⑨检查调压装置,对有载调压或无载调压装置进行检查,确保装置完好,准确,动作可靠,并对电压分接开关位置做好记录。

⑩检查基础应完整无破损,支撑部件应齐全无锈蚀,接地系统连接良好。

⑪测量变压器绝缘电阻和接地电阻,做好记录;变压器经检修后,在送电前均需测量绝缘电阻。

维护检查内容①②③④⑤⑥⑦⑧⑨⑩如图3-105所示。

图3-105　干式电力变压器

(2)油浸式电力变压器(调压器)的维护检查项目和内容

①检查清扫外壳,油垢严重时可用金属洗净剂(去污剂)清洗,然后用清水冲净晾干,清洗时管接头应可靠密封,防止进水。

②检查变压器是否渗、漏油,各部胶垫应完好不老化,各部涂漆良好,无锈蚀,必要时局部除锈、涂漆。

③检查高、低压套管应清洁无破损、外观良好;连接引线应安装牢固、接触良好、无烧伤、无锈蚀。

④检查接地装置,若有断裂现象,及时焊接接地排,做好除锈防腐处理。

⑤检查储油柜油位并视油位情况补油。检查油位计,油位应正常,密封良好,对于指针式油位计检查动作是否灵活,更换不良吸湿剂。

⑥检修安全保护装置,包括储油柜、压力释放阀(安全气道)、气体继电器、瓦斯保护装置等,确保装置完好,动作可靠。

⑦检查冷却装置,各管路畅通,工作正常。

⑧检查温度计、温控器,各零部件和连线应完好,指示正确。金属细管弯折直径不小于

150 mm,并固定牢固,指针无烧伤,温度探头管座密封良好并应充满油。

⑨检查调压装置,对有载调压或无载调压装置进行检查,确保装置完好,准确,动作可靠,并对电压分接开关位置做好记录。

⑩检查分接开关,是否转动灵活,密封良好。

⑪清扫绝缘子瓷瓶,确保无灰尘,更换存在裂纹、闪络、击穿等放电痕迹的瓷瓶。

⑫检查基础应完整无破损,支撑部件应齐全无锈蚀,接地系统连接良好。

⑬变压器经检修后,在送电前均需测量绝缘电阻。

维护检查内容①②③⑤⑥⑧如图 3-106 所示。

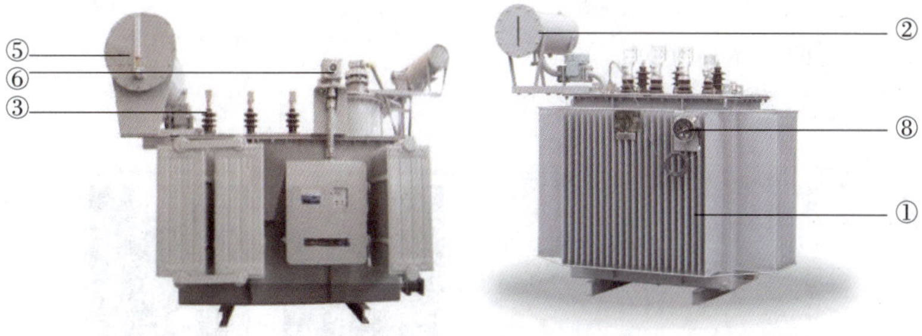

图 3-106　油浸式电力变压器

(3)磁控电抗器的维护检查项目和内容

①检查干式并联电抗器本体有无异常声音、有无异味,本体有无变色、开裂及放电现象。

②检查各仪表、指示灯、带电显示器、柜照灯是否正常。

③检查温度控制器温度显示是否正常。

④检查无功控制装置有无异常。

⑤检查电磁锁是否良好。

⑥检查柜体防小动物措施是否完好。

⑦检查柜体通风装置是否正常。

维护检查内容①②③⑤⑦如图 3-107 所示。

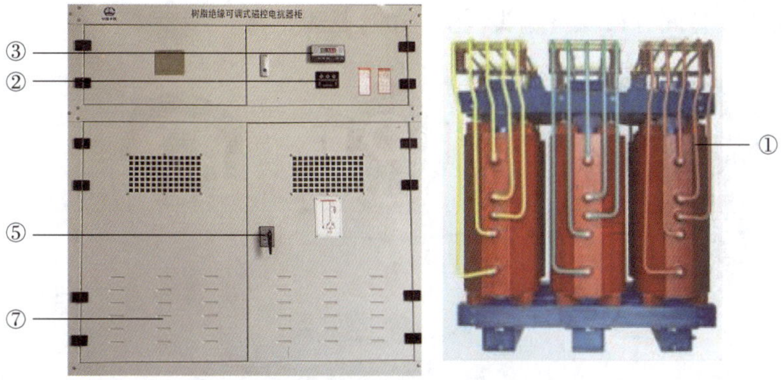

图 3-107　磁控电抗器

4. 小电阻接地装置

小电阻接地装置的维护检查项目和内容

①检查清扫柜内各元器件。

②检查电磁锁是否正常。

③检查隔离开关操作是否正常,有无机构卡滞现象。

④检查电流互感器有无开裂。

⑤检查二次仓内接线是否整齐,是否有异味、烧焦发黑等迹象。

⑥检查设备通风与防小动物措施是否良好。

⑦检查分合闸位置是否指示正确。

⑧测量接地电阻值,做好记录。

维护检查内容①②③④⑤⑥⑦如图 3-108 所示。

图 3-108　小电阻接地柜

5. 环境安全监控系统

(1)视频监控系统的维护检查项目和内容

①检查所内设备间各摄像终端头(图 3-109)是否正常。

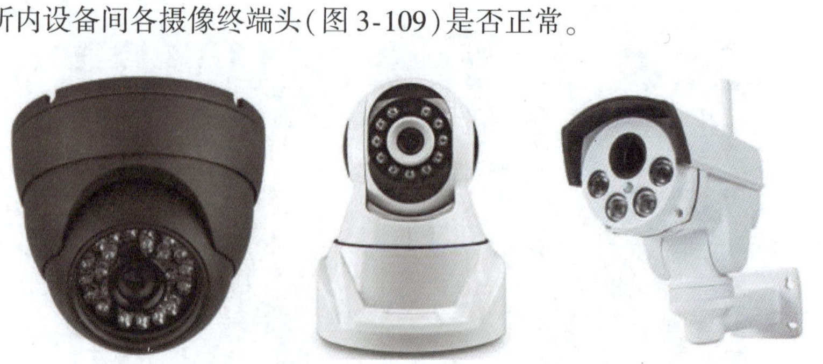

图 3-109　摄像头

②检查各摄像终端头守望位是否正常。

③检查所内视频终端(服务器)工作状态是否正常,机箱清灰除尘。

④调取历史视频回放,确认功能是否正常。

(2)环境监控系统的维护检查项目和内容

①检查 SF_6 气体检测装置是否正常运行,SF_6 气体探头安装牢固,指示灯正常运行。

②检查水浸报警(图3-110)、红外对射报警、电子围栏(图3-111)报警等数据,并检查各采集终端探头有无破损,是否工作正常。

③检查门禁系统是否正常,检查门禁主机、读卡器、出门按钮、电锁等设备状态。

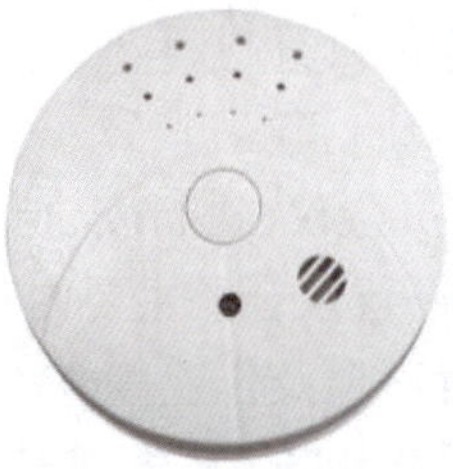

图3-110　水浸传感器

图3-111　电子围栏及红外对射

三、电力箱式变电站(10/0.4 kV变电所)的检修

(一)准备工作

1. 检修前查勘

根据下达的设备整治、维修(保养)计划,检修前由车间(工区)组织设备包保人及有关人员进行实地查勘并详细记录在册,查勘工作的主要内容包括以下几方面。

①落实检修作业需要停电的范围(停电设备名称、开关编号及所属单位)、存在反送电可能的处所以及保留带电设备与带电部位,拟定相应的防范措施。

②对设备进行查看,记录作业项目及内容,并记录特殊设备所需材料,设备的规格、型号和数量。

③查看作业现场条件和环境,探明人员、机具、材料进出路线,需进入高速铁路线路或者天窗作业的,还需标明人员、机具、材料的进出通道及编号。

2. 根据现场勘察结果,对危险性、复杂性和困难程度较大的作业应编制涵盖专项组织措施、技术措施和安全措施的专项方案。

3. 对设备查勘情况分类整理后,填写电力设备修前查勘记录,根据检修内容准备材料工具。

4. 申报停电计划

按规定提报停电申请,如需上道还需同步申报天窗点内上道计划。

5. 执行保证安全的组织措施

电力设备作业必须执行保证安全的组织措施:工作票制度(包括口头命令或电话命令)、工作许可制度、工作监护制度、工作间断和转移工地制度、工作结束和送电制度。

①根据电力施工日计划,由车间主任或技术人员签发工作票,于施工前一天16时前报段调度审核。

②段调度在审核无误后签发工作票命令号并将其返回签发车间,车间接到工作票后及时送至工作执行人(领导人)。高速铁路停电作业同时段调度于施工前一天18时前将审核后的工作票(附工作票命令)报集团公司供电调度审核。

6. 工作执行人(领导人)认真做好次日检修作业各项准备工作。

①填写倒闸作业票。由倒闸操作人根据工作票或集团公司供电调度命令,填写倒闸操作票,操作人和监护人应根据模拟图或接线图核对所填写的操作项目和程序,确认无误后分别签名。

②人员、机具、材料准备。根据工作任务合理安排人员机具材料。

7. 召开安全预想会

作业开始前,由工作执行(领导)人召开全体检修人员会议,进行安全预想、工作和安全措施布置,分配工作任务并使用录音笔对预想会全过程进行录音。主要内容:

①明确各工作组员的工作任务、工作内容、作业注意事项及作业停电范围。

②布置安全措施,明确停电范围及保留带电设备及带电部位,告知安全风险点及现场采取的安全措施,补充其他安全注意事项。

③明确人员分工及安全责任。将填写好的"电力设备检修任务单"发给检修人员,作为工作依据。根据工作性质和危险程度,如设专人监护时,应明确专责监护人的监护范围和被监护人及其安全责任。

④进入高速铁路线路作业的,告知进出通道点及须遵守的安全规定。

⑤对关键岗位(如驻站联络员、防护员、工作许可人等)进行提问,确认所有作业人员都清楚安全措施、明白工作内容并无异议。

8. 安全风险控制措施

①明确停电的线路、操作的开关,防止误操作。做好停电设备与运行设备的隔离和警示标识的正确放置。

②将需要检修部分的"远方/就地"开关打在"就地"位置。

③下部开关分合人员应听从上部作业人员指挥;上部作业人员在开关分合时应集中注意力,与刀闸、拐臂等旋转运动零部件保持安全距离,避免造成人身伤害。

④调试结束后隔离开关应恢复原始分合状态,并将开关状态旋钮旋转至远动位置。

⑤用接地极与接地引线断开方式进行接地电阻测量时,需要采取旁路措施。

⑥在检修过程中,人体与检修平台边缘保持一定的距离,防止踏空坠落。

⑦需要进入铁路栅栏内的检修作业,要做好驻站登销记和现场防护工作。不得在道心内行走、坐卧,应沿着线路的外侧进行。

⑧夜间或隧道内检修作业,需配置充足的照明。高架区段尽量避免在电缆盖板上行走。

⑨在电缆井、电缆层、箱变底部等有限空间的检修作业,执行有限空间作业相关安全措施。

(二)检修内容

铁路电力箱式变电站检修内容包括箱变箱体、基础及接地装置、高压柜、变压器、低压柜、UPS 及 RTU 装置,但不限于以上内容。

1. 箱变箱体、基础及接地装置

①检查箱变基础是否进水、坍陷,对箱变基础内外涂层损伤部位进行修补。

②检查、修补箱变通风孔,防止小动物进入的封闭式栅门。

③检查、修补箱变基础的人孔爬梯,确保牢固可靠。

④检查、清理箱变基础内的积水坑。

⑤检查、修补各种电缆进出口封堵措施。

⑥检查、清除接地装置表面的附着物和铁锈,修补接地体(线)搭接焊部位。

⑦检查、紧固同综合接地系统连接端子。

维护检查内容①②⑥如图 3-112 所示。

图 3-112　箱变

2. 箱变内部主要设备

(1)箱变内部通用设施的维护检查

①清扫箱变内各器件上的灰尘;高压室、低压室柜体表面和气箱表面,用湿布进行擦拭;变压器室内变压器用吹气除尘或吸尘器除尘。

②给箱变内的滑动部分和轴承表面(如联锁和导向系统、丝杆机构等)或清洁需润滑上油的地方,涂通用锂基润滑脂(黄油)或凡士林润滑,完成后进行操作试验。

③检查、紧固箱变各装置的连接件、端子排、标准件是否松动,焊接连接端子的导线有无脱焊、碰壳、短路等现象,特别应检查导电回路的软连接部分,是否连接紧密可靠。

④检查导电零部件有无生锈、腐蚀的痕迹,观察绝缘表面有无爬电痕迹和碳化现象,并根据情况进行除锈、涂漆等处理。

⑤检查有无部件损伤、碎片脱落、附着异物。

⑥检查箱变柜内的照明情况,修理、更换不良照明灯具、配线和开门启动照明装置。

⑦检查低压配电装置灯光信号与实际位置是否一致,检查仪表指示是否正常,更换不良配线、配件;检查铜排连接处有无放电、灼烧等异常现象。

⑧检查硅橡胶可触摸电缆接头有无爬电痕迹,护层保护器和电缆头屏蔽层接地是否连接牢固。

维护检查内容②⑧如图 3-113、图 3-114 所示。

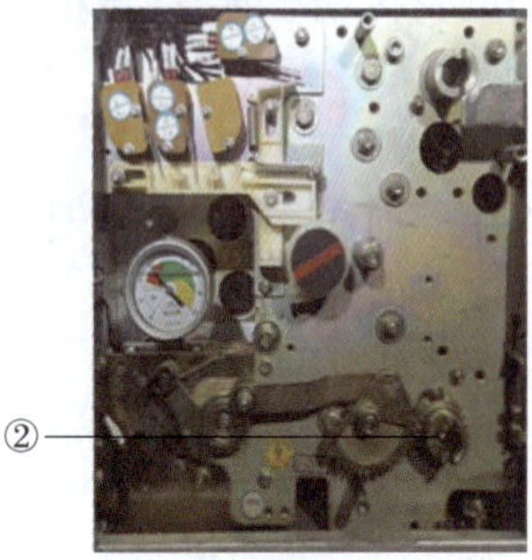

图 3-113　箱变环网柜内部操作机构

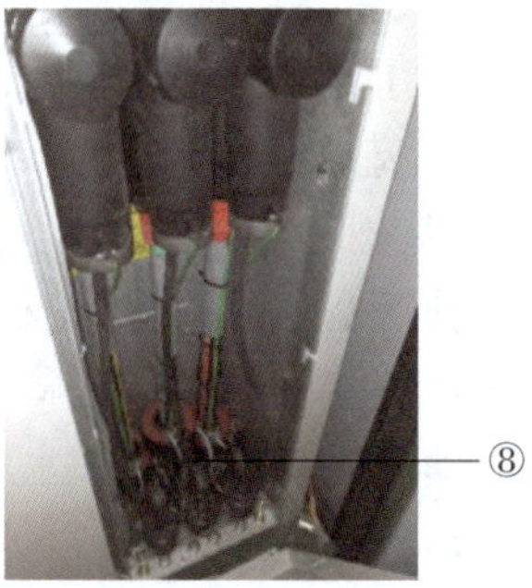

图 3-114　护层保护器

(2)箱变内部主要电力设备的维护检查

①检查风机运转的情况。将温湿度控制器的设定值调低,使环境温度高于设定值,观察温湿度控制器是否能够正常启动风机,如图 3-115 所示。

②进行湿度控制器的例行试验,向探头哈气,查看加热板是否正常,如图 3-116 所示。

图 3-115　温湿度控制器

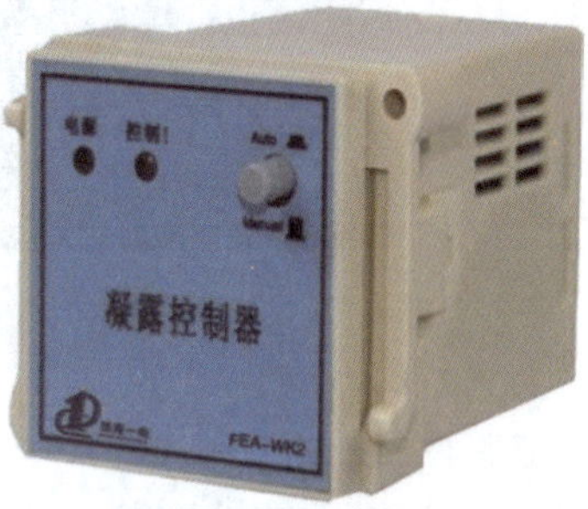

图 3-116　凝露控制器

③进行烟雾报警装置的例行试验;可向报警装置制造少量烟雾,查看是否正常报警;如图 3-117 所示。

④检查在线不间断电源 UPS 运行及后备蓄电池是否正常。根据设备供应商提供的产品说明书每年对 UPS 进行一次放电和充电切换及后备蓄电池活化维护,如图 3-118 所示。

图 3-117　烟雾探头

图 3-118　UPS

⑤检查开启式电流互感器。打开开口处，检查连接部位是否生锈；若生锈需要处理，用砂纸打磨后，重新安装紧固，并保证接触面没有缝隙，如图 3-119 所示。

⑥检查电压互感器引线和线夹及二次回路各连接部分应接触良好，不得松弛；接地线应紧固可靠有无缺损、裂纹和放电现象，如图 3-120 所示。

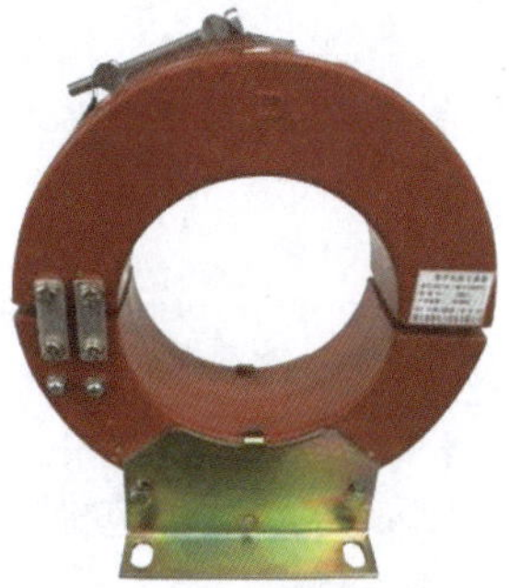

图 3-119　电流互感器

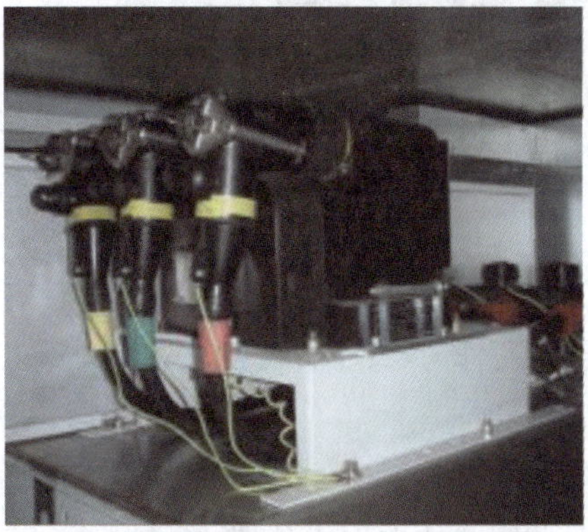

图 3-120　电压互感器引线和线夹

⑦SF_6充气柜的巡检维护（图 3-121）。

a. 简单清扫柜体，定期做机构的润滑防锈处理。

b. 检查柜体 SF_6 气室压力正常（绿色区域内为正常）。

c. 检查电缆室部分有无异常声响及发热等。

d. 检查开关位置是否指示正常。

e. 检查带电指示器状态是否正常。

图 3-121　SF_6气体压力指示

（3）RTU 装置的维护检查

①检查外接电源是否正常工作。

②检查被控站与主站通信是否正常。

③检查现场开关分合状态是否与主站一致。

④检查装置面板上的运行灯（装置上电时灯长亮）、收发灯（数据收发时闪烁）、告警灯（正常时不亮）是否正常。

⑤检查装置背板电源开关是否处于“ON”位置，输入、输出电压是否正常。

⑥检查遥控、遥信、遥测板件本身运行情况，各板件与主通信模块之间通信是否正常。

⑦检查光电转换器、路由器、交换机、协议转换器是否工作正常。

⑧检查装置外观应完好无损、端子无松脱。

⑨检查各板件与箱内卡槽接触紧固、连接良好。

维护检查内容④⑤⑥⑧⑨如图 3-122 所示。

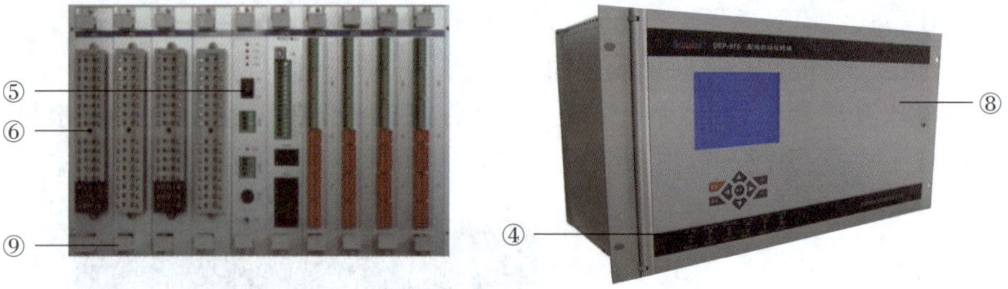

图 3-122 RTU 装置

四、电力线路检修

(一)准备工作

1. 检修前查勘

根据下达的设备整治、维修(保养)计划,检修前由车间(工区)组织设备包保人及有关人员进行实地查勘并详细记录在册,查勘工作主要内容包括以下方面。

①落实检修作业需要停电的范围(停电设备名称、开关编号及所属单位)、存在反送电可能的处所以及保留带电设备及带电部位,拟定相应的防范措施。

②对设备进行查看,记录作业项目及内容,并记录特殊设备所需材料,设备的规格、型号和数量。

③落实检修作业涉及的各类交叉跨越、跨越(穿越)作业以及平行带电区段的情况,制定详细的作业方案。

④查看作业现场条件和环境,探明人员、机具、材料进出路线,需进入高速铁路线路或者天窗作业的,还需标明人员、机具、材料的进出通道及编号。

2. 根据现场勘察结果,对危险性、复杂性和困难程度较大的作业应编制涵盖专项组织措施、技术措施和安全措施的专项方案。

3. 对设备查勘情况分类整理后,填写电力设备修前查勘记录,根据检修内容准备材料工具。

4. 申报停电计划

按规定提报停电申请,如需上道还需同步申报天窗点内上道计划。

5. 执行保证安全的组织措施

电力设备作业必须执行保证安全的组织措施:工作票制度(包括口头命令或电话命令)、工作许可制度、工作监护制度、工作间断和转移工地制度、工作结束和送电制度。

①根据电力施工日计划,由车间主任或技术人员签发工作票,于检修作业前一天 16 时前报段调度审核。

②段调度在审核无误后签发工作票命令号并将其返回签发车间,车间接到工作票后及时送至工作执行人(领导人)。高速铁路停电作业同时段调度于检修作业前一天 18 时前将审核后的工作票(附工作票命令)报集团公司供电调度审核。

6. 工作执行人(领导人)认真做好次日检修作业各项准备工作。

①填写倒闸作业票。由倒闸操作人根据工作票或集团公司供电调度命令,填写倒闸操作票,操作人和监护人应根据模拟图或接线图核对所填写的操作项目和程序,进行确认,确

认无误后分别签名。

②人员、机具、材料准备。根据工作任务合理安排人员、机具、材料。

7. 召开安全预想会

作业开始前，由工作执行（领导）人召开全体施工人员会议，进行安全预想、工作和安全措施布置，分配工作任务，并使用录音笔对预想会全过程进行录音。主要内容：

①明确各工作组员的工作任务、工作内容、施工方案、施工工艺质量要求、作业注意事项及施工作业停电范围。

②布置安全措施，明确停电范围及保留带电设备及带电部位，告知安全风险点及现场采取的安全措施，补充其他安全注意事项。

③明确人员分工及安全责任。将填写好的"电力设备检修任务单"发给检修人员，作为工作依据。根据工作性质和危险程度，如设专人监护时，应明确专职监护人的监护范围和被监护人及其安全责任。

④进入高速铁路线路作业的，告知进出通道点及须遵守的安全规定。

⑤对关键岗位（如驻站联络员、防护员、工作许可人等）进行提问，确认所有作业人员都清楚安全措施、明白工作内容并无异议。

（二）检修内容

铁路电力线路检修内容包括电缆线路、架空线路、线路高压开关、杆架式变压器（台）、灯塔（桥）、灯杆（柱），但不限于以上内容。

1. 电力电缆线路

（1）电缆井、沟、槽道的维护检查项目和内容

①电缆井、沟、槽道内的中间接头是否有损伤或变形。

②电缆井、沟、槽道排渗水设施是否正常，是否有积水。

③电缆井、沟、槽道内电缆支架、保护管或槽是否牢固，有无脱开或锈烂现象。

④电缆井、沟、槽道内电缆进出口的封堵是否完整无损。

⑤电缆井、沟、槽道内电缆有无机械损坏，鼠，虫咬噬痕迹。

⑥清扫电缆中间井、直通井、转角井、手孔井等。

维护检查内容①②③④如图 3-123 所示。

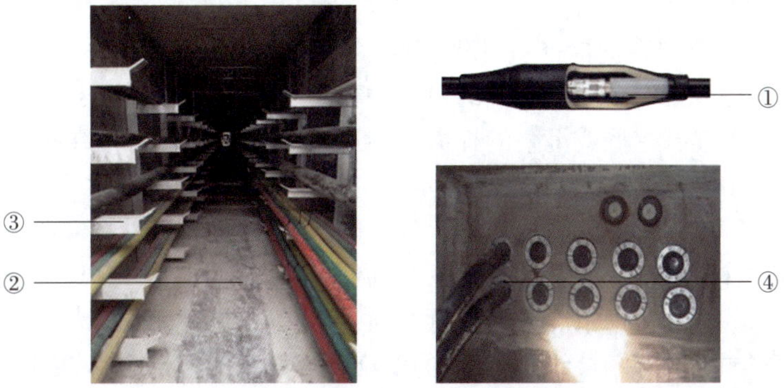

图 3-123　电缆沟、电缆井及中间接头

(2)电缆及电缆头的维护检查项目和内容

①检查裸露电缆的外护套、裸钢带、中间头、终端头有无损伤或锈蚀,必要时进行除锈处理。

②检查电缆及电缆头是否有损伤,铜屏蔽或钢带接地连接铜编织线是否松弛、脱落,必要时更换不良接地线。

③检查电缆头密封性能是否良好,电缆头附件填充胶是否有渗出现象,必要时更换不良电缆头。

④检查终端头的引线有无爬电痕迹,对地距离是否充足。

⑤检查单芯电缆护层保护器的是否出现间隙击穿或烧熔现象。

⑥检查与构架绝缘部分的零件有无放电现象。

⑦检查并列运行的电缆,用手分别触摸电缆检查温度,当差别较大时,应用钳形电流表测量电流分布情况。

⑧检查架空线路户外电缆终端头是否完整,引出线的接点有无发热、放电痕迹现象,电缆头附件有无龟裂,靠近地面电缆是否被撞碰等。

⑨电缆停电清扫维护后对电缆进行绝缘电阻测量,并与以往测量值进行对比,判断电缆的运行质量趋势。

维护检查内容③⑤⑦如图 3-124、图 3-125 所示。

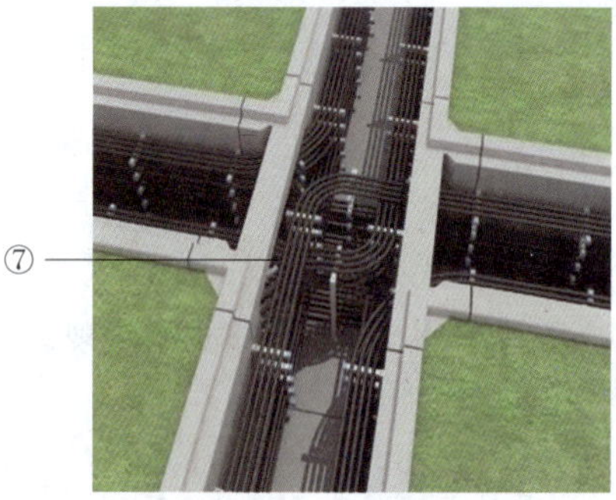

图 3-124　电缆并列敷设

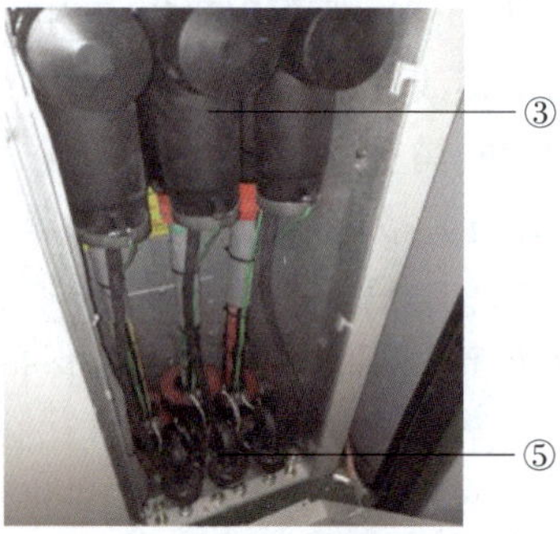

图 3-125　电缆终端头

2. 电力架空线路

(1)架空裸导线路的维护检查项目和内容

①砍伐、修剪与线路安全距离不足的树枝;清除杆塔附近堆积的柴草等杂物;对被水冲刷、损坏以及周围土壤有挖掘或沉陷的杆塔基础进行修补、加固;对存在被车撞可能的杆塔增设防撞设施,张贴反光标识。

②清理杆顶鸟巢、导线上的悬挂异物。

③校正歪斜电杆;检查杆塔基础有无下沉,混凝土杆杆身是否有损伤、裂纹、酥松、钢筋外露、焊接缝开裂、锈蚀,根据情况采取进行补强、更换等措施。

④调整不符合电杆构件、拉线、电杆间的安全距离要求的各部金具;更换不良金具。

⑤清扫绝缘子,检查绝缘子有无严重破损、裂纹和闪络,必要时进行补强、更换;检查绑线是否松弛,更换不良绑线;检查悬式绝缘子等开口销是否脱出。

⑥检查、更换存有断股、损伤的导线，对存在过紧、过松现象等不平衡现象的三相导线进行调整，检查、更换接触不良、存有过热现象（如接头变色、融雪等）的接头，调整、更换防振锤、防振鞭等线路防振设施。

⑦检查拉线是否断股、松弛、地锚浮出和张力分配不均，拉线是否妨碍交通或被车碰撞，路边拉线的防护管有无损坏或缺少，拉线固定是否牢固，基础周围土壤有无凸起、沉陷、缺土等现象。

⑧检查接地装置及接地线有无断股、损伤；接头接触是否良好，线夹螺栓有无松动、锈蚀；接地引下线的保护管有无破损、丢失，固定是否牢固；接地体有无外露、严重腐蚀，在埋设范围内有无土方工程。

⑨检查避雷器、令克是否工作正常；更换不良的避雷器、令克。

⑩紧固、调整各部配件、构件，对锈蚀部位进行防锈处理或更换。

维护检查内容③④⑤⑥如图 3-126 所示。

图 3-126　架空线路

(2)架空绝缘线路的维护检查项目和内容

①检查架空绝缘导线的外绝缘是否破裂、污秽。

②检查架空线路绝缘护罩是否有脱落或连接处是否存在氧化的情况、避雷器安装螺栓是否脱落等。

③检查杆身有无偏移、倾斜、裂纹，安装临时地锚，校正倾斜杆。

④检查绝缘导线弛度，对绝缘导线弛度超过设计值 −10% ~ +15% 范围处所的导线进行调整，同挡内各相导线弧垂应一致，各相导线弧垂相差最大不应超过 50 mm。

⑤检查拉线上、下把零部件有无缺失、松脱；检查拉线受力情况，调整拉线弛度。

⑥检查接地装置连接部位的紧固情况，测量接地电阻。

⑦检查架空绝缘导线是否有从线夹中滑出；绝缘绑扎线是否存在放电烧坏绝缘层，出现脆化脱皮等。

⑧检查杆号、安全警示、相位标识是否齐全、清晰，对地距离是否满足要求。

⑨对架空绝缘线路杆塔根部进行培土、加固，对电杆法兰盘螺栓连接处用水泥封堵，电

杆钢圈焊接处除锈防腐，防止受力严重情况下发生倒杆。

3. 线路高压开关

(1)杆架式隔离(负荷)开关的维护检查项目和内容

①检查绝缘子、瓷瓶表面是否脏污、表面有无裂纹、放电迹象、绝缘老化现象。有脏污时进行清扫维护，损坏时进行更换。

②检查杆上横担有无弯曲、倾斜、锈蚀。

③检查动、静触头，应平整、无损伤、接触紧密，两侧接触压力应均匀。

④触头表面有锈蚀、烧损痕迹时，对其进行打磨，并在触头上涂抹适量的导电膏或中性凡士林；出现焊着、烧损时进行更换。

⑤测量开关在断开位置时，动静触头之间的距离，10 kV 开关应不小于 180 mm。

⑥测量三相刀片同期接触情况，不同期接触误差不超过 3 mm。

⑦检查调整隔离开关的定位止钉，使机构在分合闸终点位置时，止钉与止档距离为 1～2 mm。

⑧检查操作机构是否转动灵活，若出现转动时有卡滞或冲击现象，对转动部分注入润滑油。

⑨检查传动杆连接是否牢固，若出现松动时，紧固连接螺栓；传动杆不垂直时，调整操作机构安装位置，直至其垂直。

⑩检查接地装置是否松弛、断股；接地线与各部螺栓连接是否紧密，按标准紧固螺栓；接地线表面是否锈蚀，用砂纸对其除锈，然后涂防锈漆。

⑪检查各部螺栓是否紧固，无松动。

维护检查内容①②⑨如图 3-127 所示。

(2)SF_6 箱式负荷开关的维护检查项目和内容

①检查柜中各组件及其支持绝缘件有无裂纹、破损，表面有无裂纹、放电迹象、绝缘老化现象。

②检查操作机构是否转动灵活，若出现转动时有卡滞或冲击现象，对转动部分注入润滑油。

③检查分合标识是否正确。

④检查 SF_6 气体压力是否在正常范围内，指示在绿色区域表示正常，红色区域需要联系厂家进行充气。

图 3-127　隔离开关

⑤检查柜内电缆连接是否牢固，电缆有无发黑、烧过痕迹。

⑥检查接地装置是否松弛、断股；接地线与各部螺栓连接是否紧密，按标准紧固螺栓。

⑦检查地线沟线夹内是否有放电痕迹。

⑧清扫开关箱体。

维护检查内容①②③④⑤如图 3-128 所示。

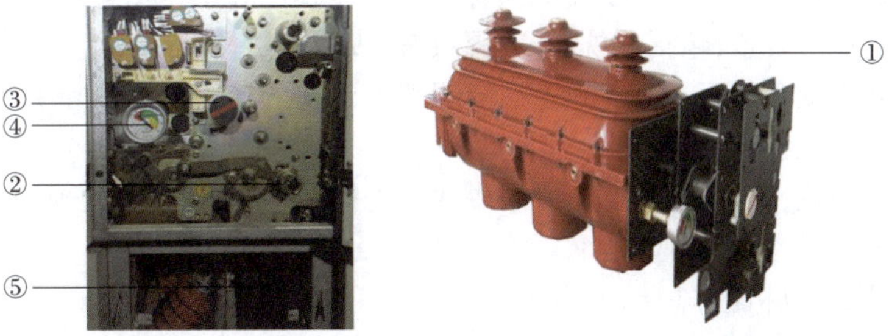

图 3-128　SF_6负荷开关

(3)普通箱式隔离(负荷)开关的维护检查项目和内容

①检查柜中各组件及其支持绝缘件有无裂纹、破损,表面有无裂纹、放电迹象、绝缘老化现象。

②检查操作机构是否转动灵活,若出现转动时有卡滞或冲击现象,对转动部分注入润滑油。

③检查隔离开关接触应严密,无弯曲、发热变色等异常现象。

④检查分合标识是否正确。

⑤检查柜内电缆连接是否牢固,电缆有无发黑、烧过痕迹。

⑥检查接地装置是否松弛、断股;接地线与各部螺栓连接是否紧密,按标准紧固螺栓。

⑦检查地线沟线夹内是否有放电痕迹。

⑧检查、紧固机构各部螺栓。

⑨检查箱体表面应无锈迹、掉漆现象;箱体外门密封条是否脱胶及老化。

维护检查内容①②⑤⑨如图 3-129 所示。

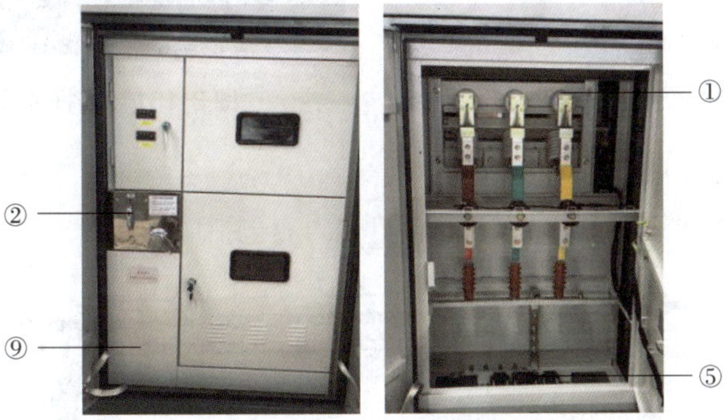

图 3-129　隔离开关箱

4. 杆架式变压器(台)

①检查变压器的油枕、油位、油色,是否渗油等,消除污油。

②用扳手紧固变压器桩头螺栓。

③清扫变压器外壳及外部配件。

④检查变压器本体是否有锈蚀及油漆脱落现象,应除锈补漆,涂刷相位相色。

⑤清扫绝缘子瓷瓶,确保无灰尘,更换存在裂纹、闪络、击穿等放电痕迹的瓷瓶。

⑥检修安全保护装置,包括油枕、压力释放阀(安全气道),确保装置完好,动作可靠。

⑦检查干燥剂变色是否在1/3以上。吸湿器与油枕的连管是否紧密完整,小孔不应有堵塞,干燥剂受潮、变色应更换。

⑧检查接地装置,若有断裂现象,及时焊接接地排,做好除锈防腐处理。

⑨补充变压器油,加至相应油面。

⑩检查、涂刷相位相色。

⑪检查、紧固变压器台各部构件,检查各部构件是否有弯曲、锈蚀现象,并对锈蚀处所进行防锈处理。

⑫检查、紧固变压器一、二次配线,确保各配线无松弛。

⑬检查令克、避雷器有无明显缺陷,对有缺陷的进行更换,同步更换令克熔丝。

⑭检查低压开关箱本体(图3-130)是否锈蚀破损,箱内设备是否发热、接触是否良好。

维护检查内容①③④⑤⑫⑬⑭如图3-131所示。

图3-130 低压开关箱

图3-131 双杆变压器台

5. 灯塔(桥)

灯桥如图3-132所示,其维护检查的项目和内容包括以下方面。

图3-132 灯桥

①检查灯塔、灯桥基础表面是否存有裂纹、跑浆、脱落、露筋等现象，对存在缺陷部分进行补强，对预埋螺栓等构件进行防锈处理。

②检修塔体、桥体，加固或修换不良台架、登高设施和防护栏杆，紧固各部构件，调整拉线，对锈蚀部分进行防锈涂漆。

③检查、更换不良接地装置。

④清扫、检修灯具，更换不良灯具配件。

⑤检修光控、时控等照明控制装置及配管、配线，更换不良元器件。

6. 灯柱（杆）

①检查控制开关箱，进行亮灯试验，更换不良控制开关。

②检查灯柱底座基础是否牢固，灯柱底座预埋螺栓必须有一个对准灯柱倾倒方向。

③检查灯柱法兰盘固定螺母是否松动，灯杆电气门及可倾门固定螺栓是否松动。

④检查灯柱内外壁是否有锈蚀、剥落现象。

⑤检查灯柱电气门内接线柱是否松动，电线是否老化、存在安全隐患。

⑥用内六角扳手打开可倾门，将黄油涂抹于涡轮、蜗杆上（每年不少于两次）。

⑦断开灯柱电源，用专用摇把，将摇把“口”字形状与灯杆上“口”字形状连接套牢，将摇把顺时针方向摇动，将灯杆自动倾斜，查看灯臂及灯具固定螺栓是否松动。

⑧清扫、检查灯具，调整灯具位置，更换不良灯具配件。

⑨将摇把逆时针方向摇动、摇紧，将灯杆自动复位。

⑩安装可倾门并拧紧固定螺栓。

⑪接通灯柱电源，检查光源是否正常点亮。

⑫检查、测试接地装置，并记录测试值。

⑬检查、测试电缆绝缘，并记录测试值。

维护检查内容②③④⑤⑥如图 3-133 所示。

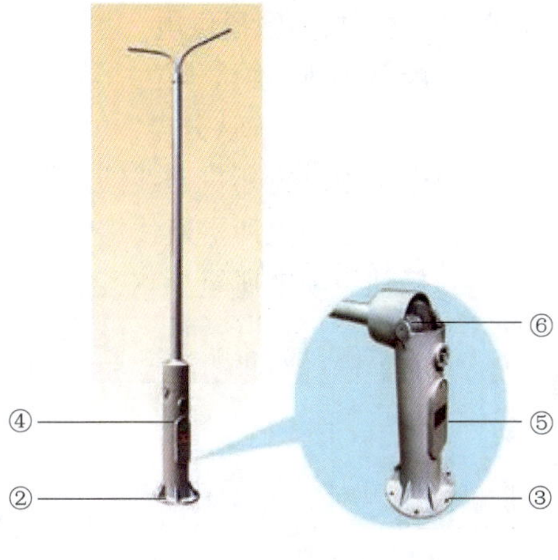

图 3-133　可倾式灯柱

第五节　电力设备故障抢修

一、抢修原则

电力设备抢修应坚持统一指挥的原则，铁路局集团公司供电调度是高速铁路电力设备故障的应急处置者和组织、指挥者。各段供电调度是普速铁路电力设备故障的应急处置者和组织、指挥者，同时协助铁路局集团公司供电调度对管内高速铁路电力设备故障进行应急处置。现场抢修人员及现场指挥者应在供电调度（下同，按职责权限分指铁路局集团公司供电调度和段供电调度)统一指挥下,实施故障抢修工作,严禁盲目蛮干、违章作业、违章指挥[15]。

电力设备抢修应遵循“快速隔离故障区段,恢复非故障区段供电,先通后复,保证行车畅通”的原则。故障抢修流程示意如图 3-134 所示。

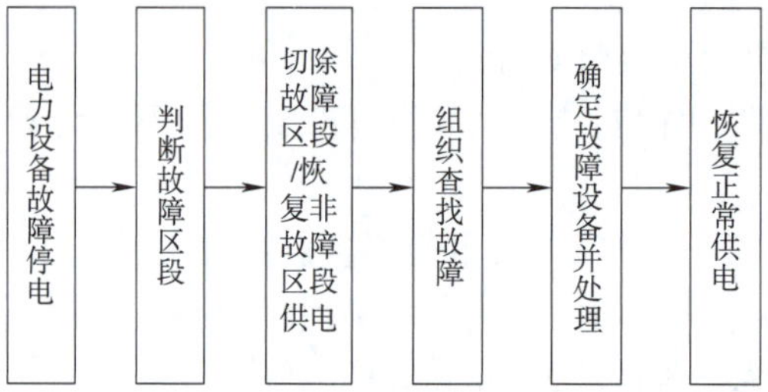

图 3-134　故障抢修流程示意

如图 3-135 所示,当由甲、乙配电所互供的贯通线路 3GK 与 4GK 间发生永久性故障时,可由调度员通过 SCADA 系统或组织电力线路工现场操作按以下流程进行操作,切除故障区段并恢复非故障区段供电。

(1)断开 3GK,确认分位。

(2)断开 4GK,确认分位。

(3)合上甲配电所贯通线馈出柜 120 断路器,确认贯通线出线电压正常。

(4)合上乙配电所贯通线馈出柜 120 断路器,确认贯通线出线电压正常。

(5)确认甲配电所至 3GK、乙配电所至 4GK 区间各信号点供电正常。

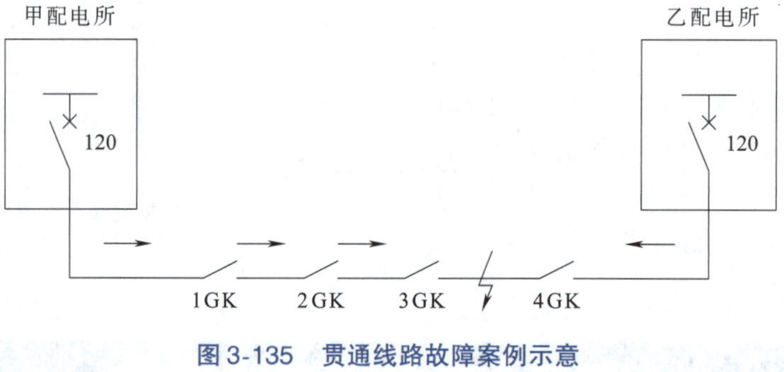

图 3-135　贯通线路故障案例示意

二、抢修要求

1. 在整个抢修作业中,必须严格遵守《铁路电力安全工作规程》和《铁路电力安全工作规程补充规定》等有关规定,始终将安全放在首位,坚持安全作业,防止扩大故障影响范围和发生意外事故。抢修工作务必要组织严密,坚决杜绝衍生事故的发生。

2. 电力故障区段隔离或设备切除后,供电调度应与行调互通信息,对故障影响作出判断并采取相应措施。

(1)电力故障已严重影响行车,应立即下达故障抢修出动命令。

(2)电力故障未对行车产生影响,可下达巡视检查出动命令,对故障区段或设备进行巡查。

(3)电力故障影响行车秩序,但可以维持行车,宜下达故障抢修出动命令。

3. 故障抢修人员接到故障抢修出动命令后,应立即根据故障信息携带通信工具、照明工具、测量工具、小型发电机、应急抢修包等应急抢修工器具及零星材料赶往故障现场,将现场情况报告供电调度,并按照调度指令进行抢修处理。

4. 故障抢修人员接到巡视检查出动命令后,应赶往故障隔离区段或地点,现场查看电力故障有无扩大范围、着火、冒烟等构成影响行车的隐患。存在隐患时,应请示供电调度及时处理;经确认不危急正常行车时,及时向供电调度反馈信息。供电调度应维持设备故障隔离后的运行方式,故障处理宜安排在"天窗"点内进行;电力故障虽影响行车秩序,但可以维持行车情况下,供电调度经与行调协商,有权决定维持现状或即时抢修[16]。

5. 如需登乘列车或使用作业车协助故障处理,段调度向集团公司供电调度提出申请,集团公司供电调度根据抢修需要,联系行车调度后安排登乘列车或作业车配合[17]。

6. 集团公司、段分界处电力故障,由双方供电调度协商后操作,尽快隔离故障区段或切除故障设备。故障处理期间,分别按照非正常运行方式运行,故障处理完毕后,经双方供电调度确认、协商,恢复正常运行方式[18]。

7. 铁路防护栅栏外的电力设备发生故障后,在确保行车及人身安全的情况下,经供电调度批准,可以在"天窗"点外进行处理,处理完毕后宜在"天窗"点内恢复正常运行方式[19]。

8. 当电力故障在一个"天窗"内不能完全修复时,供电调度应按照相关规定调整运行方式,保证安全供电,确保行车畅通。电力故障彻底修复后,应恢复正常运行方式[20]。

9. 电力抢修人员到达现场后、撤离现场前,要指派专人与供电调度时刻保持联系,传达上级有关指示。供电调度与抢修现场应保持信息畅通,随时了解抢修进度[21]。

10. 故障抢修结束后,现场抢修人员确认设备具备送电条件后,应及时向供电调度汇报,送电后注意观察设备运行状态,待正常后方可撤离现场。

三、抢修工器具及备品管理

抢修工器具包含交通工具、受力工具、生产工具、计量工具、安全工具、工具类设备、应急抢修包等,各供电车间配备的主要抢修工器具见表3-1。各电力工区配备的主要抢修备品见表3-2。各供电车间和工区应建立完善的抢修料具出入库制度,专人负责,分库存放,定置管理,不得无故外借或挪作他用。

表3-1　主要抢修工器具

序号	名　称	参考规格	单　位	数　量	图　例
1	应急抢修指挥车	越野或商务	辆	1	

续上表

序号	名　称	参考规格	单　位	数　量	图　例
2	移动式小型发电机	3 ~ 10 kW	台	1	
3	微机保护测试仪	—	台	1	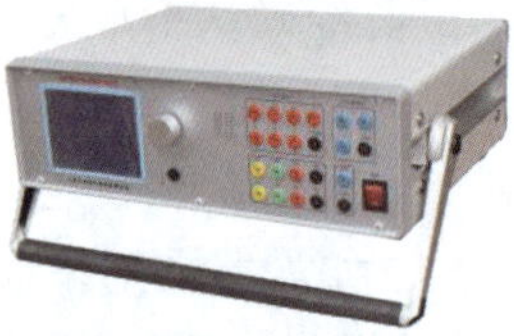
4	直流高压发生器	—	台	1	
5	交流耐压试验设备	—	台	1	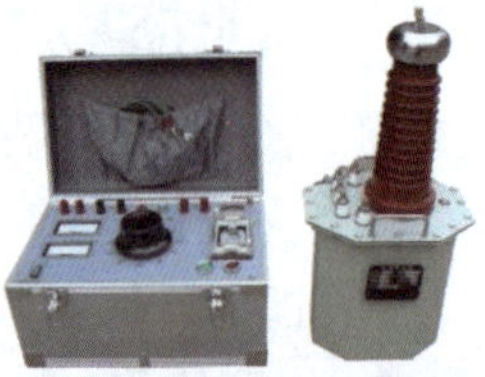
6	电力电缆故障测距仪	T-905A	台	1	
7	电缆故障定点仪	T-505	台	1	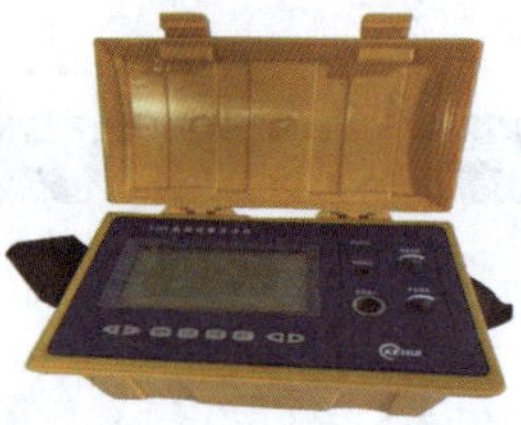

续上表

序号	名　　称	参考规格	单　位	数　量	图　　例
8	高压发生器	T-303A	台	1	
9	电缆路径鉴别综合测试仪	T-300	台	1	

表 3-2　抢修主要备品配备标准

序号	名　　称	参考规格	单　位	数　量	图　　例
1	高低压电力电缆	常用电缆型号	m	各 200	
2	电缆中间接头、终端头附件	常用型号	套	各 2	
3	电缆护层保护器	BHQ-7/400A	只	6	
4	避雷器	CEE GXBLQ-H-17/45	组	2	

续上表

序号	名　称	参考规格	单　位	数　量	图　例
5	塑壳式断路器（含电操）	NSX100F 3P 63 A、125 A、200 A	只	各 2	
6	双电源切换开关	—	组	1	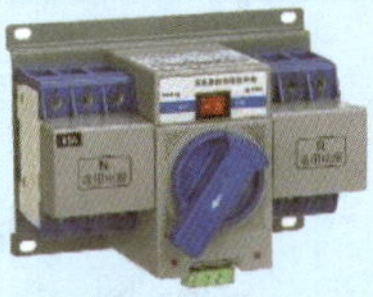
7	UPS 电源	—	台	2	
8	保护装置	受电柜、贯通柜、调压器柜、普馈柜、通信管理机	套	各 1	
9	电力三相变压器（干式）	10 kV·A、20 kV·A、30 kV·A、50 kV·A、63 kV·A、80 kV·A、100 kV·A、125 kV·A、160 kV·A、200 kV·A、250 kV·A、315 kV·A、400 kV·A、500 kV·A、630 kV·A、800 kV·A、1 250 kV·A	台	各 1	
10	调压变压器（干式）	315 kV·A、400 kV·A、500 kV·A、630 kV·A、800 kV·A	台	各 1	

续上表

序号	名　称	参考规格	单　位	数　量	图　例
11	电抗器	—	台	1	
12	交换机	华为 S3700	台	1	
13	信号电源监控装置 RTU	按实际型号	只	各 1	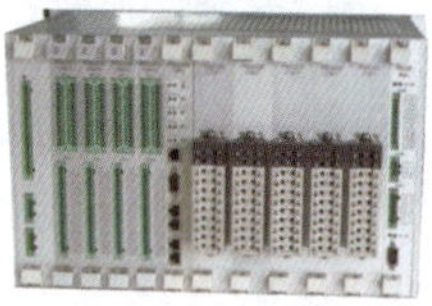

四、故障调查分析

现场抢修人员应注意保存电力故障及抢修工作的原始资料，包括必要的影像资料，集团公司供电调度应对故障处理过程中的通话进行录音，保存三个月。

故障抢修结束后，段供电调度应及时填写"故障速报"报铁路局集团公司供电部、供电调度。

段技术、安全等部门应组织人员从日常运行管理、检修质量、设备质量工艺、施工工艺、外部环境、人员素质等方面深入调查，分析故障的原因，总结经验教训，制定针对性的整改措施进行闭环整改，形成"故障分析报告"报铁路局集团公司供电部。

铁路局集团公司、段应制定事故（故障）抢修预案，并定期组织开展铁路电力事故（故障）应急演练，不断优化、完善应急预案，提高应急抢修能力。

第六节　电力设备鉴定

一、鉴定要求

电力设备应每年组织进行一次质量鉴定。它是电力设备运行管理工作的重要组成部分，是掌握设备质量，做好设备检修的重要依据。

（一）鉴定质量等级

鉴定质量等级分为三类，分别是优良、合格、不合格[22]。

1. 优良：主要项目达到优良标准，次要项目全部达到合格以上标准者。
2. 合格：主要项目全部达到合格标准，次要项目多数达到合格以上标准者。
3. 不合格：主要项目中有一项未达到合格标准或次要项目多数不合格者。

(二)鉴定统计方法[23]

1. 发电机(电动机)、变压器、交流电焊机、断路器等以“台”为单位。

2. 室内配电装置,如开关柜、控制屏(台)、整流柜等以“面”为单位。

3. 变压器台、照明灯塔(桥)以“座”为单位。

4. 电缆线路以每条为一鉴定单位,按“ km/条”统计。

5. 电线路一般以连续编号为一鉴定单位;自动闭塞、电力贯通线和区间供电线路以每1 km 为一鉴定单位,按“km/段”统计。

6. 电容器以“台”为单位。

(三)其　他

1. 电力设备可不作鉴定和统计的情况:一是已封存的设备;二是已列入年度大修计划的设备;三是本年度新建或大修的设备,其质量状态可按竣工验收评定结果统计[24]。

2. 电力设备鉴定坚持边鉴定边整改的原则。

二、鉴定标准

鉴定标准具体参考《铁路电力管理规则》和《高速铁路电力管理规则》,举例见表 3-3。

表 3-3　电力设备鉴定标准

设备	项　目	标　准	
		优　良	合　格
GIS 柜	柜体	1. 安装端正、牢固; 2. 排列整齐,盘间缝隙不大于 5 mm; 3. 清洁,漆饰良好; 4. 接地良好	1. 安装端正、牢固; 2. 排列整齐,盘间缝隙不大于 5 mm; 3. 清洁,盘体有轻微锈蚀; 4. 接地良好
	柜上(内)设备	1. 开关、继电器、熔断器、仪表、带电显示器等设备安装牢固,状态良好; 2. 标志齐全,清晰、正确; 3. 配线整齐美观	1. 开关、继电器、熔断器、仪表、带电显示器等设备安装牢固,状态良好; 2. 标志不全或不够清晰; 3. 布线不美观
	预防性试验	试验结果优良	试验结果合格
	保护	1. 有可靠的选择性和灵敏度; 2. 整组动作性能良好	1. 有可靠的选择性和灵敏度; 2. 整组动作性能良好
	气体压力	SF_6气体的压力合格或指针指示在绿色区域	SF_6气体的压力合格或指针指示在绿色区域
干式变压器(电抗器)	预防性试验	试验结果优良	试验结果合格
	套管	1. 清洁; 2. 无裂纹,无破损	1. 清洁; 2. 无裂纹,无破损
	运行状态	1. 运行温度正常; 2. 无异常音响; 3. 冷却装置正常	1. 运行温度正常; 2. 无异常音响; 3. 冷却装置正常

续上表

设备	项　目	标　准	
		优　良	合　格
干式变压器（电抗器）	引接线	1. 引线连接牢固； 2. 弛度符合规定要求； 3. 无松股，断股和烧伤； 4. 连接电缆头无变色、烧伤痕迹	1. 引线连接牢固； 2. 弛度偏大； 3. 无松股或断股； 4. 电缆头有轻微变色，无烧伤
	箱体	1. 安装牢固，箱壳无锈蚀、损伤； 2. 闭锁装置良好； 3. 接地良好	1. 安装牢固，箱壳有轻微锈蚀； 2. 闭锁装置良好； 3. 接地良好
	风机	1. 温度设置符合要求，启动正常； 2. 引接线路标志齐全、清晰、正确； 3. 配线整齐美观	1. 温度设置符合要求，启动正常； 2. 引接线路标志不全或不够清晰； 3. 配线不美观
电缆	绝缘状态	绝缘水平符合优良要求	绝缘水平符合合格规定要求
	电缆	1. 排列整齐，固定牢靠且不受张力； 2. 铠装无松散，无锈蚀和断裂； 3. 弯曲半径符合规定要求； 4. 接地良好； 5. 电缆外露部分要有保护管且固定牢靠	1. 排列不整齐，固定牢靠且不受张力； 2. 铠装无松散，无锈蚀和断裂； 3. 弯曲半径符合规定要求； 4. 接地良好； 5. 电缆外露部分要有保护管且固定牢靠
	电缆护层保护	1. 护层保护器底座固定牢固，与固定门间保持距离； 2. 电缆护层一端接地，一端接护层保护器； 3. 接地线全绝缘，无破损，接地良好	1. 护层保护器底座固定有松动，与固定门间保持距离； 2. 电缆护层一端接地，一端接护层保护器； 3. 接地线全绝缘，无破损，接地良好
	其他	1. 电缆头良好； 2. 引线相间和距接地物的距离符合规定，接地良好	1. 电缆头良好； 2. 引线相间和距接地物的距离符合规定，接地良好
	电缆沟	1. 沟内无积水、杂物； 2. 支架完好，固定牢固； 3. 盖板齐全无破损	1. 沟内有杂物； 2. 支架锈蚀或有少量积水； 3. 盖板有破损
RTU	装置本体	1. 清洁； 2. 各连接点紧固； 3. 无锈蚀； 4. 指示灯正常	1. 清洁； 2. 各连接点紧固； 3. 有轻微锈蚀； 4. 指示灯正常
	时钟	校对系统时钟，时钟显示正确，系统GPS时钟误差0 s	校对系统时钟，时钟显示正确，系统GPS时钟误差不超过2 s
	插件、通道	1. 电源板信号收发正常，显示正确； 2. 交流采样板信号收发正常，显示正确； 3. 遥信板信号收发正常，显示正确； 4. 遥控板信号收发正常，显示正确； 5. 通道板信号收发正常，显示正确	1. 电源板信号收发正常，显示正确； 2. 交流采样板信号收发正常，显示正确； 3. 遥信板信号收发正常，显示正确； 4. 遥控板信号收发正常，显示正确； 5. 通道板信号收发正常，显示正确
	试验	装置整组功能检查应正常	装置整组功能检查应正常

续上表

设备	项目	标准	
		优良	合格
小电阻	电阻器	电阻值与基准值无偏差，绝缘性能、温升等试验正常	偏差 ±5%
	壳体	1. 安装端正、牢固； 2. 排列整齐； 3. 清洁； 4. 漆饰良好	1. 安装端正、牢固； 2. 排列整齐； 3. 清洁； 4. 盘体有轻微锈蚀
	绝缘套管	1. 清洁； 2. 无裂纹，无破损	1. 清洁； 2. 无裂纹，无破损
	隔离开关	1. 隔离开关机构动作灵活可靠，位置指示无偏差； 2. 联锁装置良好，无卡滞； 3. 加锁、锁无锈蚀	1. 隔离开关机构动作灵活可靠，位置指示有偏差或接触器触头有轻微烧损，但不影响安全运行； 2. 联锁装置良好，无卡滞； 3. 加锁、锁无锈蚀
	母线	1. 硬母线固定牢靠； 2. 漆膜良好，相色鲜明； 3. 连接金具无锈蚀，固定连接牢靠，接触良好	1. 硬母线固定牢靠； 2. 漆膜良好，相色鲜明； 3. 连接金具有轻微锈蚀，固定连接牢靠，接触良好
	其他设备	1. 柜内加湿器设备功能正常； 2. 二次接线设备安装牢固，状态良好； 3. 标志齐全，清晰、正确； 4. 配线整齐美观	1. 柜内加湿器设备功能正常； 2. 二次接线设备安装牢固，状态良好； 3. 标志不全或不够清晰； 4. 配线不美观
电力线路	电杆	1. 裂纹宽度 0.5 mm； 2. 裂纹横向 1/3 周长； 3. 裂纹纵向 0.5 m； 4. 中心偏移小于 1/3 根径； 5. 倾斜不大于 1/2 梢径（转角杆、终端不大于 1 个梢径）	1. 裂纹宽度 1 mm，裂纹涂环氧树脂； 2. 裂纹横向 1/2 周长； 3. 裂纹纵向 1 m； 4. 中心偏移小于 1/2 根径； 5. 倾斜不大于 1 梢径（转角杆、终端不大于 2 个梢径）
	架空导线	1. 截面：符合运行要求； 2. 铁导线：有轻微锈蚀（不超过线径 5%）； 3. 断股：不允许； 4. 接头：一般每条每挡不超过一个，交叉跨越不允许； 5. 弛度：规定值的 -5%~10%	1. 截面：符合运行要求； 2. 铁导线：有锈蚀不超过线径 20%； 3. 断股：许可 7 股断 1、19 股断 2、37 股断 4，交叉不准断股； 4. 接头：允许每挡有两个，交叉跨越不允许； 5. 弛度：规定值的 -20%~15%
	瓷瓶	1. 清洁牢固； 2. 有裂纹； 3. 无烧伤	1. 清洁牢固； 2. 轻微掉磁； 3. 破损面高压 25 mm^2、低压 20 mm^2
	横担	1. 有轻微锈蚀，锈蚀块最大不超过 10 cm^2； 2. 无本身弯曲； 3. 无倾斜偏移	1. 有局部锈蚀，锈蚀块最大不超过 40 cm^2； 2. 不大于 20 mm； 3. 不大于 30 mm

续上表

设备	项　目	标　准	
		优　良	合　格
电力线路	拉线	1. 有轻微锈蚀,不超过线径5%; 2. 无松股松弛; 3. 中心差不大于100 mm	1. 有部分锈蚀,不超过线径9%; 2. 有轻微松股松弛; 3. 中心差小于150 mm
	交叉跨越接近界线	1. 低压跨低压1 m; 2. 低压跨通信1.2 m; 3. 低压跨建筑2.5(2) m; 4. 低压跨铁路7.5 m,不允许有接头; 5. 低压跨公路6 m; 6. 距离轨中心低压2.45 m,新杆3 m; 7. 高压跨低压2 m; 8. 高压跨通信2 m; 9. 高压跨建筑3(2.5) m; 10. 高压跨铁路7.5 m,不允许有接头; 11. 高压跨公路7 m; 12. 距离轨中心3.1 m; 13. 10 kV跨10 kV,2 m;35 kV跨10kV,3 m; 14. 低压与建筑水平1(0.2) m; 15. 高压与建筑水平1.5(0.75) m	1. 低压跨低压1 m; 2. 低压跨通信1.2 m; 3. 低压跨建筑2.5(2) m; 4. 低压跨铁路7.5 m,不允许有接头; 5. 低压跨公路6 m; 6. 距离轨中心低压2.45 m,新杆3 m; 7. 高压跨低压2 m; 8. 高压跨通信2 m; 9. 高压跨建筑3(2.5) m; 10. 高压跨铁路7.5 m,不允许有接头; 11. 高压跨公路7 m; 12. 距离轨中心3.1 m; 13. 10 kV跨10 kV,2 m;35 kV跨10 kV,3 m; 14. 低压与建筑水平1(0.2) m; 15. 高压与建筑水平1.5(0.75) m
	引入引出线	1. 高压离地面不小于4 m; 2. 高压线间距离0.45 m; 3. 高压引入截面不小于16 mm^2(铜),25 mm^2(铝); 4. 低压离地面不小于2.5 m; 5. 低压线间距离0.15 m; 6. 低压引入截面不小于2.5 mm^2(铜),4.0 mm^2(铝); 7. 与下方窗口0.3 m; 8. 与上方窗口0.8 m; 9. 与窗户、阳台水平0.75 m; 10. 在直流电上方0.6 m; 11. 在直流电下方0.3 m; 12. 引线无接头; 13. 引入线跨屋顶2.5 m; 14. 引入线跨屋坡0.3 m	1. 高压离地面不小于4 m; 2. 高压线间距离0.45 m; 3. 高压引入截面不小于16 mm^2(铜),25 mm^2(铝); 4. 低压离地面不小于2.5 m; 5. 低压线间距离0.15 m; 6. 低压引入截面不小于2.5 mm^2(铜),4.0 mm^2(铝); 7. 与下方窗口0.3 m; 8. 与上方窗口0.8 m; 9. 与窗户、阳台水平0.75 m; 10. 在直流电上方0.6 m; 11. 在直流电下方0.3 m; 12. 引线无接头; 13. 引入线跨屋顶2.5 m; 14. 引入线跨屋坡0.3 m
	外灯线	1. 箱身安装牢固; 2. 清洁、配线整齐; 3. 全部无锈蚀	1. 安装牢固; 2. 清洁; 3. 有部分锈蚀
	杆上配电开关箱	1. 安装牢固,本箱有轻微裂缝,无锈蚀; 2. 开关排列整齐,有回路标记; 3. 底面离地高度为1.2～1.6 m之间	1. 安装牢固,木箱裂纹不大于5 mm; 2. 开关排列整齐,但无标记; 3. 底面离地高度过低或过高

续上表

设备	项　目	标　准	
		优　良	合　格
投光灯塔（桥）	塔体	有足够的机械强度	有足够的机械强度
	铁塔(灯桥)各部	安装牢固、完整，无锈蚀	安装牢固、完整，有轻微锈蚀
	结构及登高设备	铁塔垂直倾斜度不大于2‰	铁塔垂直倾斜度不大于3‰
	水泥灯塔及拉线	参照架空电力线路鉴定	参照架空电力线路鉴定
	桥柱	1. 灯桥桥柱限界符合要求； 2. 垂直倾斜度大于高度的1‰	1. 灯桥桥柱限界符合要求； 2. 垂直倾斜度大于高度的2‰
	桥体	挠度不大于 $L/500$	挠度不大于 $L/500$
	灯柱	1. 安装牢固、无锈蚀； 2. 倾倒式灯柱转动部位灵活	1. 安装牢固、有轻微锈蚀； 2. 倾倒式灯柱转动部位灵活
	接地装置	1. 安装牢固接触良好； 2. 露出部分无锈蚀； 3. 符合《铁路电力管理规则》试验标准，接地电阻不大于8 Ω	1. 安装牢固接触良好； 2. 有轻微锈蚀； 3. 符合《铁路电力管理规则》试验标准，接地电阻不大于10 Ω
	投光灯(盏)	—	—
	反光镜	完整，镀层无脱落	完整，镀层无严重脱落
	前照玻璃	完整	完整
	外壳	1. 缝口严密，不浸水； 2. 内外清洁，无锈蚀； 3. 完整，不漏雨	1. 缝口严密，不浸水； 2. 内外清洁，有轻微锈蚀； 3. 完整，不漏雨
	配电箱及配线	1. 开关无烧损，无锈蚀； 2. 绝缘电阻符合试验标准	1. 开关有轻微烧损，不影响安全运行； 2. 绝缘电阻符合试验标准
变压器台（杆架式）	各部构件	1. 槽钢100及以下，40 mm×58 mm×6 mm； 2. 槽钢180及以下，160 mm×63 mm×605 mm； 3. 安装牢固无弯曲有轻微伤斑	1. 槽钢100及以下，40 mm×58 mm×6 mm； 2. 槽钢180及以下，160 mm×63 mm×605 mm； 3. 槽钢弯曲不大于20 mm部分锈蚀，不影响强度
	各部距离	1. 变压器台离地不低于2.5 m； 2. 跌落式熔断器距离变压器台不低于2.5 m； 3. H杆中心距离2.5 m(参考值)	1. 变压器台离地不低于2.5 m； 2. 跌落式熔断器距离变压器台不低于2.5 m； 3. H杆中心距离2.5 m(参考值)
	水泥电杆	1. 裂纹宽度<0.5 mm，横向长度<1/3周长，纵向长度0.5 m； 2. 铁配件有轻微锈蚀； 3. 拉线无松弛锈蚀	1. 裂纹宽度<1.0 mm，横向长度<1/2周长，纵向长度1 m； 2. 铁配件有锈蚀，但不影响强度； 3. 拉线有松弛锈蚀
	过电压保护及接地装置	1. 避雷器装置符合运行要求； 2. 接地装置接触良好无锈蚀； 3. 接地电阻4 Ω以下	1. 避雷器装置符合运行要求； 2. 有轻微锈蚀； 3. 接地电阻4 Ω以下
	高压熔断器	1. 高压跌落式熔断器角度25°~300°； 2. 各相间距离不小于0.5 m； 3. 配件无锈蚀	1. 高压跌落式熔断器角度25°~300°； 2. 各相间距离不小于0.5 m； 3. 配件轻微锈蚀

续上表

设备	项 目	标 准	
		优 良	合 格
变压器台(杆架式)	联络箱低压开关箱	1. 箱身不漏雨； 2. 开关接触器无烧伤； 3. 无腐朽锈蚀	1. 箱身不漏雨； 2. 有轻微锈蚀； 3. 无腐朽锈蚀
	一二次配线	1. 高压引下线不小于16 mm^2(铜线)； 2. 低压根据容量决定； 3. 装置固定无松弛现象	1. 高压引下线不小于16 mm^2(铜线)； 2. 低压根据容量决定； 3. 装置固定无松弛现象
变压器台(落地式)	水泥电杆	1. 裂纹宽度<0.5 m,横向长度<1/3周长,纵向长度<0.5 mm； 2. 铁配件有轻微锈蚀； 3. 拉线无松弛,有轻微锈蚀	1. 裂纹宽度<1.0 mm,横向长度<1/2周长,纵向长度<1 m； 2. 铁配件有部分锈蚀； 3. 拉线有轻微松弛,部分锈蚀
	各部距离	1. 铁门应向外开； 2. 围墙高度不低于1.7 m； 3. 变压器外壳距门净距1 m； 4. 高压跌落式熔断器离地为3.5 m； 5. 变压器基础高出地面0.3 m	1. 铁门应向外开； 2. 围墙高度不低于1.7 m； 3. 变压器外壳距门净距1 m； 4. 高压跌落式熔断器离地为3.5 m； 5. 变压器基础小于0.3 m
	过电压保护及接地装置	1. 避雷器装置符合运行要求； 2. 接地线装置接触良好无锈蚀； 3. 接地电阻4 Ω以下	1. 避雷器装置符合运行要求； 2. 有轻微锈蚀； 3. 接地电阻4 Ω以下
	高压熔断器	1. 高压跌落式熔断器角度25°~30°； 2. 各相间距离不小于0.5 m； 3. 配件有轻微锈蚀	1. 高压跌落式熔断器角度25°~30°； 2. 各相间距离不小于0.5 m； 3. 配件有部分锈蚀
	一二次配线	1. 高压引下线截面≥16 mm^2(指10 kV·A)； 2. 低压根据容量决定； 3. 装置固定无松弛现象	1. 高压引下线截面≥16 mm^2(指10 kV·A)； 2. 低压根据容量决定； 3. 装置固定无松弛现象
断路器	额定参数	符合运行要求	符合运行要求
	各种绝缘子和套管	无裂纹、破损	无裂纹、破损
	消弧室	完整、无破损	完整、无破损
	触头	接触良好,无烧损	局部有轻微斑痕
	三相触头不同期性	1 mm	2 mm
	合闸接触器	触头无烧损,灭弧罩完好	触头有轻微烧损,灭弧罩完好
	操作机构	动作灵活可靠,位置指示正确,联锁装置良好	动作灵活可靠,位置指示正确,联锁装置良好
	绝缘油	油量适当,无渗油,油质符合标准	油量适当,有轻微渗油,油质符合标准

续上表

设备	项　目	标　准	
		优　良	合　格
负荷开关及隔离开关	绝缘子	整洁,无裂纹和破损	整洁,无裂纹和破损
	触头	无烧损,接触紧密,用 0.05 mm 塞尺检查,塞进深度不超过 4 mm	有轻微损伤,接触紧密,用 0.05 mm 塞尺检查,塞进深度不超过 6 mm
	开关角度保持静距离	户外型: 1. 3～6 kV,150 mm; 2. 10 kV,180 mm; 3. 35 kV,420 mm; 户内型: 6～10 kV,160 mm	户外型: 1. 比优良数增减 7.5 mm 以内; 2. 比优良数增减 9 mm 以内; 3. 比优良数增减 42 mm 以内; 户内型: 比优良数增减 8 mm 以内
	灭弧角有机绝缘物	完好	烧损不超过 1/3
	操作机构和联锁装置	联锁可靠,动作灵活	联锁可靠,动作灵活
	金属部件	无锈蚀	无锈蚀
	横动式隔离开关不同时接触误差的同步旋转误差	不超过 3 mm,旋转 90°±1°	不超过 3 mm,旋转 90°±1°
	三相联动开关同步误差	不超过 4 mm	不超过 5 mm
	负荷开关同步误差	不超过 2.5 mm	不超过 3 mm

注:( )内的数值用于绝缘线。

三、鉴定结果的运用

1. 对在鉴定中发现的设备缺陷问题,建立或完善设备缺陷台账,纳入问题库管理。鉴定中发现的问题和设备缺陷,要组织分析,制定对策,有计划进行整改。鉴定设备按当年年底前能整改好的质量进行统计,对鉴定不合格设备整改有困难的,详细说明原因,集中统计汇总,并提出建议意见报铁路局集团公司供电部。

2. 设备鉴定同步进行年度履历簿、工作量台账修改和下一年度检修计划编制。现场仔细核对、修改各站(区间)设备平面图及供电统示意图。

四、履历台账

电力履历簿载录各级供电部门历年的设备种类、数量、能力和技术质量状态,组织机构及人员配备,工作量及指标完成情况,建设标准及企业管理经营情况等,是全面反映供电部门历史的综合性资料。它为加强供电管理,掌握、发挥和挖掘供电能力,合理组织设备运行和企业管理,安排设备检修计划和技术改造,以适应运输发展需要提供可靠依据。

电力履历簿表格大致可分为三类：登记表（20 个）、汇总表（10 个）和统计记录表（12 个）及附件，共计 42 个表格。

铁路电力设备统计是根据变化情况实时统计的，结合鉴定工作中核对的设备数量，每年底对设备数量进行最终确认，与当年的指标统计表一起存档，记录本年度设备及指标情况。

电力设备汇总按照分层原则统计，设备分层的原则如图 3-136 所示。

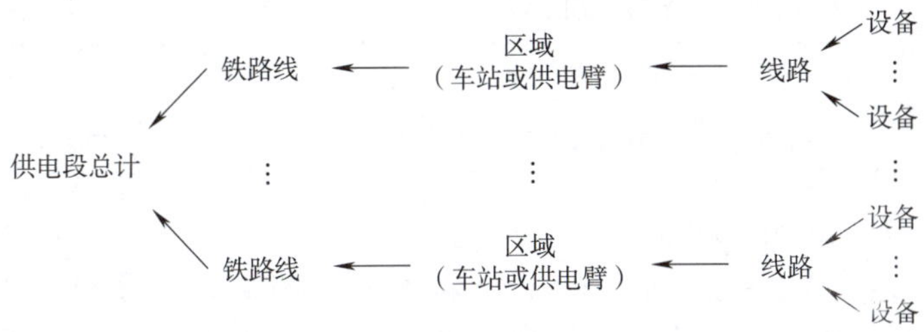

图 3-136　设备履历分层原则

（一）登 记 表

登记表是履历簿最基础的表格，是每台设备详细资料的汇集，要求资料齐全、准确，共计 20 个表格，其名称及用途见表 3-4。

表 3-4　登记表

序号	编号	名　　称	用　　途
1	电力-9	电力线路登记表	汇总电力 3、电力 5
2	电力-10	电线路交叉跨越登记表	—
3	电力-11	变压器登记表	汇总电力 3、电力 5、电力 8
4	电力-12	变压器台（室）登记表	汇总电力 3、电力 5、电力 8
5	电力-13	通信塔、灯塔（桥、柱）登记表	汇总电力 3、电力 5
6	电力-14	配电装置登记表	汇总电力 3、电力 5、电力 8
7	电力-16	变、配电所（车间变电所）登记表（一）	汇总电力 2、电力 3、电力 5、电力 8
8		变、配电所（车间变电所）登记表（二）	
9	电力-17	柜屏二次元件登记表	汇总电力 8
10	电力-18	自动控制设备登记表	汇总电力 3、电力 5、电力 8
11	电力-19	电缆线路登记表	汇总电力 3、电力 5、电力 8
12	电力-20	电度表登记表	汇总电力 3
13	电力-21	设备明细表（一）（设备）	汇总电力 3、电力 8
14	电力-22	履历表（发电机）	—

续上表

序号	编号	名　称	用　途
15	电力-23	履历表（柴油机）	—
16	电力-24	履历表（汽车）	汇总电力 4
17	电力-26	检修及其他设备履历表（检修及其他设备通用）	汇总电力 2、电力 4
18	电力-28	发、变、配电所供电能力汇总表	—
19		变、配电所电源可靠性质量统计表	—
20	电力-34	房屋建筑物及占地登记表	汇总电力 2、电力 8

1. 电力线路登记表(电力-9)

电力线路登记表(电力-9),见表 3-5。以架空线路(图 3-137)登记为例,每根电杆及前面档距的线路为基本单位进行登记。需要注意的是如有合架,在合架类型栏中主线只填“Z”,表明有其他线路与其合架。其他线路高压与主线高压合架填“GG”;高压与接触网合架的填“GJ”;低压与高压合架填“DG”;低压与接触网合架的填“DJ”。低压与低压合架填“DD”。“Z”与“DG”等是一一对应,另外合架类型栏中不应有其他的字符。此外,还须注意架空长度要精确到 m,填写时别带小数,如 90. 5 m 要将小数去掉,改为 91 m。引入架空数量无须统计到架空长度内。

图 3-137　架空线路

2. 电力设备登记表

以每台(座、面)设备为单位进行登记。

变压器、调压器、电抗器采用变压器登记表(电力-11)进行登记,见表 3-6。状态栏只能填写运用、冷备、热备、封存、报废五种形式中的一种。类型栏只能填写网络、主变压器、隔离、调压器四种形式中的一种。注:主变压器、隔离、调压器属高压变配电所,在生产厂家及型号栏中字符不能太长。

表 3-5 电力线路登记表

线路名称：									设置地点：									车站、供电臂名称：										所属铁路线：											
电压等级：(kV/V)									性质：(自闭、贯通、站区)									里程或大修年代：										状态：									电力-9		
电杆					拉线	支柱	石围子	高压														低压						引入线				同杆调监线	接地装置	交叉跨越	线路长度	架空		电缆	
号码	合架	高度	杆型	材质				瓷瓶		横担		开关				跌落	避雷器	变压器		变台	联络箱	瓷瓶		横担		开关箱	外灯	处所	数量							型号规格	m	m	条
								悬式	针式	铁	瓷	断路	负荷	隔离	分断			容量	数量			碟式	针式	铁	瓷				架空	电缆									
		m			条	根	个	个	个	条	条	台	台	组	台	个	个	kV·A	台	座	处	个	个	条	条	处	盏	处	m	m	条	m	处	处	m				
1	2	3	4	5	6	7	8	9	10	11	12	13	14	15	16	17	18	19	20	21	22	23	24	25	26	27	28	29	30	31	32	33	34	35	36	37	38	39	40

表 3-6 变压器登记表

车间：					班组：													电力-11
顺号	所属铁路线	车站供电臂名称	线路名称	变压器名称	设置地点	制造号	制造厂	容量（kV·A）	相数	出厂日期	一次电压	二次电压	型号	接线组别	投运年月	状态	类型	性质

3. 其他登记表略。

(二)汇总表

汇总表的数据都来自登记表中的内容,共计 10 个表格,电力设备汇总表名称见表 3-7。

表 3-7 电力设备汇总表

序号	编号	名称
1	电力-3	电力设备数量汇总表
2	电力-4	电力检修及其他设备数量汇总表
3	电力-5	电力设备统计表
4		区间、站场电力设备统计表(二)
5	电力-8	变、配电所(车间变电所)概况表
6	电力-29	发电所概况表
7	电力-30	发电车概况表
8	电力-31	电力试验所概况表
9	电力-15	区间、站场电力设备统计表(一)
10		区间、站场电力线路示意图

1. 区间、站场电力设备统计表(一)

(1)车站、区间、枢纽为单位汇总(电力-15),见表 3-8。来源于电力-9、电力-11 ~ 电力-14、电力-18、电力-19 的数据汇总。

电力-15-2

表 3-8 区间、站场电力设备统计表(一)

车站或供电臂名称：　　　　　______年　　　　　所属铁路线别：

顺号	设置地点(区间或线路名称)	电力线路							变压器		变电所		配电装置			远动及监控设备	投光灯塔(桥、柱)					通信铁塔数量	变压器台(室)			
		架空		电缆				小计	容量	数量	车间变电所	箱变	数量	高压	低压		数量	其中					数量	其中		
		高压	低压	高压		低压												灯塔	灯桥		灯柱			灯塔	灯桥	灯柱
		km	km	km	条	km	条	km	kV·A	台	处	处	面	面	面	单元	座	座	m	座	座	座	座	座	座	座

(2)以线路为单位汇总,此处不再赘述。

2. 电力设备数量汇总表(电力-3),见表3-9。全部数据来源于与电力相关的所有基础表格,主要是对电力设备的统计。

表3-9 电力设备数量汇总表

单位: 电力-3

顺号	项目名称	单位				
1	一、电力线路	km				
2	1. 架空电线路	km				
3	(1)25 kV及以上	km				
4	其中:电力贯通线	km				
5	(2)6、10 kV	km				
6	其中:自动闭塞线	km				
7	电力贯通线	km				
8	站区电线路	km				
9	与高压合架线路	km				
10	与接触网合架线路	km				
11	(3)低压	km				
12	其中:单独架设线路	km				
13	与高压合架线路	km				
14	与低压合架线路	km				
15	与接触网合架线路	km				
16	自闭信号线	km				
17	(4)架空线路直长	km				
18	2. 电缆线路	km				
19		条				

第七节 电力试验及常用工器具

一、电力试验的总体要求[25-27]

铁路电力试验分为预防性试验、交接试验和运行中的传动试验。

铁路电力试验是检查电力设备质量状态,及时发现设备运行隐患的重要手段,为实现电力设备质量的有效监督,及时发现设备缺陷,应使用先进的试验检测仪器仪表设备,采用科学的试验检测方法,建立严密的质量保证体系,跟踪检测电力设备运行状态,确保电力设备安全可靠运行,服务于运输安全生产。

铁路电力试验应遵循《电气装置安装工程　电气设备交接试验标准》(GB 50150—2016)、《电力设备预防性试验规程》(DL/T 596—2021)、《继电保护和电网安全自动装置检验规程》(DL/T 995—2016)的各项规定。在维护、检修工作中,有关人员还应执行各集团公司颁布的检修、运行的有关规定,不断提高质量,坚持预防为主,积极改进设备,使设备能长期、安全、经济地运行。

电力试验必须坚持科学的态度,对试验结果必须全面地进行综合分析,掌握设备性能变化的规律和趋势。要加强技术管理,健全资料档案,开展技术革新,不断提高试验技术水平。

二、电力试验项目

(一)主要一次设备

1. 电力变压器(电抗器及消弧线圈)

电力变压器(电抗器及消弧线圈)的试验项目,主要包括绝缘油试验,绕组连同套管的直流电阻测量,所有分接头的电压比的检查,铁芯绝缘各紧固件和铁芯绝缘电阻的测量,有载调压切换装置的检查和试验,绕组连同套管的绝缘电阻、吸收比和极化指数的测量,绕组连同套管的介质损耗因数($\tan\delta$)与电容量的测量,绕组连同套管的交流耐压等试验规程规定的试验项目。

2. 绝缘油或 SF_6气体

绝缘油或 SF_6气体试验的试验项目,主要包括击穿电压、介质损耗因素($\tan\delta$)、SF_6气体的含水量(20 ℃时)等试验规程规定的试验项目。

3. 互感器

互感器的试验项目,主要包括绝缘电阻的测量、交流耐压试验、绕组的直流电阻测量、接线组别和极性的检查等试验规程规定的试验项目。

4. 真空断路器

真空断路器的试验项目,主要包括绝缘电阻的测量、每相导电回路电阻的测量、交流耐压试验、分合闸线圈及合闸接触器线圈的绝缘电阻和直流电阻的测量等试验规程规定的试验项目。

5. SF_6断路器

SF_6断路器试验项目,主要包括绝缘电阻的测量、每相导电回路电阻的测量、交流耐压试验、断路器分合闸线圈绝缘电阻及直流电阻的测量、断路器操动机构的试验、断路器内 SF_6气体含水量的测量等试验规程规定的试验项目。

6. SF_6封闭式组合电器

SF_6封闭式组合电器的试验项目,主要包括主回路导电电阻的测量、封闭式组合电器内各元件的试验、密封性试验、SF_6气体含水量的测量、主回路的交流耐压试验等试验规程规定的试验项目。

7. 隔离开关、负荷开关及高压熔断器

隔离开关、负荷开关及高压熔断器的试验项目,主要包括绝缘电阻的测量、负荷开关导电回路电阻的测量、交流耐压试验、操动机构的试验等试验规程规定的试验项目。

8. 套管

套管的试验项目，主要包括绝缘电阻的测量、交流耐压试验等试验规程规定的试验项目。

9. 电力电缆线路

电力电缆的试验项目，主要包括主绝缘及外护层绝缘电阻的测量、主绝缘直流耐压试验及泄漏电流测量、主绝缘交流耐压试验、外护套直流耐压试验、检查电缆线路两端的相位等试验规程规定的试验项目。

10. 电容器

电容器的试验项目，主要包括绝缘电阻的测量，耦合电容器、断路器电容器的介质损耗因数($\tan\delta$)及电容值的测量，电容测量，并联电容器交流耐压试验等试验规程规定的试验项目。

11. 避雷器

金属氧化物避雷器的试验项目，主要包括金属氧化物避雷器及基座绝缘电阻的测量、金属氧化物避雷器的工频参考电压和持续电流的测量、金属氧化物避雷器直流参考电压和0.75倍直流参考电压下的泄漏电流的测量、放电计数器动作情况及监视电流表指示的检查、工频放电电压试验等试验规程规定的试验项目。

(二)二次设备——综合自动化系统

综合自动化系统的试验项目，主要包括外观检查、二次回路绝缘检查、上电检查、开关量输入回路检验、整定值的整定及检验、整组试验等试验规程规定的试验项目。

(三)传动试验

1. 开关分合闸试验：每年一次，由铁路局集团公司供电调度在“天窗”点内利用远动系统对10 kV及以上开关的分、合闸功能进行试验。

低压开关分合闸及进线与母联开关的联锁关系试验，由铁路局供电调度在“天窗”点内利用远动系统进行抽样试验。

开关分合闸试验可结合设备保养同步进行。

2. 变配电所传动试验：每年一次，由铁路局集团公司根据情况利用“天窗”点或白天进行。

三、常用仪器仪表

(一)万用表

万用表又叫多用表、三用表、复用表。万用表分为指针式万用表和数字万用表，是一种多功能、多量程的测量仪表。一般万用表可测量直流电流、直流电压、交流电流、交流电压、电阻和音频电平等，有的还可以测量电容量、电感量及半导体的一些参数(如 β)。

图3-138　数字式万用表

数字式万用表(图3-138)可以用来测量直流和交流电压、直流和交流电流、电阻、电容、电感、频率、电池、二极管、三极管 h_{FE} 及连续性测试，并具有自动断电功能，整机电路设计以大规模集成电路双积分A/D转换器为核心，并配以全过程过载保护电路，使之成为一台性能优越的工具仪表。

(二)兆 欧 表

兆欧表(图 3-139),主要用于测量电气设备的绝缘电阻。它是由交流发电机倍压整流电路、表头等部件组成。兆欧表摇动时,产生直流电压。当绝缘材料加上一定电压后,绝缘材料中就会流过极其微弱的电流,这个电流由三部分组成,即电容电流、吸收电流和泄漏电流。兆欧表产生的直流电压与泄漏电流之比为绝缘电阻,用兆欧表检查绝缘材料是否合格的试验叫绝缘电阻试验,它能发现绝缘材料是否受潮、损伤、老化,从而发现设备缺陷。

数字式兆欧表(图 3-140)由大规模集成电路组成,是由机内电池作为电源经 DC/DC 变换产生的直流高压并由 E 极出经被测试品到达 L 极,从而产生一个从 E 到 L 极的电流,经过电流/电压变换后,再经过除法器完成运算,直接将被测的绝缘电阻值由 LCD 显示出来。其具有输出功率高,短路电流值高,输出电压等级多,抗干扰能力强的特点。

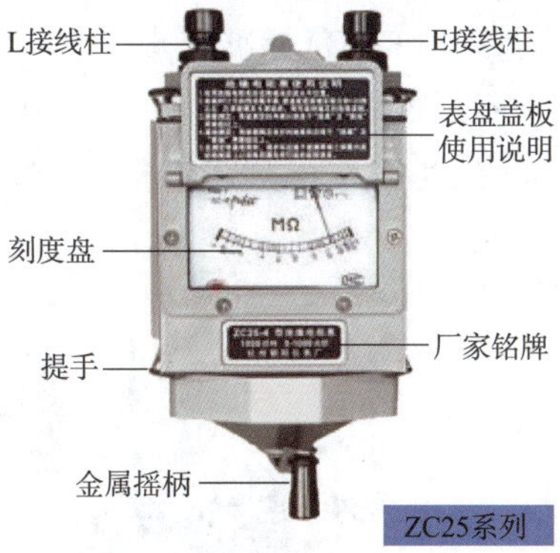

图 3-139　机械式兆欧表

图 3-140　数字式兆欧表

(三)钳形电流表

钳形电流表(图 3-141)是一种相当方便的测量仪器,它最大的特点就是不需剪断电线,而能测量电流值。当作业人员用一般电表测量电流时,需要把线剪断并把电表连接到被测电路,但是使用钳形电流表的话,作业人员只要把钳形电流表夹在导线上便可以测量电流。此种测量方式最大的益处就是可以测量大电流而不需关闭被测电路。

一般而言,钳形电流表的动作是根据电流感应的原理。其中电流感应器搜集导体产生的磁力线。假定流过导线的电流为一次电流,则由电流感应夹上二次线圈产生的电磁感应,得到与一次侧成比例的电流。而感应夹是和钳形电流表上的测量电路相连,因此可以在荧幕上得到交流电流的读值。

图 3-141　钳形电流表

(四)接地电阻测试仪

接地电阻就是电流由接地装置流入大地,再经大地流向另一接地体或向远处扩散所遇到的电阻,它包括接地线和接地体本身的电阻、接地体与大地的电阻之间的接触电阻以及两接地体之间大地的电阻或接地体到无限远处的大地电阻。接地电阻的大小直接体现了电气装置与“地”接触的良好程度,也反映了接地网的规模。而接地电阻测试仪(图3-142)主要由手摇发电机、电流互感器、滑线电阻及检流计等组成,可测量接地电阻、土壤电阻率、接地阻抗、接地引下线导通电阻等。

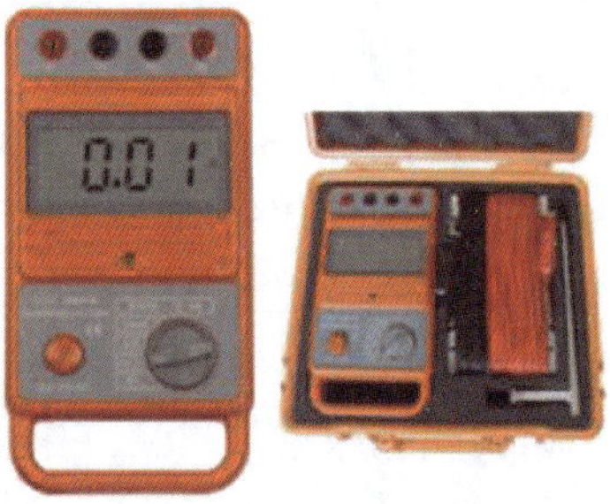

图3-142　接地电阻测试仪

(五)无线高压核相仪

无线高压核相仪(图3-143),应用于电力线路、变电所的相位校验和相序校验,具有核相、测相序、验电等功能,具备很强的抗干扰性,符合(EMC)标准要求,适应各种电磁场干扰场合。将被测高电压相位信号由采集器取出,经过处理后直接发射出去。由核相仪接收并进行相位比较,对核相后的结果定性。因本无线高压核相仪是无线传输,能达到安全可靠、快速准确,适应各种核相场合。

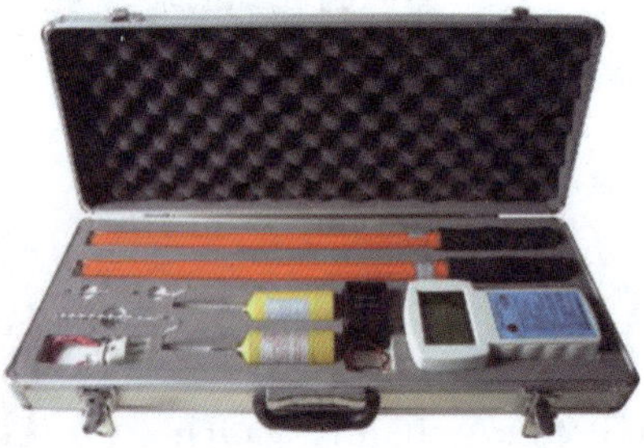
图3-143　无线高压核相仪

图3-144　红外测温仪

(六)红外测温仪

红外测温仪(图3-144)的测温原理是将物体发射的红外线具有的辐射能量转变成电信号,红外线辐射能量的大小与物体本身的温度相对应,根据转变成电信号的大小,可以确定物体的温度。在使用前一般要了解被测目标的温度、被测目标大小、测量距离、被测目标材料、目标所处环境、响应速度要求、测量精度要求以及用便携式还是在线式等。根据现场需要,使用合适型号的红外测温仪。

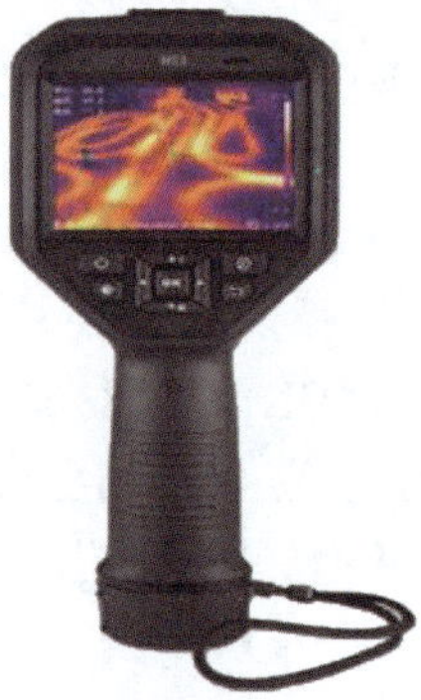
图3-145　红外热成像仪

(七)红外热成像仪

红外热成像仪(图3-145)是通过非接触探测红外能量(热

量)，并将其转换为电信号，进而在显示器上生成热图像和温度值，并可以对温度值进行计算的一种检测设备。热成像仪能根据红外特征产生优质的图像。它无须借助星光、月光，而是利用物体热辐射的差别成像。屏幕亮度处表示温度高，暗处表示温度低。性能好的热成像仪，能反映出千分之一度的温差，能透过烟雾、雨雪成像。

(八)紫外成像仪

供电线路和变配电所在设备在大气环境下工作，在某些情况下随着绝缘性能的降低而出现结构缺陷或表面局部放电现象。在电晕和表面局部放电过程中，电晕和放电部位将大量辐射紫外线，这样便可以利用电晕和表面局部放电产生的紫外线间接评估运行设备的绝缘状况并及时发现绝缘设备的缺陷。目前，可用于诊断目的的放电过程的各种方法中，光学方法的灵敏度、分辨率和抗干扰能力最好。即采用高灵敏度的紫外线辐射接收器即紫外成像仪，记录电晕和表面放电过程中辐射的紫外线，再加以处理、分析，达到评价设备状况的目的，常见新型紫外成像仪有 CoroCAM 系列紫外成像仪(图 3-146)。

图 3-146　紫外成像仪

(九)电力电缆故障测试装置

电力电缆故障测试装置(图 3-147)是依据电力电缆故障的测试步骤和故障性质设计生产的。主要有电力电缆故障测距仪(行波法和阻抗法)、电缆故障定点仪、高压信号发生器、电缆路径鉴别综合测试仪(由发射仪和接收仪组成)等。在装置的组合和相互配合下，可基本解决电力电缆故障的查找问题。

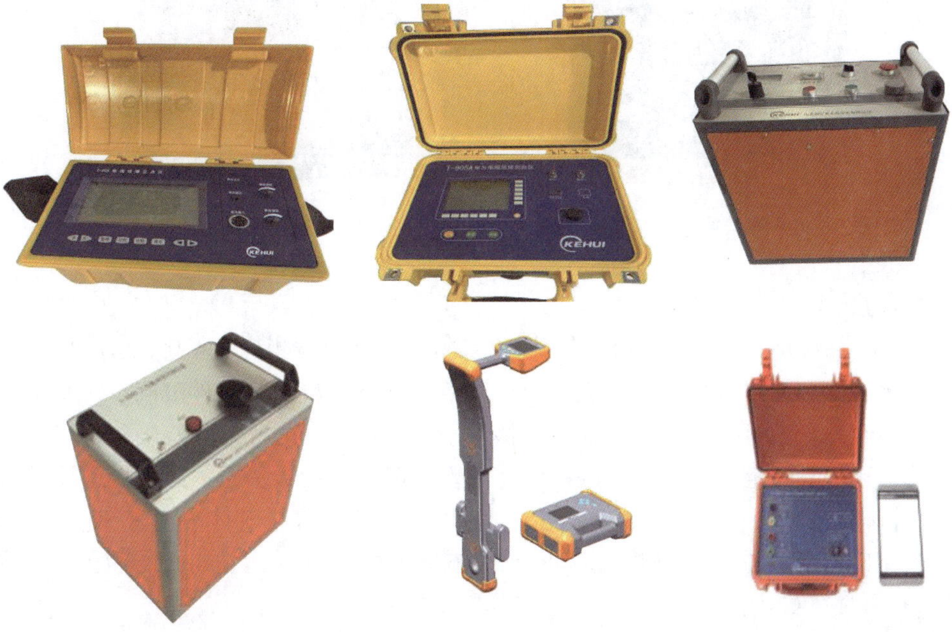

图 3-147　电力电缆故障测试装置

常见的设备有 T-905A 系列电力电缆故障测距仪、T-505 系列电缆故障定点仪、T-303A 系列高压发生器、T-300 电缆路径鉴别综合测试仪、T-H300 电阻法电缆故障智能测距仪等。

(十)手持式电能质量分析仪

电能质量分析仪(图 3-148)是集电能质量分析、电参量测试、电力矢量分析为一体的多功能测试仪器。该仪器配备高精度、高线性度的电压互感器和电流互感器,使仪器对各种参量的测量精度很高,同时配有钳形电流互感器,使得现场接线简便。仪器内置大容量掉电不丢失数据存储器,可将现场校验数据保存下来,提供后台微机管理软件,将结果上传至计算机,实现计算机化管理。

(十一)氧化锌避雷器在线检测仪

氧化锌避雷器测试仪是用于检测氧化锌避雷器各项相关电气参数的专用仪器,广泛应用于氧化锌避雷器的在线监测(带电测试)和实验室(停电检修)测试。仪器采用微电脑采样、控制技术,可测量氧化锌避雷器工频电压下的全电流、三次谐波、阻性电流、阻性电流峰值、容性电流、有功功率等;并显示电压、电流的波形;打印测试结果。仪器采用大屏幕液晶显示,汉字菜单提示操作,可提供现场的接线显示,使人机交换功能更强。常用的新型氧化锌避雷器测试仪有 YBC-Ⅲ型氧化锌避雷器测试仪(图 3-149)。

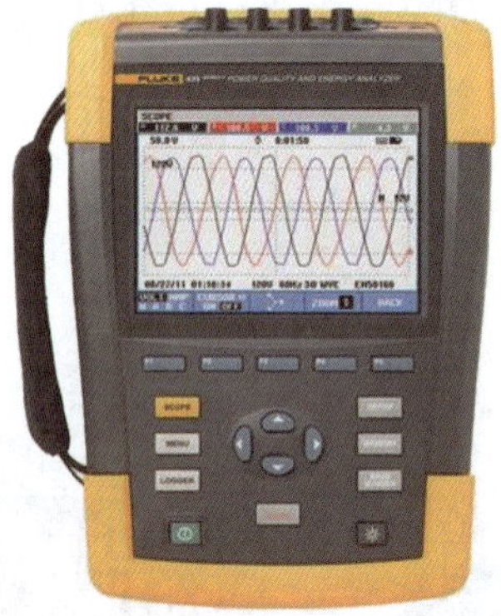

图 3-148　手持式电能质量分析仪

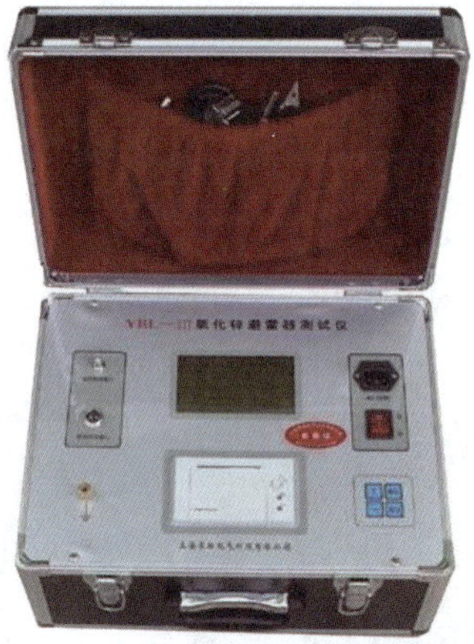

图 3-149　氧化锌避雷器测试仪

(十二)SF_6气体泄漏检测仪

SF_6气体泄漏检测运用的是红外光谱吸收技术。与其他检测技术相比,运用红外光谱吸收技术检测 SF_6气体,检测精度高,稳定可靠,且不受环境温湿度等条件限制。实验证明,当特定波段的红外光通过 SF_6气体时,这些气体分子对特定波长的红外光有吸收,其吸收关系服从朗伯—比尔吸收定律,即吸收与 SF_6气体浓度呈现自然指数关系。运用以上原理,设计相应 SF_6气体泄漏检测仪(图 3-150),采用主动吸气方式,当采样气体中含有 SF_6气体时,通过检测气室的红外光能强度将相应减弱,根据减弱的幅度,运用朗伯—比尔吸收定律可以计算出 SF_6气体浓度。

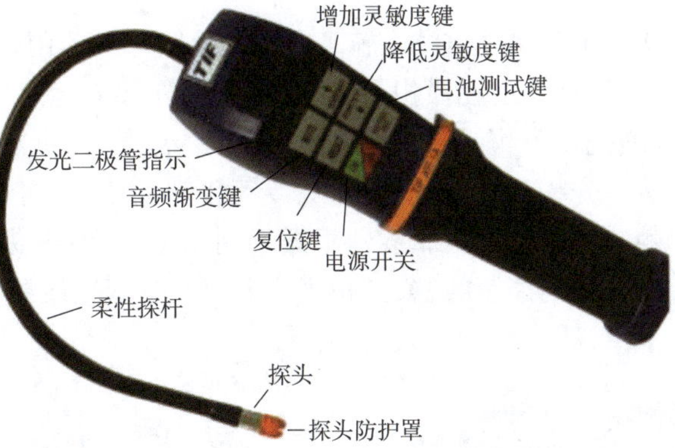

图 3-150　SF_6气体泄漏检测仪

四、常用工具器具

（一）棘轮断线钳

棘轮断线钳（图 3-151），也叫齿轮断线钳，是一种夹钳和剪切工具。作为电力系统中夹断线索的常用工具，它具有结构独特、外观新颖、可随意进刀或退刀、操作灵便的特点，是切割导线、圆钢，剪切钢的最佳工具。剪切钢绞线、钢丝绳更显特色。广泛用于电力、邮电、铁路、建筑、消防等施工、检修及野外高处、水下作业。

（二）放线滑轮

放线滑轮（图 3-152）是挂于放线段内各杆塔上，用于支承导线使之顺利展放的工具。放线滑轮主要分为地缆滑轮、电缆滑轮、朝天滑轮、尼龙滑轮、电缆导线放线滑轮、大直径放线滑车、座挂两用放线滑车、地线放线滑车、起重滑轮。在高速铁路中主要用于铺放电缆时起到保护的作用，省时省力。

图 3-151　棘轮断线钳

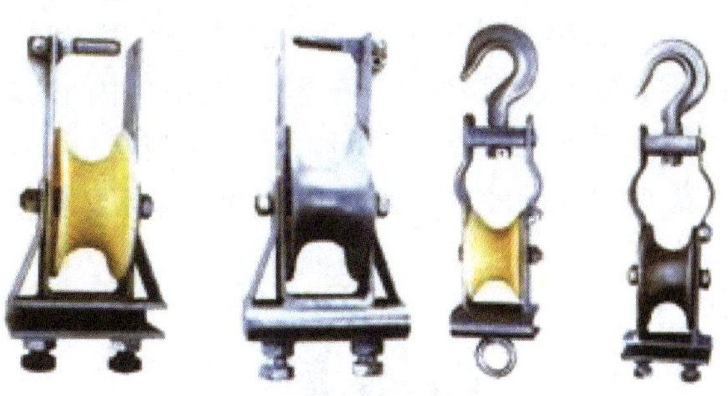

图 3-152　放线滑轮

（三）液压导线压接钳

液压导线压接钳（图 3-153）在电力系统中的主要作用为压接导线或电缆芯线接头。液压钳分为分离式/整体式电缆液压钳、机械电缆接线钳、钢芯电缆液压钳、手动液压钳、电动液压钳等。

(四)紧线器

紧线器(图3-154)是在架空线路敷设施工中作为拉紧导线使用。使用时先把紧线器上的钢丝绳或镀锌铁线松开,并固定在横担上,用夹线钳夹住导线,然后扳动专用扳手。由于棘爪的防逆转作用,逐渐把钢丝绳或镀锌铁线绕在棘轮滚筒上,使导线收紧。把收紧的导线固定在绝缘子上。然后先松开棘爪,使钢丝绳或镀锌铁线松开,再松开夹线钳,最后把钢丝绳或镀锌铁线绕在棘轮的滚筒上。紧线器根据不同用途分为:虎头紧线器、曲齿紧线器、铁线紧线器、双钩紧线器、多功能紧线器、三角紧线器以及日式夹线器。

图3-153　液压导线压接钳

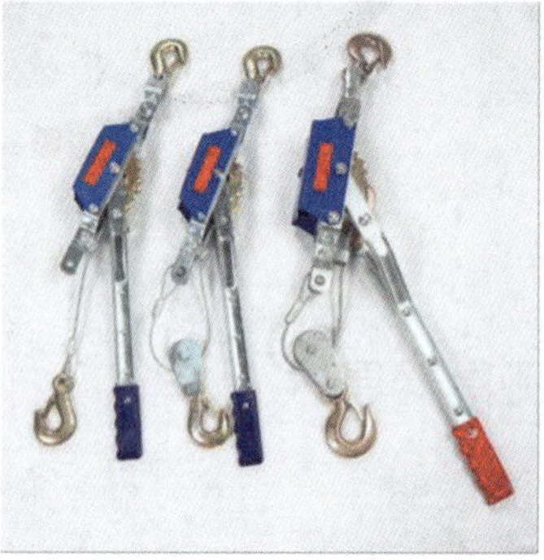

图3-154　紧线器

(五)电缆头制作专用工具

在电缆头制作时,主要用到的专用工具是电缆剥除器(图3-155),电缆剥除器俗称电缆剥皮器。主要是为了提高电缆终端头或中间头的制作效率及质量,一般电缆剥除器均为成套产品,不同的产品有不同的功能,电缆剥除器为新型常用电缆头制作工具。电缆剥除器一般是指电缆主绝缘层剥除器、电缆外半导体层剥除器和电缆外护套剥除器。

(六)充电式电缆切刀

充电式电缆切刀(图3-156)是一种新型电动夹钳和剪切工具,广泛应用于电力作业中,其特点是电池所需充电时间约为1 h,锻造刀刃,剪切效率高且强韧耐用,产品设计可切断坚韧的铜线和铝线,刀刃可以完全打开,适合中间切断作业,活动刀刃具有导引齿,使刀刃咬合更平顺,减速机构传动,可正反转,切断完成可退回所需空间进行下次作业,内建超载保护装置,超过切断能力自动断电,质量轻,适合单手操作,适合于各类线缆切断作业使用。

图3-155　电缆剥除器

图3-156　充电式电缆切刀

复习思考题

1. 一级负荷电力贯通线路、综合负荷电力贯通线路分别主要为哪些负荷提供电源?
2. 铁路用户受电端电压波动幅度是多少?
3. 铁路变配电所的贯通线馈出柜一般设置哪些保护功能?
4. 枢纽地区的电力供电方式分为哪两类?
5. 电力设备运行工作主要有哪些?
6. 电力作业人员应做好哪些工作?
7. 铁路电力设备检修分类有哪些?
8. 铁路电力抢修原则是什么?
9. 电力设备鉴定质量等级是如何划分的?
10. 电力履历簿由哪些表格组成?
11. 铁路电力试验分为哪几类?
12. 电力电缆故障测试装置主要有哪些仪器组成?

引用规章文件

[1]《铁路电力管理规则》(铁运〔1999〕103 号)第二章第 13 条
[2]《高速铁路电力管理规则》(铁总运〔2015〕49 号)第三章第 12 条
[3]《高速铁路电力管理规则》(铁总运〔2015〕49 号)第三章第 11 条
[4]《铁路电力管理规则》(铁运〔1999〕103 号)第二章第 22 条
[5]《铁路电力管理规则》(铁运〔1999〕103 号)第二章第 23 条
[6]《铁路电力管理规则》(铁运〔1999〕103 号)第三章第一节
[7]《铁路电力管理规则》(铁运〔1999〕103 号)第三章第 62 条
[8]《高速铁路电力管理规则》(铁总运〔2015〕49 号)第四章第 31 条
[9]《铁路电力安全工作规程》(铁运〔1999〕103 号)第四章第 56 条
[10]《铁路电力安全工作规程》(铁运〔1999〕103 号)第四章第 57 条
[11]《铁路电力管理规则》(铁运〔1999〕103 号)第二章第 47 条
[12]《铁路电力管理规则》(铁运〔1999〕103 号)第二章第 50 条
[13]《铁路电力管理规则》(铁运〔1999〕103 号)第四章第 91 条
[14]《铁路电力管理规则》(铁运〔1999〕103 号)第四章第 88 条
[15]《高速铁路电力管理规则》(铁总运〔2015〕49 号)第六章第 54 条
[16]《高速铁路电力管理规则》(铁总运〔2015〕49 号)第六章第 60 条
[17]《高速铁路电力管理规则》(铁总运〔2015〕49 号)第六章第 63 条

[18]《高速铁路电力管理规则》(铁总运〔2015〕49 号)第六章第 66 条
[19]《高速铁路电力管理规则》(铁总运〔2015〕49 号)第六章第 61 条
[20]《高速铁路电力管理规则》(铁总运〔2015〕49 号)第六章第 65 条
[21]《高速铁路电力管理规则》(铁总运〔2015〕49 号)第六章第 71 条
[22]《铁路电力管理规则》(铁运〔1999〕103 号)第五章第 95 条
[23]《铁路电力管理规则》(铁运〔1999〕103 号)第五章第 96 条
[24]《铁路电力管理规则》(铁运〔1999〕103 号)第五章第 94 条
[25]《电气装置安装工程　电气设备交接试验标准》(GB 50150—2016)
[26]《电力设备预防性试验规程》(DL/T 596—2021)
[27]《继电保护和电网安全自动装置检验规程》(DL/T 995—2016)

第四章

铁路电力安全工作

学习任务

铁路电力作业人员经常处于高处、高压的作业环境中，存在着高处坠落、意外触电等风险。因此，需要严格落实各项安全保证措施，从人防、物防、技防着手，进一步规范电力作业流程，建立健全各项规章制度，保障电力人员现场作业安全。

本章围绕《铁路电力安全工作规程》，介绍电力作业人员的基本条件和作业安全规定，保证停送电安全的组织措施和技术措施，运行与维护作业安全，架空线路和电缆线路作业安全，回转电机、厂用电气设备、一般工具、栅栏内和SF_6电气设备作业安全，电气化铁路安全规定。

通过学习，牢记《铁路电力安全工作规程》相关内容，掌握各类电力作业、电气化铁路安全规定，牢固树立安全意识，严格落实作业标准，真正做到让标准成为习惯。

第一节　一般规定

一、电压等级[1]

运行中的供电设备是指全部带有电压，或部分带有电压及一经操作即可带有电压的设备。

铁路供电设备一般可分为高压和低压两种。高压指设备对地电压在 250 V 以上者；低压指设备对地电压在 250 V 及以下者。

国家电网对于电压的划分：1 kV 以下者划为低压，1 ~ 66 kV 为中压，66 ~ 330 kV 为高压，330 ~ 750 kV 为超高压，750 kV 以上为特高压。

二、电力作业人员的基本条件[2]

电力作业人员的基本条件为：

1. 经医师鉴定，无妨碍工作的病症。一般作业人员体格检查每 2 年至少一次；参加高处作业(在坠落高度基准面 2 m 及以上的高处进行的作业,视作高处作业)的人员,体格检查应每年进行一次。

2. 具备必要的电气知识和业务技能,并根据工作性质,熟悉《铁路电力安全工作规程》相关内容,经考试合格。

3. 具备必要的安全生产知识,学会紧急救护法,特别要学会触电急救。

4. 从事高速铁路作业的人员应取得相关作业资质。

铁路电力工作对身体条件有一定要求,《铁路电力安全工作规程》对妨碍从事电力工作的病症有具体描述,如心脏病、神经病、癫痫病、聋哑、色盲症、高血压等,应理解为包括但不限于以上病症,具体还应以医师意见和实际情况为准。

三、教育和培训[3]

电力作业人员的教育和培训具体内容为:

1. 各类作业人员均应接受相应的安全生产教育和岗位技能培训,经考试合格后方可上岗。

2. 电力工作人员应每年参加《铁路电力安全工作规程》考试 1 次。因故间断电气工作连续 3 个月以上者,应重新学习,并经考试合格后,方能恢复工作。

3. 新参加电气工作的人员、实习人员和临时参加劳动的人员(管理人员、非全日制用工等),应经过安全知识教育后,方可随同参加指定的工作,并且不得单独工作。

4. 外单位承担或外来人员参与铁路电力工作的工作人员,应熟悉《铁路电力安全工作规程》并经考试合格,经设备运行管理单位认可后,方可参加工作。工作前,设备运行管理单位应告知现场电气设备接线情况、危险点和安全注意事项。

其中电力作业人员应具备必要的电力专业知识,熟悉安全规程有关内容。应特别注意对新参加电力工作的人员、实习人员和临时参加劳动人员的规定:只能随同参加指定工作(如设备巡视、清扫等),不得单独工作。电力作业现场电气环境复杂,上述人员不熟悉设备运行方式、停电范围和带电设备,单独工作极易误登、误触带电设备,酿成事故。

对于外来人员参与铁路电力工作,最大的问题是不熟悉设备运行情况,不清楚误动电力设备可能给铁路运输生产造成的影响。这方面问题比较突出的是综合自动化系统设备生产厂家负责调试、维护的技术人员,误操作开关风险较大。作业过程中,告知现场电气设备接线情况、危险点和安全注意事项的同时,应有专人配合、监护。

第二节 停送电作业安全

在铁路电力作业中,一般分为停电作业、带电作业、邻近带电作业和不停电作业四种。停、送电过程是防止人身触电事故的两个关键环节。

在运行中的高压设备上作业可分为四类[4]:

1. 全部停电作业,系指电力线路全部中断供电或变配电设备进出线全部断开的作业。

2. 邻近带电作业,系指变配电所内停电作业处所附近还有一部分高压设备未停电;停电作业线路与另一带电线路交叉跨越、平行接近,安全距离不够者;两回线以上同杆架设的线路,在一回线上停电作业,而另一回线仍带电者;在带电杆塔上刷油、除鸟巢、紧杆塔螺栓等的作业。

3. 不停电的作业,系指本身不需要停电且无偶然触及带电部分可能的作业。如更换绑桩、涂写杆号牌、修剪树枝、更换灯泡、检修外灯伞等作业。

4. 带电作业,系指采用各种绝缘工具带电从事高压测量工作,检修或穿越低压带电线路,拆、装引入线等工作,以及在高压带电设备外壳上的工作。

其中停电作业是铁路电力最常用的作业方式。通常情况下,把停电作业前的停电操作过程和作业结束后的送电操作过程也称为停、送电作业。一是作业前的停电作业,二是作业结束后的送电作业。

停电和送电是电力作业过程最重要的环节,是保证作业安全的关键。停电、送电过程一旦出现错误或遗漏,都可能造成作业设备带电,直接威胁作业人员人身安全,发生人身伤亡事故。停电、送电作业过程必须严格遵守规程相关规定,保证作业人员人身安全。

停电在作业前进行,是电力作业的重要前提条件。停电要彻底,要保证作业设备彻底断开电源,防止发生错停电、漏停电、反送电、感应电等问题。停电后还要通过验电措施确定设备已经无电,通过装设接地封线防止意外来电伤人,保证现场满足作业条件。

送电在作业结束后进行,要严格遵守送电标准流程。在人员没有完全撤离、地线等安全措施没有完全撤除时,一是禁止提前送电,二是防止误送电(图 4-1),以免造成人身触电事故。

图 4-1 送电作业注意事项

简而言之,在停送电作业环节上,停电要彻底,采取的安全措施要完备,送电要严格遵守流程。

为了保证停、送电作业安全,《铁路电力安全工作规程》中详细规定了保证安全的组织措施和保证安全技术措施。

一、保证安全工作的组织措施

在电力设备上工作,保证安全的组织措施有:工作票制度(包括口头命令或电话命令)、工作许可制度、工作监护制度、工作间断和转移工地制度、工作结束和送电制度[5]。

(一)工作票制度[5]

电力工作票的基本思想:为了保证作业安全,凡是涉及有计划作业的停送电及安全措施,要在作业前写在纸上(工作票),经审核无误后,作业时严格执行。

在电力设备上工作,应遵守工作票制度,其方式有:填用停电作业工作票;填用带电作业工作票;填用倒闸作业票;以口头或电话命令时,应填入安全工作命令记录簿。安全工作命令记录簿应看作与工作票同等重要。

电力停电作业前,必须签发工作票(电力应急抢修除外,但也要采取完备的安全措施)。工作票由签发人填写、核对、签字,经有关人员复核、审批、签字后下发。工作票是工作执行人在作业全过程中所遵循的重要流程和依据。工作票是生命票,工作票制度是保证电力作业安全最重要的一项基本制度,必须严格遵守。

1. 在下列设备上全部停电、邻近带电的作业,应签发停电工作票。

(1)高压变、配电设备上的作业;

(2)高压架空线路和高压电缆线路上的作业;

(3)高压发电所停电(机)检修,或两套以上有并车装置的低压发电机组,其中任一机组停电作业;

(4)在控制屏(台)或高压室内二次接线和照明回路上工作时,需要将高压设备停电或采取安全措施者;

(5)在两路电源供电的低压线路上的作业。

2. 在下列设备上作业,应填写带电作业工作票。

(1)在高压线路和两路电源供电的低压线路上的带电作业;

(2)在控制屏(台)和二次线路上的工作,无需将高压设备停电的作业;

(3)在旋转的高压发电机励磁回路上,或高压电动机转子电阻回路上的工作;

(4)用绝缘棒和电压互感器定相,以及用钳形电流表测量高压回路的电流。

3. 在下列设备上作业,按口头或电话命令执行。

(1)单一电源供电的低压线路停电作业;

(2)测量接地电阻,悬挂杆号牌,修剪树枝,测量电杆裂纹,打绑桩和杆塔基础上的工作;

(3)低压电缆上的作业;

(4)拉、合线路高压开关,配电变压器一、二次开关和变配电所内开关的单一操作。

通常情况下,停电作业工作票要明确:谁来负责此次作业?有哪些组员参加作业?对设备怎么停电?工作地点在哪里?工作任务是什么?应采取哪些安全措施?各项工作由谁去完成?工作票制度就是解决这些安全问题的保障。停电作业工作票如图4-2所示。

停电作业工作票

编号：

1. 工区（班组）名称：______________________
2. 工作执行人姓名：______________________
3. 工作组人员：______________________

______________________ 共 ___ 人

4. 停电线路名称（双回线路应注明双重称号）：______________________

____

5. 工作地段（注明分、支路名称，线路的起止杆号）：______________________

____

6. 工作任务：______________________
7. 应采取的工作措施［包括拉开的隔离开关（刀闸）、断路器（开关）、应停电的范围］：

____

____

保留的带电线路或带电设备：______________________

____

应挂的地线：

线路名称及杆号				
接地线编号				

8. 计划工作时间：自 ___ 年 ___ 月 ___ 日 ___ 时 ___ 分

至 ___ 年 ___ 月 ___ 日 ___ 时 ___ 分

9. 许可开始工作的命令：

许可的命令方式	许可人	许可工作的时间
		年　月　日　时　分

10. 工作终结的报告：

终结报告的方式	许可人	终结报告的时间

工作票签发人（签字）：　　　　年　　月　　日

工作票执行人（签字）：

备　注　栏

年　　月　　日

图 4-2　停电作业工作票

工作票签发执行过程中，签发人、执行人、审核人、批准人均需遵照流程由本人签字，并承担相应的安全责任和法律责任，如图 4-3 所示。

图 4-3　工作票签发执行过程

4. 工作票所列人员的条件和责任

(1)工作票签发人由工长、调度员、所主任、技术人员或段总工程师指定人员担任,其责任是:确认工作的必要性;采取正确、完备的安全措施;确指派各项工作人员。

(2)工作领导人由所主任、技术人员或工长担任,负责统一指挥两个以上工作组的同时作业和总的作业安全。

(3)工作执行人由熟悉设备、工作熟练、责任心强、有一定组织能力的人员担任,其责任是:检查现场安全措施是否完备;向工作组员正确布置工作,说明停电区段和带电设备的具体位置;监护工作组员的安全,检查工作质量,按时完成任务。

(4)工作监护人由配电值班员或能独立工作、熟悉设备和有一定工作经验的人员担任,其责任是:在现场不断监护工作人员的安全;发现危及人身安全的情况时,应立即采取措施,坚决制止继续作业;一旦发生意外情况,应迅速采取正确的抢救措施。

(5)工作许可人由配电值班员或能独立工作、熟悉设备和有一定工作经验的人员担任。在线路停电作业时,由工作执行人指定工作许可人完成有关安全措施,其责任是:完成作业现场的停电、检电、接地封线等安全措施;检查停电设备有无突然来电的可能;向工作执行人报告允许开工时间。

(6)工作组员由技术、安全考试合格者担任,其责任是:明确所分担的任务,并按时完成;严格遵守纪律,执行安全措施,关心组员的安全;发现问题及时向工作执行人提出改进意见。

由于电力工作复杂性,保证安全尤为重要。故工作票签发人不能兼任工作执行人;工作领导人、工作执行人均不能兼任工作许可人。通过对作业组织过程中重要角色的界定,让多人参与作业组织流程,防止因工作票签发错误、安全措施不完备等造成作业事故。这是工作票制度管理过程的关键环节,是底线也是红线,不可逾越。

5. 工作票填写、流转

(1)“停电作业工作票”可用钢笔、圆珠笔填写或电子版进行流转、打印,但“已采取的安全措施”和现场写实部分应用钢笔、圆珠笔填写,字迹清楚,不得涂改。

(2)工作中如需改变工作内容及扩大或变更工作地点时,应更换新的工作票。

(3)工作执行人要求变更工作组员时,应取得工作票签发人同意,并在工作票内注明变更理由。

(4)工作票的有效期不得超过3天,工作间断超过24 h应重新填发工作票。

6. 工作票的签发、管理

(1)一般一个工作地点或一个检修区段填发一张工作票。当一个工作执行人负责的工作尚未结束以前,禁止发给另一张工作票。

(2)发给工作领导人的工作票,应注明工作组数及各工作执行人的姓名。

(3)各工作负责人在工作前对工作票中的内容有疑问时,应向签发人询问明白,然后进行工作。

(4)事故紧急处理可不签发工作票,但必须采取安全措施。

(二)工作许可制度[6,7]

工作许可制度是指在作业中,在停、送电环节上设置的允许或许可要求,这是一项强制性流程,没有许可,严禁作业,如图4-4所示。工作许可人是落实工作许可制度的主要人员。一般情况下,在作业前由工作许可人根据工作票要求,对作业线路或设备采取停电、检电、接挂地线、悬挂标示牌及装设防护物等。工作许可人采取上述安全措施后,向工作执行人(领导人)报告并签字后,工作领导人才能发布开工命令。

图4-4 工作许可制度

在不经变配电所停电的线路上作业时,由工作执行人指定工作许可人完成安全措施后可开始工作。凡经变配电所停电的作业,工作许可人(值班员)应审查工作票所列安全措施是否完备,是否符合现场条件,在完成所内停电、检电、接地封线等安全措施后还应落实以下方面。

(1)会同工作执行人检查安全措施,以手触试证明检修设备确无电压。

(2)对工作执行人指明带电设备的位置,接地线安装处所和注意事项。

(3)双方在工作票上签名后方可开始工作。

铁路电力设备具有点多线长的特点,特别是自闭、贯通线路作业过程中,需要多人协作,在工作执行人的安排下完成安全措施。

工作执行人、工作许可人都不得擅自变更安全措施,值班员不得变更检修设备的运行接线方式。遇有特殊情况需要变更时,应取得工作票签发人的同意。

停电作业的线路与其他单位的带电线路交叉跨越安全距离不够时,应同有关单位办理停电许可手续。

严禁约定时间停电、送电。约定时间停电、送电在电力作业过程中坚决禁止,这方面电力作业人员有过很多教训。

高速铁路电力运行监视和停送电操作均由供电调度负责,高速铁路电力作业前应取得铁路局集团公司供电调度电话命令或许可。受令人和发令人双方均应认真记录,发令人做好录音,受令人复诵无误后方可执行。

(三)工作监护制度[8]

工作监护制度是对在作业中设置安全监护的具体要求。一人作业,一人监护;整组作业,专人监护。无论是在停送电作业环节,还是在整组作业过程中,安全监护要贯穿全过程。监护人的职责是遵循《铁路电力安全工作规程》规定。监护人在监护过程中要对作业组员情况、设备情况、外界因素变化情况进行全过程认真监护,必要时采取强制的安全手段和措施,保证作业安全。

工作监护制度是保证人身安全和正确操作的重要措施。在作业过程中,工作监护人和工作执行人都应在现场认真监护工作组员的安全。工作组员应服从工作执行人和监护人的指挥。完成工作许可手续后,工作执行人(监护人)应向工作组员交代带电部位,已采取的安全措施和其他注意事项。在下列情况下工作执行人可参加具体工作。

1. 在变配电设备上进行全部停电作业。

2. 在变配电设备上进行邻近带电作业,工作组员不超过 3 人,且无偶然触及带电设备可能时。

3. 架空线路停电作业的工作地点较集中,且附近又无其他电线路时。

对工作条件复杂,有触电危险的工作,应设专职监护人。专职监护人不得兼任其他工作。

在工作中遇有雷、雨、暴风或其他威胁工作组员安全的情况时,工作执行人或监护人应及时采取措施,必要时停止工作。

一般情况下,在变配电所内作业时,对于有人值班的变配电所,由值班员担任监护人;无人值班的所内作业或是外线作业,由工作票签发人或工作执行人指定能独立工作、熟悉设备和有一定工作经验的人员担任监护人。

(四)工作间断及转移工地制度[9]

工作间断及转移工地制度,就是工作间断或是转移作业地点时保证在安全方面的制度。一般情况下,电力作业均是一次性完成。但也存在着因作业时间较长,作业者中途就餐、休息或是其他原因暂时中断作业;或因作业需要,一个工作组按照工作票要求在几个工作地点依次推进作业,这时就要执行"工作间断及转移工地制度"。

工作间断时,如工作人员离开作业现场,则工作执行人必须派人看守作业现场,以防止接地线、警告牌、防护物等安全设施脱落、丢失,开关被误动作等问题发生(有外来人员、调度远动误操作、现场应急错误分合开关等)。在恢复作业前,工作执行人要全面检查现场安全措施。

转移作业工地时,一个工作组按照工作票在几个工作地点依次进行工作时,工作人员在规定时间内只可在指定地点工作,严禁盲目臆测行事,如无工作执行人命令,不得自行转移工地,以防止发生走错作业地点、误登有电电杆、独自一人作业等问题发生。每次转移到新工地时,应履行工作许可手续,并在工作票上注明新工作地点及在安全措施栏内记入装设接地线的电杆杆号等。转移工地时,应在工作票上填记相关内容。严禁作业结束后凭记忆补记和造假。

关于工作间断及转移工地制度的规定,可参考《铁路电力安全工作规程》第 29 ~31 条。

(五)工作结束和送电制度[10]

就人身安全而言,送电环节比停电环节风险更大。一旦发生误送电、错送电等问题,会给作业者的生命安全带来严重威胁,后果不堪设想。

一次作业结束后,在撤除安全措施之前(这是作业结束制度的关键点),必须进行人员、材料、工具的清点并进行报告。这项工作一般由工作执行人进行,要检查和清点作业组员是否全部撤离作业现场,清点工具材料,检查作业质量,清点作业组员和机具材料要做到一人不少,一项不漏,并做好登记和签字。

送电由工作许可人完成。在作业结束后送电之前,接到命令后,由工作许可人(值班员、调度)完成下列措施:撤除地线等安全措施,摘下标示牌(警告牌),撤除防护物,确认无误后方可合闸送电。送电期间,工作执行人、许可人要准确复核、确认,在工作票或相关表簿上做好记录并签字。

送电前,要注意以下几个重点环节:工作组员是否全部撤离,接地线、标志牌防护物等安全措施数量是否正确,临时地线、短接封线是否撤除,合闸送电命令是否正确,送电中变压器二次开关是否有遗漏等。

送电后,工作执行人应检查设备运行情况,正常后方可离开现场。

关于工作结束和送电制度的规定,可参考《铁路电力安全工作规程》第 32 条。

二、保证安全的技术措施

保证安全的技术措施是指在一次作业中承担安全职能的人员(一般指工作许可人、监护人和工作执行人)在作业前对停电设备采取的技术手段、措施和方法,从而在技术层面上保证一次作业的绝对安全。

在全部停电作业和邻近带电作业,必须完成停电、检电、接地封线、悬挂标示牌及装设防护物的安全措施[11],如图 4-5 所示。

图 4-5　安全措施

停电、检电、接地封线工作必须由二人进行(一人操作,一人监护),如图4-6所示。操作人员应戴绝缘手套,穿绝缘鞋(靴),戴护目镜,用绝缘杆操作(机械传动的开关除外)。人体与带电体之间的安全距离应保持不小于表4-1规定的安全距离[11]。

图4-6　倒闸作业

表4-1　人体与带电体之间的最小安全距离

带电体电压(kV)	有安全遮栏的最小安全距离(m)	无安全遮栏的最小安全距离(m)
6~10	0.35	0.70
10~35	0.60	1.00
35~66	1.50	2.00

除《铁路电力安全规程补充规定》第7条规定变、配电所高压设备符合可由单人操作条件,现场作业时,应根据情况确定操作方式。

(一)停　　电[12,13]

电力线路作业时,必须停电的设备:

(1)作业的线路,即断开发电所(车)、变配电所向作业线路送电的断路器、隔离开关或断开作业线路各端的柱上断路器、隔离开关或熔断器。

(2)断开有可能将低压电反送到高压侧的开关。

(3)工作人员的正常活动范围与带电设备之间的安全距离小于表4-2规定的检修线路和邻近、交叉的其他线路。

表4-2　电力线路检修时的安全距离

带电导线电压(kV)	检修的线路(m)	邻近、交叉的其他线路(m)
1	0.2	0.2
1~10	0.7	1.0
10~35	1.0	2.5
35~66	1.5	3.0

(4)与接触网合架的高压电力线路必须利用接触网停电“天窗”时间作业。

需要强调地是停电要彻底:一是作业线路所有可能来电方向都要彻底断开;二是要拉开变压器、电压互感器的低压开关,防止二次反送电造成人身触电。

停电检修时,必须把各方面的电源完全断开(运用中的星形接线设备的中性线,应视为带电设备)。断开断路器、隔离开关的操作电(能)源。断路器、隔离开关的操作机构必须加锁。检查柱上断路器“分、合”指示器。禁止在只经断路器断开电源的设备上工作,必须拉开隔离开关,使各方面至少有一个明显的断开点,如图4-7所示。与停电设备有关的变压器和电压互感器,还必须从低压侧断开,防止向停电设备反送电。

图4-7　明显断开点

针对高速铁路电力贯通线没有明显断开点的情况,为满足作业安全需要,做进一步规定:

高速铁路贯通线路及所带设备(包括箱式变电站)的维护、保养等作业,设备所属供电臂的一级、综合贯通线路应全部停电。特殊情况不能全部停电时,经供电调度批准,按照特殊作业方式办理,但应保证停电范围比作业范围向两方向各扩大延伸一个停电区间,并保证每个可能来电方向有2组及以上高压开关处于断开位置,如图4-8所示。

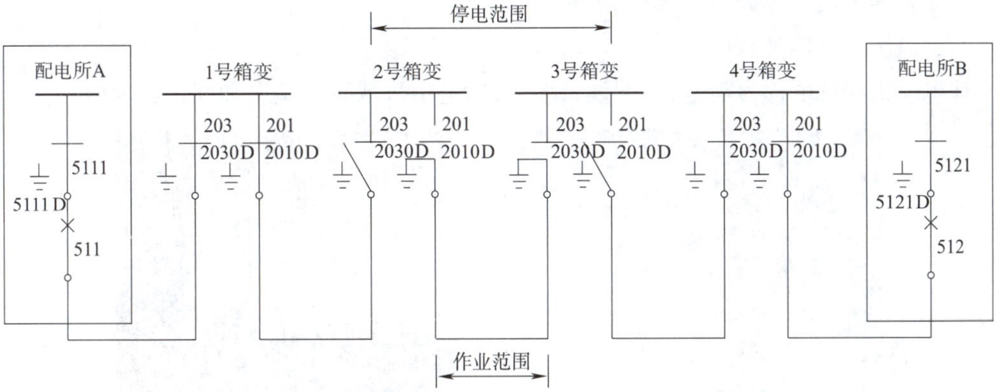

图4-8　停电范围和作业范围

检修设备停电,应把各方面的电源完全断开(任何运行中的星形接线设备的中性点,应视为带电设备)。禁止在只经断路器(开关)断开电源的设备上工作。应拉开隔离开关(刀闸),手车开关应拉至试验或检修位置,应使各方面有一个明显的断开点,若无法观察到停电设备的断开点时,应有能够反映设备运行状态的电气和机械等指示。与停电设备有关的变压器和电压互感器,应将设备各侧断开,防止向停电检修设备反送电。

对于低压停电作业,应从各方面断开电源,将配电箱加锁。没有配电箱时应取下熔断器。在多回路的设备上进行部分停电作业时,应核对停电的回路与检修的设备,严防误停电或停电不彻底。

具备远动功能的高压开关应由铁路局集团公司供电调度远动操作;低压开关可由作业人员现场操作,但应经铁路局集团公司供电调度许可。停电作业时,具备远动功能的变、配电所的接地开关应由供电调度操作;贯通线路所带箱式变电站、车站变电所高压环网柜等其他线路接地开关应由现场作业人员操作。由供电调度操作的高压开关及接地开关的现场核对、确认工作,应纳入"停电作业工作票"。作业结束,工作执行人(领导人)确认现场作业人员采取的安全措施撤除后,向铁路局集团公司供电调度报告,由铁路局集团公司供电调度远动操作送电。送电后,铁路局集团公司供电调度和工作执行人(领导人)应分别检查设备运行情况,得到铁路局集团公司供电调度许可后方可离开现场。

总的流程可以理解为:调度先行操作具备远动条件的开关,然后现场工作组采取验电、接地等安全措施后开始作业,作业结束恢复至先前状态,由调度远动送电。

调度远程操作与现场操作、确认是目前停电环节的重点,两者沟通协调非常关键,稍有不慎就可能出现严重问题。这里要特别强调停电作业工作票和倒闸操作票的作用,明确操作哪些开关、谁来操作、谁来确认以及操作顺序。

高速铁路电力低压开关已纳入 SCADA 系统,具备远动操作条件,普速铁路具备远动的箱变和10/0.4 kV 变电所低压开关大多数也都可以远动操作。具体由调度操作还是现场操作,由各集团公司自行确定。

另外,遇有危及人身和设备安全的紧急情况,可以不经过铁路局集团公司供电调度批准,先行断开断路器或有条件断开的负荷开关、隔离开关,并立即报告铁路局集团公司供电调度。设备恢复应有铁路局集团公司供电调度的命令。

(二)检　电

检电(图4-9)也称为验电,根据设备形式,验电可采取直接验电和间接验电两种。

图4-9　检电

1. 直接验电[14]

直接验电只通过验电器直接在导体上验电。

检电工作应在停电以后进行。检电时应使用电压等级合适的检电器,并先在其他带电设备上试验,确认良好后进行。

变配电设备的检电工作,应在所有断开的线端进行。对断路器或隔离开关应在进出线上进行。电力线路的检电应逐相进行。同杆架设的多层电力线路,应先验低压,后验高压;先验下层,后验上层。对架空线路局部作业,应在工作区段两端装接地线处进行。对低压设备的检电,除使用检电笔外,还可使用携带式电压表进行。用电压表检电时,应在各相之间及每相对地之间进行检验。

检电器上不得装接地线。但在木杆、木梯或木架上使用特殊检电器不装地线不能显示,可不在此限。表示开关设备断开的指示信号、经常接入的电压表,不能作为设备无电的依据。但如果指示有电,则未经采取安全措施,禁止在设备上工作。

高压检电必须戴绝缘手套,并有专人监护,如在室内高压设备上检电,还需穿绝缘靴或站在绝缘台上。

2. 间接验电[15]

间接验电是在不具备直接验电的情况下,借助各类信号、仪表等判断设备是否带电。

近年来广泛应用的新设备(如 GIS 开关柜、环网柜)不具备直接验电条件。对无法进行直接验电的设备,可以进行间接验电。即检查隔离开关(刀闸)的机械指示位置、电气指示、仪表及带电显示装置指示的变化,且至少应有两个及以上指示已同时发生对应变化;若进行遥控操作,则应同时检查隔离开关(刀闸)的状态指示、遥测、遥信信号及带电显示装置的指示进行间接验电。

严格说,停电以后,隔离开关(刀闸)的机械指示位置、电气指示、仪表及带电显示装置指示均应发生对应变化。如没有,应彻底查明原因再进行作业。

现场可作为间接验电条件的设备种类繁多,图 4-10 为常见电气指示、机械指示、仪表、带电显示器等。

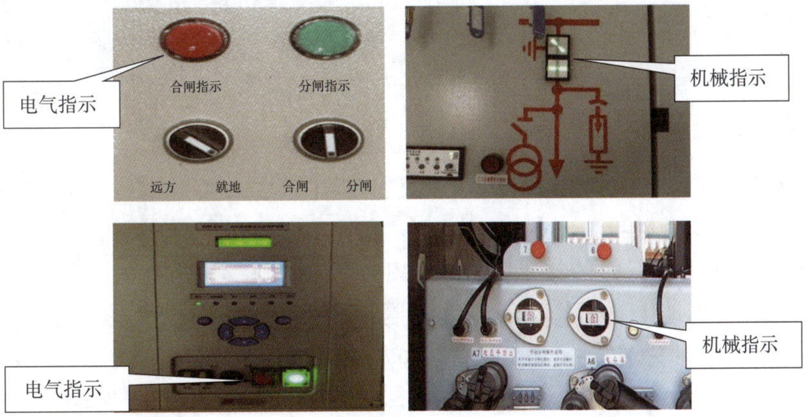

图　4-10

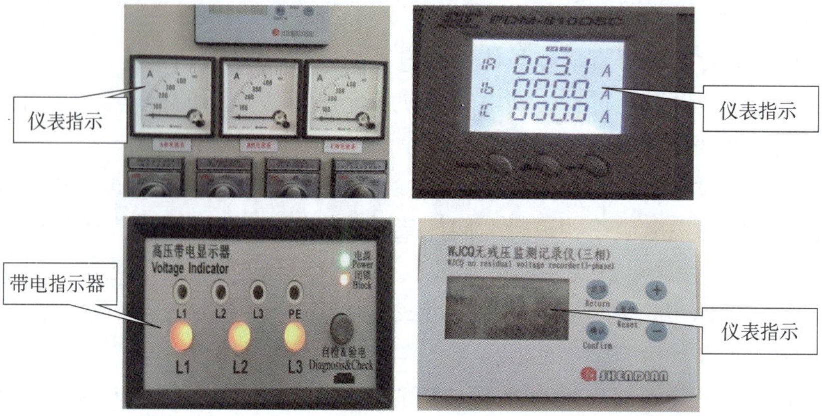

图 4-10　间接验电方式

(三)接地封线[16]

接地封线(图 4-11)是把停电设备与大地可靠连接,并把停电设备的每一相进行短路,以防止停电设备上意外来电时对作业人员安全产生危害的安全措施。目前,接地封线可以分为附挂式接地封线和接地刀闸(包括三工位开关)两种形式。一般情况下,可直接验电的设备,采取附挂式接地封线;只能间接验电的设备,开关柜内会安装接地刀闸,以保证作业人员的人身安全。

图 4-11　接地封线

电力线路停电、检电后,要尽快接挂地线,以降低检电后瞬间来电的安全风险。

变配电所高压开关柜内的接地刀闸,可以远程操作、当地电动操作、当地手动操作。而箱变环网柜内接地开关只能当地手动操作。接地刀闸接地方式,如图 4-12 所示。

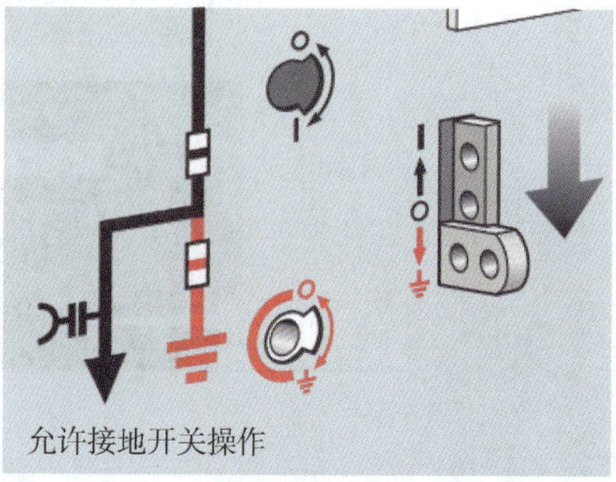

图 4-12　经接地刀闸接地

重点强调的是,对于可能送电至停电设备的各方面都应装设接地线或合上接地刀闸,所装接地线与带电部分应考虑接地线摆动时仍符合安全距离的规定。

接地线、接地刀闸与检修设备之间不得连有断路器(开关)或熔断器。若由于设备原因,接地刀闸与检修设备之间连有断路器(开关)时(图4-13),在接地刀闸和断路器(开关)合上后,应有保证断路器(开关)不会分闸的措施。

这是针对新设备的实际特点做出的明确规定,作业过程中要特别注意。保证断路器(开关)不会分闸的措施包括:将"远方/当地"旋钮置于当地位,防止调度端误操作;调度操作界面和开关操作按钮处挂"禁止分闸"警告牌;断开开关操作电源开关(或取下熔管);断开分闸回路闭锁联片等。

(四)设置标示牌及防护物[17,18]

设置标示牌(图4-14)及防护物的目的是对作业人员进行提醒和警示,防止误入带电区域、误触带电设备、误送电等违章行为,是一种有效的安全防范措施。

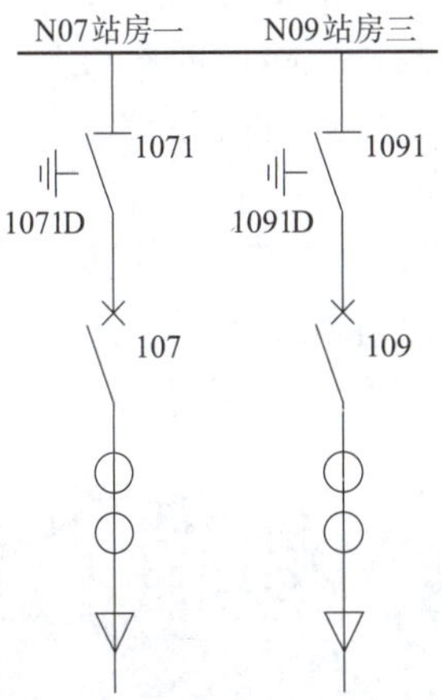

图4-13 接地刀闸与检修设备连有断路器示意

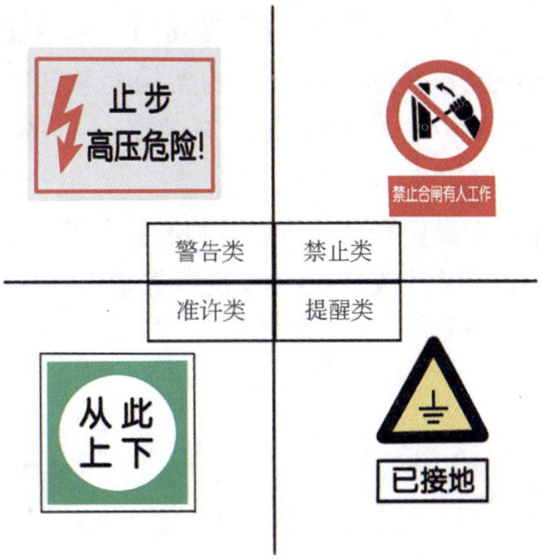

图4-14 标示牌

1. 标示牌分类

标示牌分为"警告类""禁止类""准许类""提醒类"等。严禁工作人员未经许可擅自移动或拆除临时遮栏和标示牌。

(1)警告类标示牌:"止步高压危险!"是警告作业组员以及所有人,设备有高压电,严禁靠近。一般情况下,在邻近带电线路、室内高压设备的工作地点两旁和对面间隔的遮拦上,室外工作地点四周的围栏上和禁止通行的过道上,架空导线断线处以及被试验的高压设备的遮栏或围栏上,悬挂"止步高压危险!"标示牌。用来警告作业组员及其他人员。

(2)禁止类标示牌:"禁止合闸,有人工作!"是禁止作业组全员以及相关的工作人员,禁止对该开关进行合闸操作,一旦误合,将会产生严重的安全后果。在变配电所和线路上停电作业,对一经合闸即可送电到工作地点的断路器或隔离开关的操作把手上,悬挂"禁止合闸,有人工作!"的标示牌;"禁止攀登,高压危险!"是警示所有人,禁止攀登或靠近该设备,设备具有高压电。在可能攀登的带电设备的架构上悬挂"禁止攀登,高压危险!"的标示牌。

(3)准许类标示牌："从此上下！"是准许现场作业组人员作业中上下位置通道。在工作人员上下用的铁架或梯子上悬挂"从此上下！"的标示牌。

(4)提醒类标示牌："在此工作！""已接地！"均为提醒作业组人员类的信息。在工作地点悬挂"在此工作！"的标示牌。在开关柜内接挂接地线结束后，应在开关柜的门上悬挂"已接地"的标示牌。

2. 标示牌悬挂场所

(1)变配电所和线路上停电作业，对一经合闸即可送电到工作地点的断路器或隔离开关的操作把手上，悬挂"禁止合闸、有人工作"的标示牌。

(2)邻近带电线路，在室内高压设备的工作地点两旁间隔和对面间隔的遮拦上，在室外工作地点四周的围栏上和禁止通行的过道上，在架空导线断线处以及被试验的高压设备的遮栏或围栏上，悬挂"止步高压危险"的标示牌，如图4-15所示。

(3)在工作地点悬挂"在此工作！"的标示牌。

(4)在工作人员上下用的铁架或梯子上悬挂"从此上下！"的标示牌。

(5)在可能攀登的带电设备的架构上悬挂"禁止攀登，高压危险！"的标示牌。

(6)在开关柜内挂接地线后，应在开关柜的门上悬挂"已接地"的标示牌。

3. 其他规定

(1)对由于设备原因，接地刀闸与检修设备之间连有断路器(开关)，现场操作时，在接地刀闸和断路器(开关)合上后，应在断路器(开关)操作把手上悬挂"禁止分闸"的标示牌，如图4-16所示。

图4-15　高压危险标示牌

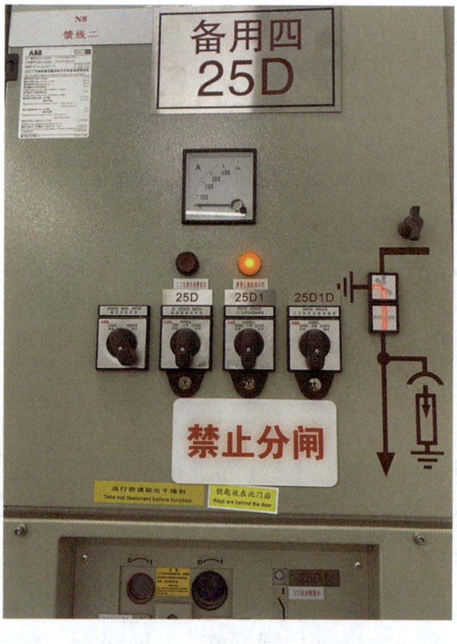

图4-16　禁止分闸标示牌

(2)远动操作时，在显示屏上进行操作的断路器(开关)和隔离开关(刀闸)的操作处均应相应设置"禁止合闸，有人工作！"或"禁止合闸，线路有人工作！"以及"禁止分闸！"的标记。

第三节　电力作业安全规定

一、安全常识

电气设备在铁路电力系统广泛应用,因各种外在因素,如接触不良、接线松脱、绝缘老化、漏电、短路等都会引发电气事故,甚至发生触电伤亡或电气火灾事故。由于电力工作人员在作业过程中经常接触或接近高、低压电力设备,存在着触电和高处坠落的危险,因此在作业时保证人身安全十分重要。为适应铁路电力安全管理的特点和要求,防止可能发生的触电伤亡事故,确保安全生产和从业人员的生命安全,应注意触电事故的预防。

(一)安全电压

我国规定安全电压为 42 V、36 V、24 V、12 V、6 V 五种。

有触电危险的场所使用的手持电动工具等应采用 42 V 安全电压;在潮湿场所、工作面积狭窄导致操作者容易大面积接触带电体的场所,应采用 36 V 或 24 V 安全电压;在隧道或特别潮湿场所应采用 12 V 安全电压;水下作业场所或设有电路的水槽内应采用 6 V 安全电压。

安全电压以通过人体的电流(不超过安全电流)与人体电阻(人体电阻与导电途径、皮肤潮湿、多汗、有损伤、导电扬尘、接触面、接触压力有关)的乘积为依据。

人的心脏每收缩一次,中间约有 0.1 s 的间歇。如果电流在这一瞬间通过心脏,即使电流很小(几十毫安),也会引起心脏震颤,如果电流持续时间超过 1 s,就会造成极大危害。

从左手到前胸是最危险的电流路径。这时心、肺、脊髓等器官都处于电路内,容易因心颤或中枢神经失调而死。从右手到脚的危险小一些,但会因痉挛而摔伤,造成二次伤害。从右手到左手的危险性比右手到脚要小些。危险性最小的是从左脚到右脚,但触电者可能会因痉挛而摔倒,导致电流通过全身或二次伤害。所以其安全性是相对的,每一种途径都可能致人死亡。

(二)触电分类

触电可以分为直接触电与间接触电。直接触电指人站在地面上身体某一部位触及带电体或同时接触带电设备的两相导体,电流通过人体构成闭合回路,如图 4-17 所示。间接触电包括跨步电压、感应电压、雷电、静电等多种类型。触电类型的分类如图 4-18 所示。

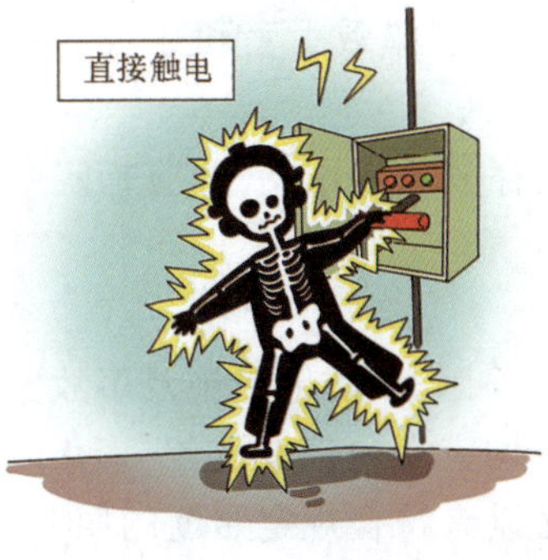

图 4-17　直接触电

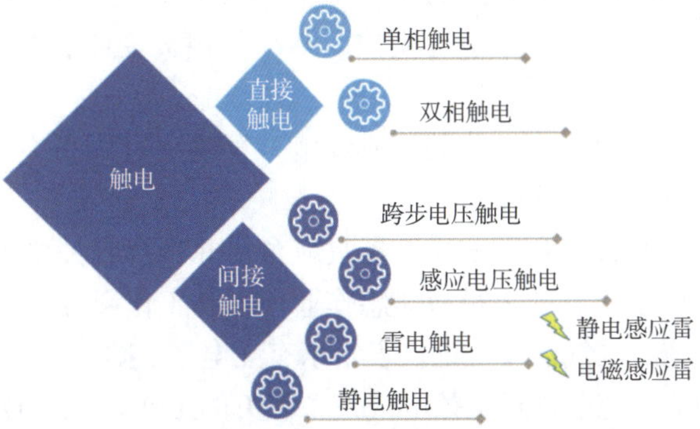

图 4-18　触电类型

1. 跨步电压

跨步电压如图 4-19 所示，是指在小电流接地系统中，电气设备发生单相接地时，电容电流从接地点流出，在地面上形成不同的电位分布。人靠近短路点时，两脚之间电位差形成电流，通过人体造成伤害。发现有跨步电压危险时，应单足或并双足跳离危险区，亦可沿半径垂直方向小步慢慢退出。

图 4-19 跨步电压

2. 感应电压

电力系统的输电线路和电气设备工作时，由于电流不断变化，会在其周围产生变化的磁场，变化的磁场遇到导体，会感应出电势，这种产生电动势的过程叫电磁感应。电磁感应和静电感应在靠近电力线路和电气设备附近导体上产生的电压称为感应电压。

3. 雷电

雷电可以分为直击雷和感应雷。直击雷是云层与地面凸出物之间的放电。感应雷分为静电感应雷和电磁感应雷，静电感应雷是带电积云接近地面，在架空线路导线或其他导电凸出物顶部感应出大量电荷引起的；电磁感应雷是雷电放电时巨大的冲击雷电流在周围空间产生迅速变化的强磁场引起的。

4. 静电

静电是用电设备的某个部位上储存的电荷通过人体放电。

电气设备复杂区段，大地（或接地的电气设备）中存在的杂散电流流过人体也可能形成的触电，如电气化铁路区段机车回流部分通过电力接地封线流经作业人员身体。

二、电力作业现场的基本条件[19]

1. 作业现场的生产条件和安全设施等应符合有关标准规范的要求，工作人员的劳动防护用品应合格、齐备。电力作业人员进入生产现场必须正确佩戴合格的安全帽，工作期间必须佩戴齐全并正确使用劳动防护用品。工作服不应有可能被转动的设备绞住的部分，衣服和袖口必须扣好，禁止戴围巾。生产现场禁止穿裙子、短裤、拖鞋、凉鞋、高跟鞋，辫子、长发必须盘在帽内。从事接触高温物体的工作时，应佩戴手套和穿着专用的防护工作服。

2. 经常有人工作的场所及施工车辆上宜配备急救箱，存放急救用品，并应指定专人经常检查、补充或更换。

3. 现场使用的安全工器具应合格并符合有关要求。

4. 各类作业人员应熟悉作业现场和工作岗位存在的危险因素、防范措施及事故紧急处理措施。电气设备无论仪表指示有无电压，未经验电、放电均应视为带电设备，禁止未采取防触电措施前进行与该电气设备有关的工作。工作场所必设有符合规定照度的照明，重要工作场所还必须设有事故（应急）照明。

三、高压设备操作的基本要求[20]

运行人员应熟悉电气设备。单独操作人员或运行值班负责人员还应具备相应的实际工作经验。变配电所高压设备单人操作的基本要求：

1. 室内高压设备的隔离室设有遮栏，遮栏的高度在 1.7 m 以上，安装牢固并加锁。

2. 室内高压断路器（开关）的操动机构（操作机构）用墙或金属板与该断路器（开关）隔离或装有远方操动机构（操作机构）。

随着技术不断进步，联锁、防护功能越加完备，电力设备安全性显著提高，单人操作具备了基本条件。结合铁路电力远动系统调度自动化系统的广泛应用和变配电所无人化发展趋势，单人操作已成为铁路电力生产组织需要。只要严格按照规范执行，完全可以保证作业安全。

箱式变电站、10/0.4 kV 变电所均视为变配电所，满足上述条件可单人操作。

无论高压设备是否带电，工作人员不得单独移开或越过遮栏进行工作；若有必要移开遮栏时，应有监护人在场，并符合表 4-3 的安全距离。

表 4-3 安全距离

电压等级（kV）	安全距离（m）
10 及以下	0.70
20、35	1.00
63（66）、110	1.50
220	3.00

运行中的高压设备其中性点接地系统的中性点应视作带电体，在运行中若必须进行中性点接地点断开的工作时，应先建立有效的旁路接地后方可进行断开工作，如图 4-20 所示。

图 4-20 中性点断开接地操作

无论高压还是低压,运行中的中性点及中性线都具有一定对地电位,也就是中性点的位移电压。这一电压的产生,是由于三相负载不平衡或对地电容不相等造成的,尤其是发生单相接地故障时,其电位更高。因此,运行中设备的中性点或中性线不允许断开。在检修设备时,必须同时将有电气连接的其他任何运行设备中性点或中性线与被检修的设备断开。

第四节　运行和维护作业安全

变配电所和电力线路作为重要的电力设备构成了铁路电力系统,其运行的稳定性和维护的及时性确保了铁路电力生产的安全。运行主要包括值班、巡视、倒闸等内容。维护主要包括检测、检修、试验等内容。

一、变配电所值班工作[21]

(一)基本要求

近年来,随着远动、视频、安防、在线监测等技术的发展应用,变配电所无人化技术方案逐步成熟,无人值班、无人值守管理模式快速发展并实施。既有变配电所值班人员负责的工作,一部分由调度远程操作,如运行数据监视、倒闸操作、视频巡视等;另一部分由电力线路工执行,如定期现场巡视、当地操作、测试清扫等。因此对电力线路工提出了更高的要求,不但要熟悉变配电所内电气设备的性能,而且要具备巡视、操作和常见事故应急处置的能力,同时能现场调取综合自动化系统故障记录、录波、实时曲线等技术数据且能进行简单分析。

配电值班员和值班负责人应具有一定专业知识和实际工作经验,熟悉电气设备性能和供电系统情况,掌握操作技术,并有处理事故的能力。配电值班人员每班不少于两人。

在变配电所进行停电检修或工程施工时,值班人员应负责完成有关安全措施,并向工作执行人指出停电范围和带电设备位置。

无人值守的变配电所进行停电检修或工程施工时,各项保证安全的技术措施由调度员和现场工作许可人(电力线路工)分别完成。

(二)变配电所安全用具

凡有高压设备的变配电所应具备以下安全用具:

1. 高压绝缘拉杆、绝缘夹钳。
2. 高压检电器和低压检电笔。
3. 绝缘手套,绝缘靴、鞋及绝缘台、垫。
4. 有足够数量的接地线。
5. 各种标示牌。
6. 各种登高作业的安全用具,如安全腰带、绝缘绳、安全帽等。
7. 有色护目眼镜。

其中足够数量的接地线应按照变配电所全所停电作业数量配备。所有绝缘工具、仪表应保持状态良好,并进行定期试验。所有绝缘工具、仪表具有有效期内的试验标签。

(三)钥匙管理

无人值守配电所要建立切实可行的钥匙管理制度,既要保证管理严格,又要方便随时取用。禁止为了方便,使用通用锁代替。高压配电室、电容器室、变压器室等和高压开关柜上的钥匙由值班员妥善保管,按班移交。如因工作需要借给工作执行人使用时,必须登记,当日交回。

二、巡视作业

巡视工作是设备带电运行情况下从事的工作。铁路电力设备具有点多线长、环境复杂等特点,巡视工作开展较为困难,存在不同程度的安全风险,需通过管理和技术手段加以克服,保证作业安全。

电力设备巡视人员应满足电力作业人员的基本条件,掌握电力设备运行的基本知识,熟悉设备运行方式和状态,能及时发现各类设备缺陷,具备一定应急处置能力。单独巡视高压设备人员应熟悉电气规程有关规定,经考试合格。新参加工作的人员、实习人员不得单独进行设备巡视工作。

(一)巡视准备[22]

电力设备巡视前,应明确巡视目的和巡检路线,熟悉设备运行状况。巡视人员要规范着装,正确使用防护用品,携带照明工具和通信工具(图4-21),并与派出部门保持通信联络。偏僻山区,夜间或火灾、地震、台风、冰雪、洪水、泥石流、沙尘暴等灾害发生时巡视设备,应制定必要的安全措施。

巡视电线路时,可由有实际工作经验的电力工单独进行。未经技术安全考试合格的人员不得单独巡线。遇有雷雨、大风、冰雪、洪水及事故后的特殊巡视,应由两个人一同进行。

图4-21 电力设备巡视防护用品

(二)巡视一般安全要求[23]

1. 发、变、配电所的配电值班人员及其他有关人员可以单独巡视高压设备,清扫通道,但不得移开或进入常设遮栏内。如需进入时,应有人监护,并与高压带电体之间保持不小于表4-1规定的安全距离。雷、雨天气巡视室外高压设备时,应穿绝缘靴,但不得靠近避雷器和避雷针。

2. 当所内高压设备发生接地故障时,工作人员不得接近故障点4 m以内,在室外不得接近故障点8 m以内。如需进入上述范围或操作开关时,必须有绝缘通道(绝缘台)或穿绝缘靴,接触设备的外壳和构架时,应戴绝缘手套。巡线人员如发现导线断线,应设置防护物,并悬挂“止步高压危险!”的警告牌,防止行人接近断线地点8 m以内,并迅速报告电力调度和有关领导,等候处理。

3. 巡视过程应遵守交通法规。雨雪天气应避免滑倒摔伤,大风天气沿上风侧行走。野外巡视要做好预防蛇虫叮咬和动物伤害的防护措施。不得走进不明深浅的水域和薄冰区域,不得下水游泳。

4. 巡视中如需撬揭井、沟隧道等盖板时,注意防止盖板落入砸伤电缆,作业过程中应设置遮栏,以防行人、车辆误入。进入电缆沟、井、隧道时,应检测是否有有害气体,含氧量是否达到18%,如低于18%,则不得进入。

5. 故障巡视或遇有雷电时应远离线路,严禁在树下、建筑物屋檐下避雷。单人巡视时禁止攀登杆塔,夜间不应攀登灯塔(桥)进行作业。

6. 巡视人员要时刻保持通信畅通。

(三)高压设备的巡视[24]

高压设备巡视时应特别注意人身安全,时刻保持与带电设备的安全距离(图4-22),事故(故障)巡视时应始终认为线路带电,已停电线路亦应认为随时有送电的可能。遇有严重缺陷或者威胁设备安全运行的严重隐患时,应立即汇报。发现危及人身和设备安全的紧急情况,可先行采取停电等措施,后进行汇报。

图4-22　与带电设备保持安全距离

高压设备的巡视要求:

1. 经本单位批准允许单独巡视高压设备的人员在巡视高压设备时,不准进行其他工作,不准移开或越过遮栏。

2. 雷雨天气,需要巡视室外高压设备时,应穿绝缘靴,并不准靠近避雷器和避雷针。

3. 火灾、地震、台风、冰雪、洪水、泥石流、沙尘暴等灾害发生时,如需要对设备进行巡视时,应制定必要的安全措施,得到设备运行单位分管领导批准,并至少两人一组,巡视人员应与派出部门之间保持通信联络。

4. 高压设备发生接地时,室内不准接近故障点4 m以内,室外不准接近故障点8 m以内。进入上述范围人员应穿绝缘靴,接触设备的外壳和构架时,应戴绝缘手套。

室外高压设备发生接地时,不准接近故障点 8 m 以内,指的是 10 kV 设备要求。同样的情况下,35 kV 及接触网设备的要求应为 10 m。巡视中发现高压设备单相接地,应在现场立即做好防护,防止行人靠近触电,等待停电处理。

(四)沿铁路巡视

铁路电力设备分布在铁路沿线,沿铁路巡视应特别注意安全,既要防止人身伤害事故,又要防止影响列车安全运行,如图 4-23 所示。

图 4-23 铁路巡视安全事项

1. 严格遵守铁路上行走的规章制度,熟悉线桥设备情况、列车运行速度、密度和各种信号显示,注意瞭望,及时避让列车。

2. 巡检人员应加强瞭望,不得走铁道线路中心和轨枕头,不得在车下坐卧,列车接近时停止行走,及时避车。

3. 有列车通过时,必须停止行走,并在安全地带避让行车,应注意车上散盖的篷布、绳索、铁线和活动的车门,防止坠落物伤人。

4. 巡检人员必须走线路右侧,在与公路并行的铁路上巡查线路时,应加强瞭望,防止机动车辆和机车鸣笛混淆,妨碍听觉,造成事故。

5. 横过铁路线路,必须“一站、二看、三确认、四通过”,不得抢越线路或钻车,在有列车通过后,必须确认本线和邻线均没有续行车辆,再上道横过线路。

6. 绕行停留车辆时,其距离应不少于 5 m,并注意车辆动态和邻线上开来的列车。

7. 巡视没有避车台的桥梁和避车洞的隧道内设备时,应按照营业线施工规定进行,禁止利用列车间隔上线巡视。

8. 坡道行走时应远离线路,防止车辆闸瓦碎片伤人。

三、倒闸作业

(一)基本概念[25]

倒闸作业是指将电气设备由一种运行状态转换成另一种运行状态,是电力生产过程中经常发生的作业行为，包括停电、送电、转换电源等各种操作方式。

倒闸操作应根据值班调度员或运行值班负责人的指令，受令人复诵无误后执行。发布指令应准确、清晰，使用规范的调度术语和设备双重名称，即设备名称和编号。发令人和受令人应先互报单位和姓名，发布指令的全过程（包括对方复诵指令）和听取指令的报告时要录音并做好记录。操作人员（包括监护人）应了解操作目的和操作顺序。对指令有疑问时应向发令人询问清楚无误后执行。

通过明确、统一的管理流程，规范现场作业行为，杜绝无指令操作、命令含糊错误、发令或受令不清晰等问题。需要强调地是，如受令人对倒闸操作命令内容存在异议，应询问清楚。如确认倒闸命令存在危及人身、设备安全的风险，受令人有权拒绝执行，但要立即汇报。

倒闸操作可以通过就地操作、遥控操作、程序操作完成。遥控操作、程序操作的设备应满足有关技术条件。

1. 就地操作指当地操作。

2. 遥控操作指具备远动功能的开关设备，由调度系统通过光纤通道向现场设备发出操作命令完成的操作，一般分为遥控预置、遥控返校和遥控执行三步。需要现场终端设备具备电动操作功能并接引可靠的操作电源（如 UPS）、稳定的通信通道、完善的调度系统并完成远动调试。

3. 程序操作是指在调度主站部署程序化操作模式，将需要一次操作的命令预置在程序中实现的操作，包括程序化操作票预置、控制指令下发、操作逻辑校验和闭锁等功能。程序操作要求程序内容清晰准确、所有终端动作可靠、闭锁功能完善。

（二）倒闸操作的分类[25]

倒闸操作如图 4-24 所示，可以分为监护操作、单人操作、检修人员操作。

图 4-24　倒闸操作

1. 监护操作：由两人同时进行的操作。监护操作时，其中对设备较为熟悉的一人作监护。特别重要和复杂的倒闸操作,由熟练的运行人员操作,运行值班负责人监护。

2. 单人操作:由一人完成的操作。实行单人操作的设备、项目及运行人员需经设备运行管理单位批准,人员应通过专项考核。单人操作时不得进行登高或登杆操作。其中,单人操作的考核包括安全、技术水平的考核。操作人员要掌握系统运行方式、设备属性和操作规范,还应具备一定的应急处置能力。

3. 检修人员操作:由检修人员完成的操作。经设备运行单位考试合格、批准的本单位的检修人员,可进行220 kV及以下的电气设备由热备用至检修或由检修至热备用的监护操作,监护人应是同一单位的检修人员或设备运行人员。

在发生人身触电事故时,可以不经许可,即行断开有关设备的电源,但事后应立即报告调度(或设备运行管理单位)和上级部门。

(三)倒闸作业票[26]

倒闸作业票如图4-25所示,应根据工作票或调度命令由操作人填写,由工长或监护人签发。每张倒闸作业票只能填写一个操作任务。涉及远动操作倒闸作业票应由铁路局集团公司供电调度填写。遵循的是“谁操作、谁填票”的原则,规定了操作主体。

		铁运〔1999〕103号附录五
		倒闸作业票
工区(班组)××工区		第1张 共1张
倒闸作业目的:停电		
倒闸作业根据:××停电作业工作票		
开始 月 日 时 分		完成 月 日 时 分
	1	断开H19柜119DL,确认
	2	确认H19柜119DL在分位,将手车拉至检修位置确认,挂“禁止合闸,有人工作”
	3	在H19柜下窗电缆头母排处检电,放电,接地线封线一组B-4-3-19#,挂“已接地”
	4	在相邻柜围红白带,挂“止步,高压危险”
操作人:		监护人:
签发人:		年 月 日

图4-25 倒闸作业票

(四)操作顺序[13][27]

停电操作必须按照断路器、负荷侧隔离开关、电源侧隔离开关的顺序操作,送电操作顺序与此相反。同时要特别注意调度远程操作与现场操作的配合顺序。

1. 应填入倒闸作业票的内容

(1)应拉合的断路器和隔离开关。

(2)检查断路器和隔离开关的位置。

(3)检查接地线是否拆除。

(4)装、拆接地线。

(5)安装或拆除控制回路以及电压互感器回路的熔断器。

(6)切换保护回路和检验是否确无电压等。

(7)其他需要检查、确认的项目。

2. 可不用倒闸作业票的内容

(1)事故处理的操作。操作后记入工作日志并及时上报。

(2)拉、合线路开关或变压器一、二次开关。可根据工作票或口头命令进行。

(3)同一台开关柜内开关的单一拉、合操作。操作可根据工作票或调度命令进行,操作后记入工作日志,并报告发令人。

事故处理的操作可不填发倒闸作业票,但操作过程必须严格按照倒闸程序进行,对操作人员技术水平要求更高。事故处理后,恢复正常运行的倒闸作业必须填写工作票。

遇有危及人身和设备安全的紧急情况,可以不经过铁路局集团公司供电调度批准,先行断开断路器或有条件断开的负荷开关、隔离开关,并立即报告铁路局集团公司供电调度。在未拉开有关开关和做好安全措施以前,抢救人员不得直接触及带电设备和触电人员,不得进入遮栏。设备恢复应有铁路局集团公司供电调度的命令,按照正常倒闸操作程序执行。

四、继电器、仪表和二次回路[28]

1. 在运行的电流互感器二次回路上工作时,应采取的安全措施有:

(1)严禁将电流回路断开。

(2)为了可靠地将电流互感器二次线圈短路,必须使用短路片或短路线,禁止使用导线缠绕。

(3)禁止在电流互感器与短路端子之间的回路和导线上进行任何工作。

(4)工作时应有专人监护,使用绝缘工具,站在绝缘垫上,并不得将回路中的永久接点断开。

电流互感器二次开路后,铁芯会产生很强的交变磁通,二次侧产生很高的电压,会对人身、设备安全造成威胁,而且还会击穿互感器本身的绝缘,造成互感器损坏。

2. 在运行的电压互感器二次回路上工作时,应采取的安全措施有:

(1)严格防止短路或接地。

(2)应使用绝缘工具,戴绝缘手套,必要时在工作前停用有关继电保护装置。

(3)接临时负载时,必须装有专用的开关和熔断器。

(4)二次回路通电试验时,为防止由二次侧向一次侧反电压,除将二次回路断开外,还应取下一次侧熔断器。

(5)二次回路通电或耐压试验前,应通知值班员和有关人员,并派人看守现场,检查回路,确认无人工作后方可加压。

电压互感器和电流互感器的二次侧接地属于保护接地。因为一、二次侧绝缘如果损坏,一次侧高压串到二次侧,就会威胁人身和设备的安全,所以二次侧必须接地。

检查继电保护和二次回路的工作人员,未经值班员许可,不准进行任何倒闸操作。

五、高压试验[29]

发、变、配电所进行预防性试验时,应由受试单位签发停电作业工作票,由配电值班员(无人值班的变、配电所由受试单位指定人员)采取安全措施,办理许可开工手续,需要部分或全部撤除临时接地线时,应由值班员配合进行。进行高压试验时应注意:

1. 检修和预防性试验不宜在一个电气连接部分上同时进行作业。确实需要同时作业时,试验前必须得到工作负责人的许可,试验加压部分与检修部分之间的断开点保证足够的安全距离,并在检修侧装设接地短路线后方可进行试验,断开点处面向检修侧方向悬挂"止步,高压危险!"的标示牌,设专人监护。

2. 试验负责人应由有经验的人员担任,开始试验前,试验负责人应对全体试验人员详细布置试验中的安全注意事项。

3. 高压试验现场,应装设临时遮栏或围栏,并向外悬挂"止步,高压危险!"的标示牌,必要时设专人监护。

4. 试验装置的金属外壳应使用截面不小于 4 mm^2 的多股软裸铜线可靠接地,高压引线尽量缩短,必要时用绝缘物支持牢固。

5. 试验装置的电源开关应使用有明显断开点的双极开关。

6. 试验装置的操作回路中,除电源开关外还应串联零位开关,并应有过负荷自动跳闸装置。

7. 因试验需要断开设备接头时,拆前应做好标记,接后就进行检查。

8. 高压试验必须由两人进行(一人操作,一人监护),操作人员应戴绝缘手套,穿绝缘靴站在绝缘台上进行。

9. 大电容设备或电容器耐压试验前后应充分接地、短路放电。对有感应电的设备充分接地后方可接触。高压直流试验时,每告一段落或试验结束时,应将设备对地放电数次,并短路接地。放电时操作人要使用放电棒并戴绝缘手套。试验结束时,试验人员应拆除自装的接地线、短路线,对被试设备进行检查并清理现场。

10. 交流耐压试验加至试验标准电压后的持续时间,凡无特殊说明者,均为 1 min。

11. 使用兆欧表测量绝缘电阻前后,必须将被测设备对地放电。

六、常用仪表测量工作[30]

使用携带型仪器在高压回路上进行工作,需要高压设备停电或做安全措施的,应填写停电作业工作票,并至少由两人进行。除使用特殊仪器外,所有使用携带型仪器的测量工作,均应在电流互感器和电压互感器的低压侧进行。

电流表、电流互感器及其他测量仪表的接线和拆卸,需要断开高压回路者,应将此回路所连接的设备和仪器全部停电后方能进行。

电压表、携带型电压互感器和其他高压测量仪器的接线和拆卸无须断开高压回路者，可以带电工作，应使用耐高压的绝缘导线，导线长度应尽可能缩短，不准有接头，并应连接牢固，以防接地和短路，必要时用绝缘物加以固定。

在电压互感器上工作时，先应将低压侧所有接线接好，然后用绝缘工具将电压互感器接到高压侧。工作时应戴手套和护目眼镜，站在绝缘垫上，并应有专人监护。连接电流回路的导线截面，应适合所测电流数值。连接电压回路的导线截面不得小于 1.5 mm^2，电压互感器不得短路。

测量人员在高压回路上使用钳形电流表测量工作时，应由两人进行。测量时戴绝缘手套，站在绝缘垫上，不得触及其他设备，以防短路或接地。在高压回路上测量时，严禁用导线从钳形电流表另接表计测量。使用钳形电流表时，应注意钳形电流表的电压等级。观测表计时，要特别注意保持头部与带电部分的安全距离。测量低压熔断器和水平排列低压母线电流时，应避免引起相间短路，同时注意不得触及带电部分。钳形电流表应保存在干燥的室内，使用前要擦拭干净。

使用兆欧表测量绝缘电阻时，应由两人进行。测量绝缘时，必须将被测设备从各方面断开，验明无电压，确实证明设备无人工作后，方可进行。在测量中禁止他人接近设备。在测量绝缘前后，必须将被试设备对地放电。在有感应电压的线路上（同杆架设的双回线路或单回路与另一线路有平行段）测量绝缘时，必须将另一回线路停电方可进行。雷电时严禁测量线路绝缘电阻。在带电设备附近测量绝缘电阻时，人员和兆欧表位置选择适当，保持安全距离，避免兆欧表引线或支持物触碰带电部分。移动引线时，必须注意监护，防止作业人员触电。在兆欧表没有停止转动和被测设备没有放电前，不准用手触及被测设备和进行拆除工作；在测量具有电容的设备时（电缆），读数后不能立即停止摇动兆欧表，必须先断开被测设备，后停止转动兆欧表，以免被测设备向兆欧表放电时损坏兆欧表。

所有测量用装置均应设遮栏和围栏，并悬挂“止步，高压危险！”的标示牌（图 4-26）。测量时若需拆除遮栏，应在拆除遮栏后立即进行。工作结束，应立即将遮栏恢复原位。

图 4-26　测量用装置设遮栏

第五节　架空线路和电缆线路作业安全

架空线路作业，通常需要作业人员进行登杆作业。登杆作业前应做好相关的准备工作并确定好作业的种类，遵循相关规定。同理，电缆线路作业也应遵循相关规定。

一、登杆作业[31]

1. 登杆前应检查和做好如下事项：

（1）确认作业范围，防止误登带电杆塔。

（2）新立电杆回填土应夯实。

（3）冲刷、起土、上拔和导线、拉线松弛的电杆应采取安全措施。

（4）木电杆根部腐朽不得超过根径的 20% 以上。

（5）杆塔脚钉应完整、牢固。

（6）登杆工具、安全腰带、安全帽应完好合格。

（7）使用梯子时要有人扶持和采取防滑措施。

2. 杆上作业应遵守如下规定：

（1）工作人员必须系好安全腰带。作业时安全腰带应系在电杆或牢固的构架上。

（2）转角杆不宜从内角侧上下电杆。正在紧线时不应从紧线侧上下电杆。

（3）检查横担腐朽、锈蚀情况，严禁攀登腐朽、锈蚀超限的横担。

（4）杆上作业所用工具、材料应装在工具袋内，用绳子传递。严禁上下抛扔工具和材料（图 4-27）。地上人员应离开作业电杆安全距离以外，杆上、地上人员均应戴安全帽。

图 4-27　杆上作业禁止事项

登杆和杆上作业是电力作业中同时面对高处和高压的情况，具有一定的危险性，稍有不慎就可能酿成事故。为保证作业安全，作业人员要遵守各项安全规定，在管理上做好以下几个方面工作。

(1)施工例会安排工作任务时布置安全防护。

(2)作业过程中卡控干部发挥作用。

(3)发挥好互控作用。

(4)故障情况必须采取完备的安全措施。

(5)故障处理时保证通信畅通并录音。

(6)各种安全用具定期使用专业机械进行试验。

(一)邻近带电作业[32]

1. 在带电杆塔上或带电设备附近作业时，作业人员的活动范围及其所携带的工具、材料等与带电体的距离小于表4-2规定时，应停电作业。停电作业线路与另一带电线路相接近或交叉，工作时可能与带电线路的带电体接触或接近至表4-2规定安全距离以内时，则此带电线路也应停电并接地。

2. 在合架于接触网支柱上的低压电力线上工作时，应遵守如下规定：

(1)电力线路检修时，应充分利用接触网检修“天窗”，必要时可办理接触网停电手续。

(2)在接触网带电的情况下进行电力线路检修时，工作人员的活动范围与接触网之间的安全距离不小于1 m。

(3)应在电力线路作业区段两端加挂接地封线。

电力架空线路与接触网长距离并行时，架空线路上会产生较大的感应电压，即使装设接地封线也不能保证没有感应电流(图4-28)。所以，在进行与接触网长距离并行的电力架空线路作业时，应尽可能地将架空线分段接地，降低感应电影响。另外，架空线路与接触网并行时，电力机车回流也可能通过地线进入线路，应注意防范。

图4-28　感应电

(二)砍伐树木及修建树枝[33]

在线路带电情况下,砍伐靠近导线的树木时,工作负责人应向工作人员说明线路有电。工作人员不得使树木和绳索接触导线。线路带电情况下,禁止砍伐可能接触带电设备的树木。上树砍剪树枝时,工作人员不应攀抓脆弱和枯死的树枝,应站在坚固的树干上,系好安全带,面对线路方向,并应保持足够的安全距离。绳索应有足够的长度和强度,砍剪树枝时应有专人防护,防止打伤其他人(图 4-29)。

图 4-29　砍剪树枝注意事项

为防止树木(枝)倒落在导线上,应用绳索将被砍剪的树枝拉向与导线相反的方向。绳索应有足够的长度和强度,砍剪树枝应有专人防护,防止打伤行人。树枝接触高压带电导线时,严禁用手直接去取,应立即联系停电,采取安全措施后进行处理。

砍伐树木存在倒伏在线路上的可能时,应停电进行。树枝接触高压导线时,即使线路已经停电,也严禁直接接触。应按照停电作业采取安全措施后取下,或按照带电作业规定使用绝缘工具处理。

(三)低压带电作业[34]

低压带电作业较为普遍,如测试电压、电流等。为了保证安全,一是防止误触导线(零线也视作带电导线),二是防止短路。要特别注意手持工器具造成的触电及短路。钳子、螺丝刀、扳手应有绝缘护套,并保证无破损。低压带电作业还需注意的是:

1. 两路电源供电的低压线路带电工作应填用带电作业工作票。低压带电作业和穿越低压带电线路的作业,工作人员必须穿紧口干燥的工作服、绝缘靴,戴工作帽和干燥整洁的线手套。低压带电作业应使用绝缘钳子。禁止使用刀子、锉刀、金属尺和铁刷子等带有金属的工具。绝缘靴每半年应进行一次绝缘强度试验,绝缘强度不应低于出厂的耐压标准。

2. 低压带电作业不允许带负荷接续导线。如必须带电更换电气器具时,应先处理好旁路线。在自动闭塞低压线路上,允许在不受张力的处所接续导线,但必须设可靠的旁路线。

3. 在杆上进行低压带电作业时,一般一根杆只允许一人工作。当线路不复杂,且采取了可靠的安全措施时,可以两人同时工作。

4. 登杆时应当先分清火线和地线,选好工作位置。断开导线时,应先断火线,后断地线,接续导线时,顺序相反。工作时只允许接触一个导体,不许同时接触邻相导体或一相一地导线。

(四)线路施工[35]

在撤线时应在承力及终端电杆处先用绳索或新设拉线将导线拉紧,剪断导线后缓慢放下。拆除旧线路时,还应注意电杆裂纹的腐朽程度,严禁突然剪断导线,如图4-30所示。

图4-30 线路拆除施工

运输过程中严禁客货混载。严禁人员站在散堆的电杆上。使用吊车等机械装卸电杆,防止滚放电杆。装卸电杆需分散卸车时,每卸完一处必须将车上剩余电杆绑扎牢固,方可继续运送。正确使用防护用品和使用合格的用具材料。

立杆、撤杆开工前,应讲明施工方法及指挥信号,工作人员要明确分工,并应有专人指挥。正在立杆、撤杆时,坑内及电杆倾斜的下方不许人员停留。已经立起的电杆,只有在杆基回填夯实后,方可撤去叉杆及拉绳,杆坑未经回填及捣固时不准登杆。放倒旧电杆时,应用绳索牵引及叉杆加固后再挖根部。

使用抱杆立杆时,主牵引绳尾绳、杆塔中心线及抱杆顶应在一条直线上,抱杆受力均匀,两侧拉绳应拉好,不得左右倾斜。

二、电力电缆作业[36]

1. 在靠近电缆挖沟或挖掘已设电缆的深度挖到0.4 m时,只许使用铁锹。冬季作业如需烘烤冻结的土层时,烘烤处所与电缆之间的土层厚度:一般黏土不应小于0.1 m;砂土不应小于0.2 m。在邻近交通地点挖沟时,应设置防护。挖掘中如发现煤气、油管泄漏时,应采取堵漏措施,并严禁烟火,同时迅速报告有关部门处理。

2. 电缆的移设、撤换及接头盒的移动,一般应停电及放电后进行。如带电移动时,应先调查该电缆的历史记录，由敷设电缆有经验的人员，在专人统一指挥下平行移动，防止损伤绝缘和短路。尽量避免在寒冷季节移设电缆。

3. 高压电缆停电检修时，首先详细核对电缆回线名称和标示牌是否与工作票所写的相符，然后从各方面断开电源，在电缆封端处进行检电及设置临时接地线，在断开电源处悬挂“禁止合闸，有人工作！”的标示牌。

4. 锯高压电缆前，必须与电缆图纸核对无误，并验明电缆无电压后，用接地的带木柄的铁钎钉入电缆芯后方可工作。扶木柄的人应戴绝缘手套，并站在绝缘垫上。

5. 进电缆井前应排除井内浊气。在电缆井内工作，应戴安全帽和口罩，并做好防火和防止物体坠落的准备，电缆井应有专人看守。

6. 制作环氧树脂电缆头和调配环氧树脂的过程中，应采取有效的防毒和防火措施。

7. 电缆外护套损伤（特别是单芯电缆）造成金属铠装层裸露，严禁直接接触，应采取停电、验电、放电措施（图 4-31）后，确认无电再进行作业。

图 4-31　电缆外护套损伤采取的安全措施

8. 聚氯乙烯绝缘和护套电缆发生过热、燃烧情况，作业前应充分冷却、通风，防止有毒气体伤害。

第六节　其他作业安全

一、回转电机作业[37,38]

无论电动机还是发电机，可视为“运动的变压器”。作业中需注意：

1. 电机端线及外露的旋转部分，应有可靠的防护罩。外壳（包括启动设备的外壳）应接地或接零。电机运转时,禁止断开地线或在地线上进行任何工作。

2. 在运行中的电机上进行工作时,工作人员应穿紧口(袖口、裤口)工作服。女职工的发辫应盘结在工作帽内。运行中检查电刷、滑环、整流子时,必须两人进行(一人监护,一人操作),应穿绝缘鞋(靴)或站在绝缘台上,并戴护目眼镜。严禁戴手套和用手同时触及不同极或一线一地的导电体。

3. 检修发电机时应采取以下安全措施:

(1)断开发电机的油开关和隔离开关。

(2)待发电机完全停止转动后,在操作把手、机组的启动装置、并车装置上悬挂“禁止合闸,有人工作!”的标示牌。

(3)若本机还可以从其他电源获得励磁电流时,也必须将此电源断开,并悬挂“禁止合闸,有人工作!”的标示牌。

(4)将电压互感器从高低压两侧断开。

(5)验明无电后,在发电机和开关之间装设接地线。

(6)检修发电机时,应将其与其他发电机中性点的连线断开。

(7)禁止在转动着的发电机上工作,即使未加励磁,亦应认为有电压。

4. 检修高压电动机和启动装置时,应采取以下安全措施:

(1)断开断路器、隔离开关,验明无电压后,装设接地线或在隔离开关刀闸间装绝缘隔板,断路器手车应从成套配电装置内拉出,并关门上锁。

(2)在断路器、隔离开关操作把手上悬挂“禁止合闸,有人工作!”的标示牌。

(3)拆开后的电缆头须三相短路接地。

(4)做好防止被其带动的机械(如水泵、空气压缩机、引风机等)引起电动机转动的措施, 并在阀门上悬挂“禁止操作!”的标示牌。

5. 电动机的引出线和电缆头以及外露的旋转部分,均应装设牢固的遮栏或护罩。

6. 用户自备发电机组应具备在任何情况与正常工作电源线路不能直接连通的闭锁装置或设一双投刀闸。用户要求自发电时,应取得供电段调度或变配电所值班员的同意,并布置安全措施,同时双方作好记录,复诵无误后执行。

这里重点强调“用户自备发电机组应具备在任何情况与正常工作电源线路不能直接连通的闭锁装置或设一双投刀闸”,这是保证电力作业人员安全的具体要求,《高速铁路电力管理规则》(TG/GD 109—2015)第 13 条规定:“发电机组在安装前须向供电单位提报防止反送电的联锁装置方案,批准后方可投入运行”,避免发生低压向高压反送电造成的触电事故。

二、厂用电气设备的作业

在车间、班组内使用电气设备作业,如电焊机、切割机、台钻、手枪钻等小型机具设备,应严格遵守相关规程和操作标准,作业过程中正确使用防护用品,一人操作、一人监护。作业前检查设备状态,确认良好。保持作业场所整洁,防护得当,防止伤害其他人员。作业间歇时应断开电源,作业结束后物品摆置归位,清扫作业现场。

(一)一般规定[39]

1. 厂内配线一般使用绝缘线。灯头线应使用软线。潮湿及危险场所(锅炉房、地沟、乙炔间、燃油库、浸漆干燥间等)应使用防潮或防爆的电器和配线。

2. 因工作需要接引临时电线时应符合以下要求：

(1)应使用绝缘层完好的绝缘线,对潮湿及危险场所应使用防潮、防火或防爆的电器和配线。

(2)接头处所应错开,接续点应焊牢,并用绝缘胶布包好。

(3)禁止在地面和通道上敷设临时线或将配线管浮搁在地面上。架空敷设时应有足够高度。

(4)电源容量允许,接续点牢固,并有开关和熔丝保护。

(5)临时线一般不超过三个月,用后及时撤除。

3. 配电盘(箱)、分电盘及电气开关应尽量采用密闭式,如为非密闭式结构时,应设防护装置,配电盘(箱)、分电盘应设红色信号标志灯,附近禁止堆放物品。

4. 自动开关的保护装置应按规定进行整定,刀闸开关的熔断器应合乎标准,厂内配线如使用两种以上不同电压时,所有插销座均应标明电压。

(二)使用电焊机作业[40]

使用电焊机时应符合以下要求：

1. 电焊用手把线应使用专用橡套绝缘铜芯软电缆,绝缘良好,截面适当。焊件的地线除接续良好外,应使用截面不小于6 mm^2的多芯橡皮绝缘铜线。

2. 电焊机的电源开关,只准由操作的电焊工开闭。

3. 电焊机和焊接件应妥善接地。

4. 在锅炉内或金属容器内焊接时,应穿绝缘鞋,身体不要触及焊件,在容易接触的部分应铺设木板或橡胶板以防感电。作业时采用自然照明或行灯照明,出入容器时要切断电源。焊接过程中应设人监护。

5. 严禁对空燃油桶和盛燃油容器进行焊接。

(三)使用手持电器作业[41]

1. 手持电器的电压应符合下列要求：

(1)在一般场所不超过220 V;

(2)在较危险及危险场所不得超过36 V;

(3)在特别危险场所不得超过12 V。

2. 禁止用自耦变压器及辅助电阻的办法取得安全电压。禁止将行灯变压器、变频器带入锅炉或其他金属容器内。橡皮绝缘线禁止和高温、潮湿及涂油的物体接触。

3. 所有手持电器应指定专人管理,每月检查一次,每三个月测量一次绝缘电阻。

4. 砂轮应进行定期检查,砂轮应无裂纹及其他不良情况。砂轮应装有用钢板制成的防护罩。防护罩的强度应保证当砂轮碎裂时挡住碎块,其至少要把砂轮的上半部罩住,禁止使用没有防护罩的砂轮(特殊工作时需要的手提式小型砂轮除外)。应经常调节防护罩的可调护板,使可调护板和砂轮间的距离不大于1.6 mm。

5. 使用砂轮研磨时,应戴防护眼镜或装设防护玻璃。用砂轮磨工具时应使火星向下,不准用砂轮的侧面研磨。应随时调节工件托架以补偿砂轮的磨损,使工件托架和砂轮间的距离不大于 2 mm。

6. 电气工具和用具应由专人保管,定期检查。使用前应检查电线是否完好,有无接地线,不合格的禁止使用;使用过程中按规定接线。使用带有金属外壳的电气工具时应戴绝缘手套,不准提着电气工具的导线或转动部分。在梯子上使用电气工具,应做好防止感电坠落的安全措施。工作中因故离开工作场所或暂时停止工作以及遇到临时停电时,应立即切断电源。电气工具和用具的电线不准接触热源,不准置于潮湿环境下,并避免载重车辆和重物压在电线上。

7. 移动式电动机械和手持电动工具的单相电源线应使用三芯软橡胶电缆;三相电源线在三相四线制系统中应使用四芯软橡胶电缆,在三相五线制系统中宜使用五芯软橡胶电缆。连接电动机械及电动工具的电气回路应单独设开关或插座,并装设剩余电流动作保护器(漏电保护器),金属外壳应接地;电动工具应做到"一机一闸一保护"。

8. 长期停用或新领用的电动工具应用 500 V 的绝缘电阻表测量其绝缘电阻,如带电部件与外壳之间的绝缘电阻值达不到 2 MΩ,应进行维修处理。对正常使用的电动工具也应对其绝缘电阻进行定期测量、检查。

9. 在潮湿或含有酸类的场地上以及在金属容器内应使用 24 V 及以下电动工具,否则应使用带绝缘外壳的工具,并装设额定动作电流不大于 10 mA 的一般型(无延时)剩余电流动作保护器(漏电保护器),且应设专人不间断地监护。剩余电流动作保护器(漏电保护器)、电源连接器和控制箱等应放在容器外面。电动工具的开关应设在监护人伸手可及的地方。

三、一般工具使用

使用工具前应进行检查,机具应按其出厂说明书和铭牌的规定使用,不准使用已变形、已破损或有故障的机具。

大锤和手锤的锤头应完整,其表面应光滑微凸,不准有歪斜、缺口、凹入及裂纹等情形。大锤及手锤的柄应用整根的硬木制成,不准用大木料劈开制作,也不能用其他材料替代,应装得十分牢固,并将头部用楔栓固定。锤把上不可有油污。不准戴手套或用单手抡大锤,周围不准有人靠近。狭窄区域,使用大锤应注意周围环境,避免反击力伤人。

用凿子凿坚硬或脆性物体(如生铁、生铜、水泥等)时,应戴防护眼镜,必要时装设安全遮栏,以防碎片打伤旁人。凿子被锤击部分若有伤痕不平整、沾有油污等,不准使用。

锉刀、手锯、木钻、螺丝刀等的手柄应安装牢固,没有手柄的不准使用。

使用射钉枪、压接枪等爆发性工具时,除严格遵守说明书的规定外,还应遵守爆破的有关规定。

(一)使用吊车作业

起吊、装卸、搬运工作必须由有经验的人统一指挥,有明确的信号和分工,并应有具体的安全措施。在起吊、牵引过程中,受力钢丝绳的周围、内角侧和起吊物的下面,严禁有人逗留和通过。起吊 200 kg 以上物件(如变压器等)时,离开地面 100 ~ 200 mm 时,必须稍停,检查各部受力情况,确认安全后方可继续起吊。做好现场防护,防止伤害行人、车辆。

(二)使用梯子作业

1. 使用梯子时应有防滑措施。
2. 梯子上只允许一人工作,应系好安全带。
3. 严禁在最上面两个梯磴上工作。
4. 梯子上有人工作时严禁移动梯子。
5. 必须有专人扶梯,如图4-32所示。
6. 梯子与地面的夹角不应大于55°~60°。
7. 必要时设置保护绳。

图4-32 梯子作业

(三)使用喷灯的安全[42]

喷灯火焰与带电部分的距离应符合:10 kV及以下者不得小于1.5 m;10 kV以上者不得小于3.0 m。喷灯的使用应符合使用说明的规定。

(四)有限空间内作业

有限空间是指封闭或者部分封闭,与外界相对隔离,出入口较为狭窄,作业人员不能长时间在内工作,自然通风不良,易造成有毒有害、易燃易爆物质积聚或者氧含量不足的空间。有限空间作业是指作业人员进入有限空间实施的作业活动。

1. 有限空间的分类

第一类:封闭、半封闭设备,如:储罐、反应塔、冷藏车、沉箱及锅炉、压力容器、浮筒、管道、罐车、槽车等。

第二类:地下有限空间,如:地下管道、地下室、地下仓库、地下工事、暗沟、隧道(检查井)、涵洞、地坑、废井、地窖、沼气池及化粪池、下水道、沟、井、池、建筑孔桩、地下电缆沟等。

第三类:地上有限空间,如:储藏室、酒槽池、发酵池、垃圾站、温室、冷库、粮仓、封闭车间、试验场所、烟道等。

2. 电力专业有限空间作业处所

(1)室内外电缆井、电缆沟、电缆隧道。

(2)电力箱式变电站地下电缆间隔。

(3)变配电所电缆夹层、电缆隧道、集油井及其他设备夹层。

(4)密闭涵洞。

(5)深度1.5 m及以上的电杆及拉线基础坑。

(6)其他有缺氧危险,易产生或存在硫化氢、一氧化碳、甲烷、六氟化硫等有害气体或粉尘危害的所有有限空间场所。

3. 作业要求[43]

有限空间作业应当符合下列要求(图4-33):保持有限空间出入口畅通;设置明显的安全警示标志和警示说明;作业前后清点作业人员和工器具;作业人员与外部有可靠的通信联络;监护人员不得离开作业现场,并与作业人员保持联系;存在交叉作业时,采取避免互相伤害的措施。

图4-33 有限空间作业要求

有限空间作业应当严格遵守"先通风、再检测、后作业"的原则。检测指标包括氧浓度、易燃易爆物质(可燃性气体、爆炸性粉尘)浓度、有毒有害气体浓度。检测应当符合相关国家标准或者行业标准的规定。未经通风和检测合格,任何人员不得进入有限空间作业。检测的时间不得早于作业开始前30 min。作业中断超过30 min,作业人员再次进入有限空间作业前,应当重新通风、检测合格后方可进入。检测人员应佩戴隔离式呼吸器,严禁使用氧气呼吸器。下地沟作业人员下地沟前,应由专业人员或利用专用设备,检测地沟管道是否带电,可能存在可燃气体的有害空间严禁使用明火检测。

电气设备、焊钳、手持电动工具、导线进出有限空间必须先停机、切断电源,并悬挂"有人检修,禁止合闸"标示牌,必要时应设专人监护。暂时不用的焊钳、电气设备、工具应切断电源，放在干燥的木板或绝缘板上，严禁将带电的焊钳、电气工具随意直接放在有限空间的金属体上，焊接前必须连接接地线。

有可燃气体或可燃性粉尘存在的作业现场，必须使用符合防爆要求的检测仪器、电动工具、照明灯具、作业工具等，进入煤气环境还应携带便携式报警仪。在有限空间内使用二氧化碳、氩气或氦气进行焊接作业时，必须在作业过程中不间断通风换气，确保空气符合安全要求。有限空间危险作业现场应确保空气质量，氧气含量应在18%～23.5%。其有害有毒气体、可燃气体、粉尘容许浓度必须符合国家标准的安全要求。

在有限空间作业进行过程中，严禁用纯氧进行通风换气。有限空间作业前和作业过程中，可采取强制性持续通风措施降低危险，保持空气流通。

开挖基坑作业应在坑口的铁路线路侧设置防止道砟滑落的挡砟板，以防道砟落下伤人。做好边坡防护、排水畅通，尽快进行立杆回填。对石夹土坑、碎石坑、填方土坑等要采取局部支撑的防护措施。对岩石坑采用机械（风枪）开挖，严禁进行爆破作业。遇到地下水时应采取有效方法进行降水。在列车通过时，必须停止作业，防止列车通过时振动落石伤人。开挖的基坑，监管人员要确认路基稳固、坑壁坚固、无塌方、堵塞水沟等危险，对于当天不能回填的基坑，应采取有效措施防止塌陷及行人陷落。

在顶棚内作业时，禁止吸烟及点燃灯火。应使用36 V及以下的作业行灯或手电筒。在顶棚内禁止带电连接导线。进入顶棚时，应先检查小木梁是否牢固。如不牢固时，应垫上木板，禁止脚踏板条和两人站在同一小木梁上。在棚内行动时，应随时注意钉子。进入顶棚使用梯子时，应安放牢固并有人扶持。

4. 防护用品[44-49]

有限空间作业人员（含检测人员）应配备符合国家标准要求的防护用品和设备。呼吸防护用品应当为全面罩正压式空气呼吸器或长管面具等隔离式呼吸保护器具，符合《呼吸防护用品的选择、使用与维护》（GB/T 18664—2002）、《自给开路式压缩空气呼吸器》（GB/T 16556—2007）、《呼吸防护　长管呼吸器》（GB 6220—2009）等规定要求。缺氧条件下，应当符合《缺氧危险作业安全规程》（GB 8958—2006）要求。同时，要配备应急通信报警器材、快速检测设备、大功率强制通风设备、应急照明设备、安全绳、救生索、安全梯等防护用品。当有限空间存在可燃性气体和爆炸性粉尘时，通风、检测、照明、通信设备应当符合防爆要求，作业人员应当使用防静电防护用品，使用防爆工具，配备可燃气体报警仪等。防护装备以及应急救援设备设施应当妥善保管，并按规定定期进行检验、维护。

有限空间作业场所的照明灯具电压应当符合《特低电压（ELV）限值》（GB/T 3805—2008）等国家标准或者行业标准的规定；作业场所存在可燃性气体、粉尘时，其电气设施设备及照明灯具的防爆安全要求应当符合《爆炸性环境　第1部分：设备　通用要求》（GB 3836.1—2010）等国家标准或者行业标准的规定。

5. 应急救援

有限空间作业中发生事故后，现场有关人员应当立即报警，禁止盲目施救。应急救援人员实施救援时，应当做好自身防护，佩戴必要的呼吸器具、救援器材，避免发生次生事故。存在有毒气体泄漏时，应迅速查清有毒气体来源。

四、栅栏内作业[50,51]

随着普速铁路运行速度的逐步提升和高速铁路的建设,列车运行速度高,对铁路沿线运行环境提出了更高要求,铁路线路一旦闯入行人、牲畜,会对高速运行的列车带来安全隐患,也会对人员造成人身伤害,因此铁路部门在铁路沿线线路两侧设置防护栅栏,形成铁路封闭网,阻挡行人、牲畜等进入封闭网内,为铁路行车安全设置了一道安全屏障,确保行车安全,减少人员伤亡事故。

高速铁路防护栅栏内的所有电力设备检修、检测、巡视及故障处理应纳入"天窗"点内进行,特殊情况应根据铁路局集团公司行调和供电调度的调度命令,办理登记、封锁线路或限速手续后执行。

一般在运行速度≥120 km/h 的普速铁路和客运专线均设置防护栅栏封闭,部分运行速度<120 km/h 的普速铁路根据具体情况设置防护栅栏。

铁路电力设备分布在铁路沿线,部分设备位于铁路栅栏内,在电力设备的巡视、维修、抢修作业中需要进入栅栏内时,应遵循有关规定。

电力设备发生故障,应迅速组织抢修。如遇紧急情况,须进入防护栅栏时,应按规定办理登记手续,经许可后方可进入。

(一)高速铁路栅栏内电力作业

高速铁路实行"天窗"制度,是指在铁路运行图内不铺画列车运行线或减少运行次数,为铁路维修养护、施工预留空闲的时间。高速铁路天窗时间内没有列车运行,时间相对固定。高速铁路进入栅栏内的作业必须在天窗时间内进行,天窗时间外不得进入防护栅栏内。栅栏内的电力设备巡视、维修作业要遵循天窗规定。

1. 作业前的准备

(1)天窗时间进入栅栏内的电力作业,需要提报营业线施工计划,与其他专业共用综合维修天窗时,需与主体施工单位履行相关手续。

(2)作业前,由作业负责人组织召开准备会,明确现场防护员、驻站联络员、封锁时间及范围、作业项目、作业地点、进出网位置、工机具、材料清点及责任人、安全关键点卡控措施。作业人员进栅栏网前,作业组现场防护员与作业负责人共同对人员、工机具、材料进行清点、登记,现场防护员与作业负责人分别向驻站联络员报告。

(3)封锁命令下达后,驻站联络员向作业组现场防护员和作业负责人传达封锁命令及起止时间,并确认受令对象,执行复诵制度。

2. 作业过程

(1)天窗点内步行巡视栅栏内的电力设备时,巡视人员不少于二人,应设驻站联络员或驻所(调度)联络员。巡视时不应在道心行走、道床停留、不经瞭望穿越线路;沿电缆沟径路行走时,注意走稳踏牢;严禁攀登接触网支柱;巡视人员应与联络员随时保持联系,注意避让车辆。

(2)栅栏内电力设备故障抢修作业时,按规定设驻站联络员和现场防护员,抢修工器具、材料摆放整齐,不得侵入限界,翻起的电缆沟盖板要摆放平稳,抢修完毕将盖板放平放实。

3. 作业结束

作业人员出网后,作业组现场防护员与作业负责人共同对人员、工机具、材料进行清点、登记,确认具备开通条件后,由现场防护员与作业负责人分别向驻站联络员报告。

4. 其他注意事项

(1)施工日计划、派工单,应明确进、出作业门的位置和时间。进、出作业门时,作业负责人(或经作业负责人指定的人员)应对照派工单核对作业人数、工机具和材料数量、调度命令等关键信息,杜绝无计划作业或遗漏工机具。

(2)"天窗"点外不应进入防护栅栏进行与高速铁路设备相关的检查、检测等作业。确需进入防护栅栏进行抢修等工作时,应按规定办理手续,执行相关规定,并应经专用通道进出,不应翻越栅栏。高速铁路进出作业门需要遵循作业门管理单位规定,向作业门管理单位提供施工计划、进门人员数量等信息,并履行进出作业门登记等手续。遵循天窗时间内作业的安全规定,电力抢修中需要上道的作业,要申请本线封锁,邻线限速 160 km/h。

(3)高速铁路天窗作业基本都是工务、电务、供电专业综合利用天窗,由于天窗时间内有工务、供电的轨道车、接触网作业车等的运行,必须设置驻站联络员和现场防护员,防护作业组成员的安全。

(4)确需进入防护栅栏内进行抢修等工作时,应按规定申请办理线路封锁,待线路封锁后,在车站等部门指定的通道进出栅栏内。

(5)电力部门对作业门钥匙设置专人管理,固定数量,其他任何单位或个人严禁复制。

(二)普速铁路栅栏内电力作业

1. 运行速度≤160 km/h 的普速铁路,电力设备巡视维修需要进入栅栏内的作业,应按营业线施工管理办法相关规定办理。

2. 电力设备位于栅栏内,电力维修作业影响设备运行时,如停电维修影响信号正常使用、作业需要侵入铁路限界内等,需要在天窗时间内进行。

3. 无论天窗时间内还是天窗时间以外的电力作业,都必须设置驻站联络员和现场防护员,严格执行"施工登销记"制度,建立完备的防护体系。

4. 天窗时间内作业,如涉及与工务、接触网等相关部门综合天窗的情况下,现场必须严格落实防护制度,确认工程车辆运行情况,防止发生车辆剐碰等人身事故,确保人身安全。

5. 电力设备地面巡检作业,任何情况下均不得上道,不得侵入行车限界。如特殊情况下,确需横越线路,必须联系彻底,确认通过列车情况,并现场严格执行"一停二看三通过"制度,确保人身安全和行车安全。

五、SF_6电气设备作业

SF_6在常温、常压下为气态,无毒、无色、无味,化学性能稳定,在101 325 Pa、20 ℃时的密度为6. 16 g/L,具有优异的绝缘灭弧电气性能。

SF_6电气设备指在电气设备内充以SF_6作为绝缘介质的电气设备,如SF_6断路器、变压器、电缆、SF_6气体绝缘全封闭电器(GIS)等。

SF_6取代了空气,成为窒息剂,因此,如大量释放特别是释放到狭小的空间中,它就能构成危险。虽然纯净的SF_6气体是无毒的,但在生产过程中会有多种有毒气体产生。在设备运行过程中，在电弧作用下，SF_6气体也会产生多种有毒分解产物。因此须对从事SF_6电气设备运行、试验及检修人员的安全防护予以明确的规定。

（一）SF_6新气的安全使用和充装时的安全防护[52]

SF_6气体中可能存在一定量的毒性分解物，在使用SF_6气体的过程中，要采取安全防护措施。制造厂提供的SF_6气体应具有制造厂名称、气体净重、灌装日期、批号及质量检验单，否则不准使用。新购入的SF_6气体要进行抽样复检，参照《SF_6电气设备气体监督导则》（DL/T 595—2016）实施。复检结果应符合SF_6新气标准，否则不准使用。

从钢瓶中引出SF_6气体时，必须用减压阀降压。避免装有SF_6气体的钢瓶靠近热源或受阳光曝晒。使用过的SF_6气体钢瓶应关紧阀门，戴上瓶帽，防止剩余气体泄漏。户外设备充装SF_6气体时，工作人员应在上风方向操作；室内设备充装SF_6气体时，要开启通风系统，并尽量避免和减少SF_6气体泄漏到工作区。要求使用检漏仪做现场泄漏检测，工作区的空气中SF_6气体含量不得超过1 000 μL/L。

（二）设备运行中的安全防护[53,54]

SF_6电气设备安装室与主控室之间要做气密性隔离，以防有毒气体扩散进入主控室。设备安装室内应具有良好的通风系统，通风量应保证在15 min内换气一次。由于SF_6气体密度大于空气，所以抽风口应设在室内下部。设备安装室底部应安装SF_6浓度报警仪和氧量仪。当SF_6浓度超过1 000 μL/L，氧量低于18%时，仪器应报警。图4-34所示为SF_6气压表，便于电力作业人员观察柜内SF_6气压。

工作人员不准单独和随意进入设备安装室。进入设备安装室前，应先通风15 min。不准在设备防爆膜附近停留。工作人员在进入电缆沟或低位区域前，应检测该区域内的含氧量，如发现氧含量低于18%时，不能进入该区域工作。设备内SF_6气体的定期检测参照《电力设备预防性试验规程》（DL/T 596—2021）进行。如发现气体中毒性分解物的含量不符合要求时，应采取有效的措施，包括气体净化处理、更换吸附剂、更新SF_6气体、设备解体检修等。

气体采样操作及处理渗漏时，工作人员要穿戴防护用品，如图4-35所示，并在通风条件下，采取有效的防护措施。

图4-34　SF_6气压表

图4-35　穿戴防护用品

（三）设备解体时的安全保护[55]

欲回收利用的SF_6气体，需进行净化处理，达到新气标准后方可使用。对于排放废气，事前需作净化处理（如采用碱吸收的方法），达到国家环保规定标准后，方可排放。设备解体前，应对设备中的SF_6气体进行必要的分析测定，根据有毒气体含量，采取相应的安全防护措施。解体前，用回收净化装置净化SF_6气体，并对设备抽真空，用氮气冲洗3次后，方可进行设备解体检修。

检修人员应穿戴防护服及防毒面具。设备封盖打开后，应暂时撤离现场30 min。取出吸附剂，清洗金属和绝缘零部件时，检修人员应穿戴全套的安全防护用品，并用吸尘器和毛刷清除粉末。SF_6电气设备解体检修净化车间要密闭、低尘降，并保证有良好的地沟机力引风排气设施，其换气量应保证在15 min内全车间换气一次。排气口设在底部。

工作结束后使用过的防护用具应清洗干净，检修人员要洗澡。

（四）处理紧急事故时的安全防护

防爆膜破裂及其他原因造成大量气体泄漏时，需要采取紧急防护措施，并立即报告有关上级主管部门。室内紧急事故发生后，应立即开启全部通风系统，工作人员根据事故情况，佩戴防毒面具或氧气呼吸器，进入现场进行处理。

发生防爆膜破裂事故时应停电处理。防爆膜破裂喷出的粉末，应用吸尘器或毛刷清理干净。事故处理后，应将所有防护用品清洗干净，工作人员要洗澡。

SF_6气体中存在的有毒气体和设备内产生的粉尘，对人体呼吸系统及黏膜等有一定的危害，一般中毒后会出现不同程度的流泪、打喷嚏、流涕、鼻腔咽喉有热辣感、发音嘶哑、咳嗽、头晕、恶心、胸闷、颈部不适等症状。发生上述中毒现象时，应迅速将中毒者移至空气新鲜处，并及时进行治疗。

要与有关医疗单位联系，制定可能发生中毒事故的处理方案和配备必要的药品，以便发生中毒事故时，中毒者能够得到及时的治疗。

（五）安全防护用品的管理与使用

设备运行、试验及检修人员使用的安全防护用品，应有专用防护服、防毒面具、氧气呼吸器、手套、防护眼镜及防护脂等。安全防护用品必须经国家相应的质检部门检测，具有生产许可证及编号标志。有产品合格证者，方可使用。

安全防护用品应存放在清洁、干燥、阴凉的专用柜中，设专人保管并定期检查，保证其随时处于备用状态。使用防毒面具和氧气呼吸器的人员要先进行体格检查，尤其是要检查心脏和肺功能，功能不正常者不能使用上述用品。

第七节 电气化铁路安全规定

在电气化区段作业时，上方接触网带电，下面存在牵引供电回流系统，电气环境比较复杂，要特别注重特殊环境对作业安全的影响。

电气化铁路（图4-36）由电力机车（或动车组）和牵引供电系统两大部分组成，将电能从电力系统传送给电力机车的电力装置的总称叫作电气化铁路的供电系统,又称牵引供电系统,主要由牵引变电所和接触网两大部分组成。

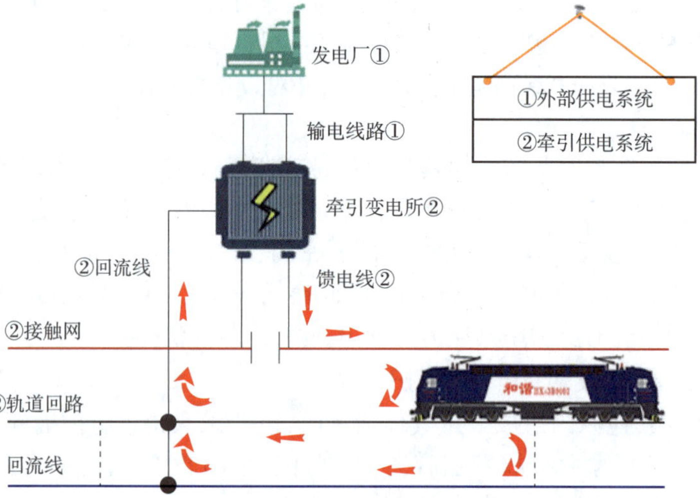

图 4-36　电气化铁路

牵引变电所将电力系统输电线路电压从 110 kV(或 220 kV)降到 27. 5 kV,经馈电线将电能送至接触网;沿着铁路线的两旁,架设着一排支柱,上面悬挂着金属线,即为接触网。接触网是向电力机车直接输送电能的设备,电力机车升弓后便可从其取得电能,用以牵引列车。

我国电气化铁路采用单相工频交流制供电,接触网额定电压值为 25 kV,最高工作电压为 27. 5 kV,短时(5 min)最高工作电压 29 kV,最低工作电压为 19 kV(高速铁路为 20 kV)。接触网附近存在感应电,因此与非电气化铁路相比,电气化铁路对人身安全和作业安全提出了更高的要求。凡在电气化铁路工作的从业人员,必须熟知电气化铁路安全的有关规定,并且必须严格执行。

一、有关人身安全的规定

1. 在电气化区段内,任何人不准登上机车车辆顶部或翻越车顶通过线路。在旅客站台、行人较多的电气化区段,所有接触网支柱应悬挂或涂有“禁止攀登”“有电危险”等警告牌。禁止在支柱上搭挂衣物、攀登支柱或在支柱旁休息。禁止攀登车辆如图 4-37 所示。

2. 手持木杆、梯子等工具通过接触网时,必须水平通过,不准高举超过安全距离。押运、随车装卸等人员,在电气化铁路区段内,禁止搭乘机车以及坐在车顶或装载的货物上。

3. 为提醒人们对高压带电体的注意,在电气化铁路沿线接触网支柱上应标示“高压危险,严禁攀登”的警告语;在电气化铁路上使用的内燃机车通往车顶的梯子应标示“高压危险”的警告牌;在电力机车、牵引变压器的一次侧(高压侧)应设置安全防护栅网。

图 4-37　禁止攀登车辆

4. 车辆和行人,通过电气化铁路平交道口时,必须遵守以下规定。

(1)通过道口车辆限界及货物装载高度(从地面算起)不得超过 4.5 m,超过时,应绕行立交道口或进行货物倒装。

(2)通过道口车辆上部或其货物装载高度(从地面算起)超过 2 m 通过平交道口时,车辆上部及装载货物上严禁坐人。

(3)行人持有长大、飘动等物件通过道口时,不得高举挥动,应与牵引供电设备带电部分保持 2 m 以上的距离,如图 4-38 所示。

图 4-38　通过电气化铁路时的注意事项

5. 在接触网支柱及接触网带电部分 5 m 范围内的金属结构上均需装设接地线。天桥、跨线桥靠近或跨越牵引供电设备的地方,因距离带电部分较近,容易发生触电事故,为了确保人身安全,必须设置防护栅网,防护栅网安设“高压危险”标志。行人通过这种天桥或跨线桥时,严禁用竹竿、棍棒、铁线等非绝缘物件穿捅安全栅网。

6. 铁路运输部门三令五申,严禁爬乘货车,主要是为了防止人员坠车事故,在电气化铁路上爬乘货车时,还容易发生人员触电伤亡事故。因此,在发现有人爬乘货车时要严加制止。特别是从非电气化铁路开来的货车,在进入电气化铁路前,接发列车人员应认真检查,发现有人乘坐在敞平车装载的货物或棚车车顶上时,应令其下车,劝其乘坐客车或安排在安全处所,以防列车进入电气化铁路区段后爬乘人员触电。

7. 如列车已进入电气化铁路区段,且停于带电的接触网下面时,应好言相劝,让爬乘人员千万不要站立,提醒其车辆上方有高压电,要俯卧式慢慢“爬”下车。必要时应操纵隔离开关,使接触网停电后再使其下车。在接触网带电条件下,千万不能大声斥责、吓唬,以免爬乘人员害怕,站起来逃跑时触电。

二、有关作业安全的规定

1. 所有接触网设备,自第一次受电开始,在未办理停电接地手续之前,均按有电对待。

2. 为保证人身安全,除牵引供电专业人员按规定作业外,任何人员所携带的物件、作业工器具等须与牵引供电设备高压带电部分保持 2 m 以上的距离,与回流线、架空地线、保护线保持 1 m 以上的距离,距离不足时,牵引供电设备须停电。

3. 牵引供电停电作业时,专业作业人员(包括所持的机具、材料、零部件等)与周围带电设备的距离不得小于下列规定:330 kV 为 5 000 mm,220 kV 为 3 000 mm,110 kV 为 1 500 mm,25 kV 和 35 kV 为 1 000 mm,10 kV 及以下为 700 mm。

4. 在电气化铁路附近施工、冲洗车辆时,因水能导电,严禁水流向接触网方向喷射,保持水流与接触网带电部分有 2 m 以上距离,以防触电事故发生。在站场施工时,装卸湿粉石灰,应尽量远离接触网,防止破坏及降低接触网对地绝缘。

5. 在施工中使用发电机、空压机、搅拌机等机电设备时,在距离接触网设备 5 m 范围内要有良好的接地装置。在可能带电部位,应有“高压危险”明显标志,并采取有效的防护措施。

6. 电气化铁路区段,具有升降、伸缩、移动平台等功能的机械设备进行施工、装卸等作业时,作业范围与牵引供电设备高压带电部分须保持 2 m 以上的距离,与回流线、架空地线、保护线保持 1m 以上距离,距离不足时,牵引供电设备须停电。在接触网未停电接地时,禁止吊车的吊臂在接触网下伸臂转动。

7. 在带电的接触网下,不准在敞车、平车、罐车等车辆(棚车、冷藏车、家畜车除外)上进行作业,不准进行用竹竿等物测量货物装载高度等靠近接触网的作业,严禁用竹竿及金属长大物件等测量接触网与房屋、建筑、设备的距离。

8. 在修建靠近接触网的房屋、建筑及设备时,严禁借助铁塔支柱搭脚手架或在铁塔支柱上上下。

9. 各类油罐车在电气化铁路区段发生泄漏时,严禁人员上去处理,要立即通知铁路相关部门,将其牵引到非电气化区段处理。

10. 在带电的接触网下禁止的作业有:

(1)攀登机车、客车、棚车、冷藏车及罐车的车顶,在车顶上站立、行走或从事任何作业,开闭罐车顶上的罐盖，在冷藏车顶上开闭冰箱盖检查冷藏冰盐情况。

(2)使用胶皮软管冲刷车辆时，水管朝接触网喷射。

(3)用非绝缘杆尺检测货物高度，登车处理超高货物、紧固篷布或绳索等。

(4)抛掷测量工具(如钢卷尺、皮尺等)、索具及其他非绝缘工具物件等，在接触网下使用或运送侵入安全距离之内的各种工具、设备物件等。

11. 在距接触网带电部分不到 2 m 的建筑物上作业时，接触网必须停电，并要遵照下列规定办理。

(1)施工领导人向设备所属接触网工区提出接触网停电申请书，申请书中应明确指出施工地点、施工所需时间、施工开始时间及作业特点。对于有计划的作业，申请书应于施工前两天提出。

(2)只有在接到供电调度员许可停电施工的命令，并由接触网工区指定的接触网工装设临时接地线后，方可开始施工。施工时接触网工必须在场监护，在有关电气安全方面，施工领导人必须听从接触网工的指导。

(3)施工结束，接触网工要确认所有工作人员都已在安全地点之后，方可拆除临时接地线，并通知供电调度员施工已完成。在拆除临时接地线之后严禁再进行施工。

12. 在距接触网带电部分 2 ~4 m 的导线、支柱、房顶及其他设施上施工时，接触网可以不停电，但需有接触网工或经专门训练的人员在场监护。支柱及金属结构的接地线，应由接触网工装设；当更换钢轨或进行养路需移设接地线、吸上线、电务扼流变钢轨引线等设备时，应由专业设备管理单位按设备分界进行作业，并及时恢复。

13. 发现牵引供电设备断线及其部件损坏，或发现牵引供电设备上挂有线头、绳索、塑料布或脱落搭接等异物，均不得与之接触，应立即通知附近车站，在牵引供电设备检修人员到达未采取措施以前，任何人员均应距已断线索或异物处所 10 m 以外。如接触网已断导线等侵入建筑，接近限界危及行车安全时，则必须根据《铁路技术管理规程》的规定进行防护处理。

三、火灾消防措施

电气化铁路附近发生火灾时，必须立即通知供电调度员、列车调度员或接触网工区值班人员，组织有关人员灭火，再根据火灾地点、火势和消防灭火的需要，确定接触网是否停电。

用水和灭火器浇灭距离接触网带电部分不足 4 m 的燃着物时，接触网必须停电。使用沙土灭火时，若燃着物距离接触网带电部分 2 m 以外，接触网可以不停电。

用水浇灭距离接触网 4 m 以外的燃着物时，接触网可以不停电。但是，水管不准朝接触网方向喷射，水流与接触网带电部分应保持 2 m 安全距离。

为此，消防人员最好站在接触网同一侧，向接触网反方向喷水灭火。站在消防车上灭火时，要注意人体、消防器材与接触网带电部分保持 2 m 安全距离。

接触网或其他带电设备着火时，在切断电源前不得使用水或泡沫灭火器火。二氧化碳(干粉)灭火器适用于扑灭 600 V 以下的各种电器火灾。

四氯化碳灭火器适用于扑灭高压电器火灾。由于四氯化碳灭火器是将一定数量的药液以 800 kPa 的压力储于灭火器筒内，而且四氯化碳的绝缘性能高达 12 kV，故特别适用于扑灭高压电器发生的火灾，但其药液蒸气有毒，灭火时注意严防射入其他消防人员的眼睛。喷射时，应先由火焰边缘开始，再推向中心位置，并应避免逆风使用，以防药液伤人，同时在灭火后应及时通风，防止人员窒息。

复习思考题

1. 电力作业人员的基本条件是什么？
2. 在电力设备上工作，保证安全的组织措施有哪些？
3. 什么是工作许可制度？
4. 电力线路作业时，必须停电的设备有哪些？
5. 登杆前应检查和做好的事项有哪些？

引用规章文件

[1]《铁路电力安全工作规程》(铁运〔1999〕103 号)第一章第 1 条
[2]《铁路电力安全工作规程补充规定》(铁总运〔2015〕51 号)第一章第 3 条
[3]《铁路电力安全工作规程补充规定》(铁总运〔2015〕51 号)第一章第 4 条
[4]《铁路电力安全工作规程》(铁运〔1999〕103 号)第二章第 6 条
[5]《铁路电力安全工作规程》(铁运〔1999〕103 号)第二章第 7 ~ 18 条
[6]《铁路电力安全工作规程》(铁运〔1999〕103 号)第二章第 20 ~ 24 条
[7]《铁路电力安全工作规程补充规定》(铁总运〔2015〕51 号)第三章第 10 条
[8]《铁路电力安全工作规程》(铁运〔1999〕103 号)第二章第 25 ~ 28 条
[9]《铁路电力安全工作规程》(铁运〔1999〕103 号)第二章第 29 ~ 31 条
[10]《铁路电力安全工作规程》(铁运〔1999〕103 号)第二章第 32 条
[11]《铁路电力安全工作规程》(铁运〔1999〕103 号)第三章第 33、34 条
[12]《铁路电力安全工作规程》(铁运〔1999〕103 号)第二章第 35、37、38 条
[13]《铁路电力安全工作规程补充规定》(铁总运〔2015〕51 号)第三章第 12、16 ~ 19、22 条，第四章第 23 条
[14]《铁路电力安全工作规程》(铁运〔1999〕103 号)第三章第 39 ~ 41 条
[15]《铁路电力安全工作规程补充规定》(铁总运〔2015〕51 号)第四章第 24 条
[16]《铁路电力安全工作规程补充规定》(铁总运〔2015〕51 号)第四章第 25 条
[17]《铁路电力安全工作规程》(铁运〔1999〕103 号)第三章第 50、51 条
[18]《铁路电力安全工作规程补充规定》(铁总运〔2015〕51 号)第四章第 26 条

[19]《铁路电力安全工作规程补充规定》(铁总运〔2015〕51 号)第一章第 2 条
[20]《铁路电力安全工作规程补充规定》(铁总运〔2015〕51 号)第二章第 7 条
[21]《铁路电力安全工作规程》(铁运〔1999〕103 号)第四章第 52 ~ 55 条
[22]《铁路电力安全工作规程》(铁运〔1999〕103 号)第四章第 58 条
[23]《铁路电力安全工作规程》(铁运〔1999〕103 号)第四章第 56、57 条
[24]《铁路电力安全工作规程补充规定》(铁总运〔2015〕51 号)第二章第 8 条
[25]《铁路电力安全工作规程补充规定》(铁总运〔2015〕51 号)第二章第 9 条
[26]《铁路电力安全工作规程》(铁运〔1999〕103 号)第四章第 59 条
[27]《铁路电力安全工作规程》(铁运〔1999〕103 号)第四章第 60、64 ~ 66 条
[28]《铁路电力安全工作规程》(铁运〔1999〕103 号)第四章第 68、69 条
[29]《铁路电力安全工作规程》(铁运〔1999〕103 号)第四章第 70 ~ 73 条
[30]《铁路电力安全工作规程》(铁运〔1999〕103 号)第四章第 76 条
[31]《铁路电力安全工作规程》(铁运〔1999〕103 号)第五章第 78、79 条
[32]《铁路电力安全工作规程》(铁运〔1999〕103 号)第五章第 83 条
[33]《铁路电力安全工作规程》(铁运〔1999〕103 号)第五章第 84 条
[34]《铁路电力安全工作规程》(铁运〔1999〕103 号)第五章第 86 ~ 89 条
[35]《铁路电力安全工作规程》(铁运〔1999〕103 号)第五章第 93、94 条
[36]《铁路电力安全工作规程》(铁运〔1999〕103 号)第五章第 104 ~ 109 条
[37]《铁路电力安全工作规程》(铁运〔1999〕103 号)第六章第 110 ~ 115 条
[38]《高速铁路电力管理规则》(铁总运〔2015〕49 号)第三章第 13 条
[39]《铁路电力安全工作规程》(铁运〔1999〕103 号)第六章第 116 ~ 119 条
[40]《铁路电力安全工作规程》(铁运〔1999〕103 号)第六章第 123 条
[41]《铁路电力安全工作规程》(铁运〔1999〕103 号)第六章第 120 ~ 122 条
[42]《铁路电力安全工作规程》(铁运〔1999〕103 号)第六章第 126、127 条
[43]《铁路电力安全工作规程》(铁运〔1999〕103 号)第六章第 124、125 条
[44]《呼吸防护用品的选择、使用与维护》(GB/T 18664—2002) 4. 2
[45]《自给开路式压缩空气呼吸器》(GB/T 16556—2007)5. 3、5. 4
[46]《呼吸防护　长管呼吸器》(GB 6220—2009)5. 1 ~ 5. 4
[47]《缺氧危险作业安全规程》(GB 8958—2006)5. 1 ~ 5. 3
[48]《特低电压(ELV)限值》(GB/T 3805—2008)6. 2 ~ 6. 5
[49]《爆炸性环境　第 1 部分:设备　通用要求》(GB 3836. 1—2010) 6. 1 ~ 6. 6, 21. 1 ~ 21. 4
[50]《铁路电力安全工作规程补充规定》(铁总运〔2015〕51 号)第三章第 11、20 条
[51]《铁路电力安全工作规程补充规定》(铁总运〔2015〕51 号)第五章第 27 ~ 29 条
[52]《六氟化硫电气设备气体监督导则》(DL/T 595—2016)7. 1、7. 2

[53]《铁路电力安全工作规程补充规定》(铁总运〔2015〕51 号)第六章第 35 ~ 37 条
[54]《电力设备预防性试验规程》(DL/T 596—2021)15.3
[55]《铁路电力安全工作规程补充规定》(铁总运〔2015〕51 号)第六章第 44 条

第五章

铁路施工管理与新线建设

学习任务

铁路施工安全对保证铁路运输安全、维护正常的运输秩序具有重要意义。保证铁路施工安全是每一位铁路基础设施维护从业人员的最高目标，要切实采取有效措施，加强新形势下铁路施工安全管理工作，遏制施工事故发生，构建企业安全生产监督管理的长效机制，确保安全生产事故能真正得到控制。随着中国铁路事业突飞猛进，铁路网规模和质量显著提升，高速铁路网越织越密。铁路工程建设脚步永不停歇，保证新线建设质量是每位铁路建设者、参与者最基本、最重要的使命和责任。

本章对铁路施工分类，铁路施工项目，营业线、邻近营业线施工管理，施工安全管理防护制度，铁路工程建设主要程序，前期介入，验收进行介绍。

通过学习，了解铁路施工分类、施工安全管理防护、铁路工程建设的基本知识，提高对营业线、邻近营业线施工管理的认识，掌握新线建设前期介入工作及工程验收重点，熟悉新线建设标准，着力打造精品工程。

第一节　铁路施工管理

一、施工分类

施工分为营业线施工和邻近营业线施工两种。

1. 营业线施工是指影响营业线设备稳定、使用和行车安全的各种作业，按组织方式、影响程度分为施工和维修两类[1]。普速铁路施工等级分为三级，即Ⅰ级、Ⅱ级、Ⅲ级施工。维修项目分为Ⅰ级维修和Ⅱ级维修。

2. 邻近营业线施工是指在营业线两侧一定范围内，新建铁路工程、既有线改造工程及地方工程等影响或可能影响铁路营业线设备稳定、使用和行车安全的作业[1]。邻近营业线施工分为 A、B、C 三类。

二、施工项目

(一)施工作业[2]

1. 线路及站场设备技术改造,增建双线、新线引入、电气化改造等施工。

2. 跨越、穿越铁路线路或站场的桥梁、隧道、涵洞、管道、渡槽和电力线路、通信线路、油气(燃气、蒸汽)管线以及铺设道口、平过道等设备设施的施工。

3. 在铁路安全保护区内架设、铺设、拆除管道、渡槽和电力线路、通信线路、杆塔、油气(燃气、蒸汽)管线等设施的施工。

4. 在规定的安全区域内实施爆破作业,在线路隐蔽工程含通信、信号、电力电缆径路、给水管路上作业,影响路基和桥隧涵稳定的各种施工。

5. 信号、联锁、闭塞、CTC/TDCS、列控等行车设备大中修、改造施工。

6. 影响营业线正常运营的铁路重要信息系统运行环境改造、基础设施更新、应用系统变更等施工。

7. 设置在线路上的安全检测、监控设备的新建、技术改造、大中修及 TPDS 设备标定施工。

8. 影响营业线正常运营的通信网络施工和中断行车通信业务的通信设备施工。

9. 线路大中修、路基、桥隧涵大修施工及大型养路机械作业。

10. 成段破底清筛,成组更换道岔(含钢轨伸缩调节器)及轨件,成段更换扣件,更换轨道板(道床板),更换无砟道床,无缝线路应力放散。

11. 普速铁路成段更换钢轨或轨枕,使用冻害垫板一次总厚度≥40 mm 的冻害整治等施工;高速铁路使用冻害垫板一次总厚度≥10 mm 的冻害整治,更换钢轨或轨枕,更换道岔(含钢轨伸缩调节器)主要部件等施工。

12. 牵引供电变配电设备、远动设备、电力、接触网技术改造及大修,高速铁路接触网三级修等施工。

13. 车站站台、雨棚、天桥等建筑物及客运上水和吸污设备、站场供水设施技术改造及大中修施工。

14. 工程质量缺陷和高速铁路线路、路基、桥隧涵病害整治等施工。

15. 整锚段更换接触线、承力索、附加线索,更换接触网支柱(吊柱),隧道内接触网预埋件整治等施工。

16. 在线间距不足 6.5 m 地段(两线间已有站台、栅栏等设施的除外)一线作业邻线行车时,单个防护单元内(防护单元长度原则上不超过 100 m)使用小型养路机械(包括捣固机、捣固镐、道岔打磨机、仿形打磨机、内燃扳手、切轨机)总数 10 台及以上的作业和线路允许速度 120 km/h 以上区段使用接触网车梯、梯子的作业。

17. 其他影响营业线设备稳定、使用和行车安全的施工。

(二)天窗维修作业

1. 维修天窗作业应利用维修天窗进行,作业开始前不需限速,结束后须达到正常放行列车条件[3]。维修天窗作业在提报和实施过程中通过铁路局集团公司的维修天窗软件予以实施。

2. 天窗是指列车运行图中不铺画列车运行线或调整、抽减列车运行线为施工和维修作业预留的时间，按用途分为施工天窗和维修天窗[4]。

3. 各项施工、维修作业要采用平行作业的方式，综合利用天窗，提高天窗的利用率[5]。

(三)邻近营业线施工作业

1. 邻近营业线施工纳入营业线施工安全管理范畴，主要指新建铁路工程、既有线改造工程及地方工程等与既有线平行、交叉、接入，在既有线两侧一定范围内(包括上跨、下穿既有铁路)，涉及既有线安全和正常使用的施工。

2. 电气化铁路接触网支柱外侧2 m(接触网支柱外侧附加悬挂外2 m，有下锚拉线地段时在下锚拉线外2 m)、非电气化铁路信号机立柱外侧1 m范围称为营业线设备安全限界[6]。

3. 邻近铁路营业线进行以下影响营业线设备稳定、使用和行车安全的工程施工，列为邻近营业线A类施工，必须纳入施工计划[7]。

(1)吊装作业时侵入营业线设备安全限界的施工。

(2)架设或拆除各类铁塔、支柱及接触网杆等在作业过程中侵入营业线设备安全限界的施工。

(3)开挖路基、路基注浆、桩基施工等影响路基稳定的施工。

(4)需要对邻近的营业线进行限速的施工。

4. 邻近营业线进行以下可能因翻塌、坠落等意外而危及营业线行车安全的工程施工，列为邻近营业线B类施工。邻近营业线B类施工应设置防护设施并经铁路局集团公司有关部门审批，确不能设置防护设施时，纳入铁路局集团公司施工计划，影响营业线设备稳定、使用和行车安全的防护设施设置必须纳入铁路局集团公司施工计划。

(1)使用高度或作业半径大于吊车至营业线设备安全限界之间距离的吊车吊装作业。

(2)影响铁路通信铁塔、基站、通信信号中继站及供电铁塔、支柱等基础稳定的各类施工。

(3)邻近营业线进行现浇梁、钢板桩、钢管桩、搭设脚手架等施工的设备和材料翻落后侵入营业线设备安全限界的施工。

(4)营业线路堑地段有可能发生物体坠落，翻落侵入营业线设备安全限界的施工。

5. 邻近营业线进行以下可能影响铁路路基稳定、行车设备使用安全的施工，列为邻近营业线C类施工。

(1)铲车、挖掘机、推土机等施工机械作业。

(2)人工开挖基坑和人工挖孔桩施工。

(3)邻近通信、信号及供电光、电缆沟10 m范围内的挖沟、取土、路基碾压等施工。

(4)绑扎钢筋、安装、拆除模板等未侵入营业线设备安全限界的施工。

(5)路基填筑或弃土等施工。

(6)其他涉及营业线行车设备稳定的施工。

三、营业线施工

(一)施工计划的编制审核

1. 施工方案编制审核包括施工方案内容审核、相关设备管理单位会审、铁路局集团公司主管业务部门审定等。

2. 施工计划的编制申报

(1)施工计划编制。集团公司普速铁路营业线施工计划分为年度轮廓施工计划、月度施工计划、施工日计划和维修计划[8]。

(2)施工月计划的申报。施工单位应于当月将次月施工计划申请上报集团公司专业主管业务部门,各业务部门对施工计划申请进行审查后,向施工办提出月度施工计划申请表。

注:有关计划提报时间及程序规定见各集团公司细则。

(3)施工日计划申报。施工单位按规定时间将施工日计划申请报集团公司相关部门与月度施工计划(含批复文电)进行核对,施工办将施工日计划下达本集团公司有关部门。

注:施工日计划的管理各集团存在差异,以集团公司的细则规定为准。

3. 维修天窗计划

维修天窗一般实行软件系统管理,日(周)审批制度。

注:申报审批时间要求及审批过程按各集团公司细则规定。

4. 临时要点计划

危及行车安全需立即抢修时,各工区应及时向段供电调度及相关领导汇报,得到批准后,按规定登记。

未经申报批准或申报了未被批准的项目,严禁施工。

(二)施工的组织实施

1. 施工前施工负责人要组织召开施工预备会,布置具体施工任务,安排施工方案及方法,交代技术标准和要求、落实施工安全措施、注意事项和控制措施。做到任务明确,责任到人,施工人员到岗,技术人员到位。

2. 施工和维修作业时,应在车站行车室设驻站联络员,施工地点设现场防护员,驻站的联络员必须携带"派遣证",佩戴臂章,进入车站行车室,驻站联络员与现场防护员要保持随时通信状态,掌握施工现场和列车运行情况,做好邻线通过列车时的安全防护,发现异常及时通知车站值班员和施工负责人。

3. 施工作业必须实行单一指挥,其他人员发现问题或有建议时,都必须通过施工负责人下达执行。

4. 施工单位应在实际施工调度命令的起止时间内完成施工作业,施工单位作业完成后,经施工、设备管理单位检查达到放行列车条件,由施工负责人(或驻站联络员)、设备单位检查人(或设备单位指定人员)办理开通登记(施工销记)。

5. 特殊情况下施工未能按计划全部完工,可能耽误行车时,经现场负责人确认,部分项目已完工,可提前开通部分设备使用,且不影响其他部分施工的,可先开通使用。

6. 遇下列情况之一,将不准施工。

(1)未下达施工日计划的。

(2)未按规定办理施工登记,两个及其以上施工单位共同施工未同步登记或施工配合单位未登记的;施工登记内容不全或与施工计划内容不符时。

7. 遇下列情况之一,停止施工不会影响运输安全的,应立即停止其施工,待采取措施或整改后再作安排。

(1)施工中发生事故时。

(2)施工超时或扩大施工范围对运输造成严重影响时。

(3)违章施工或与设计不符,将造成启用开通的行车设备不能正常使用或留有安全隐患时。

(三)天窗维修的实施

1. 维修天窗均按不行车方式办理。维修天窗内安排的作业并满足以下要求。

(1)检(维)修作业用时不超过规定的天窗时间。

(2)作业开始前不需限速,结束后须达到正常放行列车条件。

2. 维修天窗原则上由设备管理单位使用。非设备管理单位需利用时,要与相关设备管理单位签订相关安全协议,维修天窗作业时由设备管理单位负责提报计划,现场办理登、销记手续和各项联系事宜。

3. 中间站非正线、到发线及大型车站未纳入维修天窗作业区域的线路,维修作业由车站负责安排天窗进行。

4. 需路用列车配合维修作业,应在始发站办理路用列车开行申请登记,申请登记人员应主动加强与车站值班员、行车调度员的联系,确保路用列车在维修作业前到达日审批计划指定的发车站。

5. 工区因特殊情况需取消维修天窗计划时,应通知作业登记车站,或通知段供电调度,由车站值班员或段供电调度告知当班列车调度员。

四、邻近营业线施工

1. 邻近营业线A类及B类纳入铁路局集团公司施工计划的施工按照《×××集团公司营业线施工及安全管理细则》有关规定执行。

2. 邻近营业线B类不纳入铁路局集团公司施工计划的施工以及C类施工应编制邻近营业线施工安全监督计划,作为月度施工计划的附件下发。纳入邻近营业线施工安全监督计划的各类施工不需申请、下达施工日计划,不影响设备使用时不在车站办理登销记手续[9]。

3. 批准和公布的邻近营业线各项施工,相关单位按要求实施。

五、施工安全管理防护制度

1. 在施工前,要做好充分准备,做好安全预想会,明确安全责任和安全卡控措施。施工中,要严格执行技术标准、作业标准、工艺流程和卡控措施,严禁超范围作业,确保施工质量;施工完成后,必须达到放行列车条件并经设备管理单位确认后,方可申请开通线路。并根据当日施工情况做好总结会。

2. 凡影响行车安全的施工，均应设置专职防护人员。

（1）驻站的联络员必须携带“派遣证”，佩戴臂章，进入车站行车室。“派遣证”一式两份，并经车站值班员（在调车场为调车区长）签认后，各持一份。驻站联络员主要负责办理施工联系、施工登销记手续和施工路用列车进出施工封锁区间的申请，向施工负责人、现场防护员传达施工命令，预、确报列车运行情况等。各参与施工单位应分别派遣驻站联络员，负责与施工主体单位的联络，并及时转达施工命令，预、确报列车运行情况等。

（2）两端防护员负责工地两端防护信号的设置与撤除，并注意瞭望，及时向工地防护员通报列车接近情况，并做好防护记录。工地防护员应与驻站联络员之间保持密切联系，随时接转驻站联络员通报的信息，并及时转达至施工负责人，向驻站联络员和两端防护员转达施工负责人的指示命令，及时将列车运行情况向施工负责人和作业人员通报。在列车接近施工地点时，通知作业人员下道避车，负责施工地点信号标志的设置与撤除。

第二节　新线建设

一、铁路工程建设主要程序

（一）新线建设设计[10]

1. 预可行性研究：是项目立项的依据，根据国家批准的铁路中长期规划，收集相关资料，经社会、经济、运量调查及现场踏勘后编制。初步提出铁路主要技术标准、各项主要技术设备设计原则及主要工程内容，提出建设工期、投资预估算及初步融资方案，从宏观上分析对自然生态、社会人文环境的主要影响，论证项目建设的必要性、可能性。

2. 可行性研究：是项目决策的依据，根据国家批准的铁路中长期规划或项目建议书，进行社会、经济和运量调查，综合考虑运输能力和运输质量，从技术、经济、环保、节能、土地利用等方面进行全面深入的论证，采用初测资料进行基础性设计。提出主要工程数量、主要设备概数、主要材料概数、拆迁概数、用地概数、施工组织方案、建设工期、投资估算、融资方案等，进行财务分析和经济费用效益分析等，论证建设项目的可行性。

电力专业主要明确供电负荷的分布及电源概况、供电原则及供电方案、既有供电设备利用及改建简况。

3. 初步设计：是项目建设的主要依据，应根据批准的可行性研究报告进行现场调查，对局部方案进行比选，采用定测资料，依据批准的环境影响报告书、水土保持方案、地质灾害危险性评估、压覆矿产资源评估、地震安全性评价、防洪影响评价报告及通航论证报告等，进行比较详细的设计。确定各项工程设计原则，落实设计方案和工程措施，提出工程数量、主要设备数量、主要材料数量、用地及拆迁数量、施工组织设计及总概算。初步设计文件经审查、修改、批准后，作为控制建设规模和总预算的依据。

电力专业主要明确既有电源及供电设备概况、供电负荷的分布及电源选择、供电原则及方案设计、电力远动系统、机电设备和火灾自动报警系统、主要设备类型等。

4. 施工图设计：是工程实施和验收的依据，应根据初步设计审批意见，采用定测及补充定测资料编制，为施工提供需要的图表和设计说明，并依据施工图工程数量和相关规定编制施工图预算。施工图文件应详细说明施工注意事项和施工安全风险防范的措施，说明运营维护应注意的事项。

电力专业主要明确施工、运营注意事项，主要工程、设备、材料数量表，相关的施工图纸等。

（二）施　　工

施工是施工单位按照施工图实施而实现各项功能的过程。

（三）验　　收

验收是指铁路建设项目按批准的设计文件内容建成，由验收机构对其进行综合评价考核，移交接管使用单位的整个过程。验收一般分为静态验收、动态验收、初步验收。

（四）安全评估

安全评估是指初步验收合格后，由铁路安全监察部门组织或委托具有资质的第三方机构进行评估，就建设项目监管运营提出安全评价意见，并责成建设单位、接管使用单位完善安全措施。

（五）正式验收

正式验收是指铁路建设项目初步验收一年后，由项目审批部门对铁路建设项目进行整体验收和综合评价。

二、前期介入

前期介入，是指铁路局集团公司提前介入到铁路建设项目的可研设计、初步设计、施工图设计及施工、竣工验收等阶段，主动参与和协调解决项目建设与运输生产、经营存在的问题，优化建设实施方案和装备配置，保证建设质量安全，最大限度为铁路运输生产服务的活动。前期预介入工作是充分发挥铁路局集团公司的综合优势、推进铁路建设与运营一体化管理的客观要求，是建设放心工程和精品工程、有效消除质量问题和运营安全隐患的重要保障，是开展大规模铁路建设以来建设管理工作取得的一条成功经验[11]。

在施工阶段要做好全面介入工作，包括站前接口工程施工、电力工程施工安装和调整调试等阶段。以工程质量检查为主要内容，采取旁站、参加作业、平推检查、入厂抽查等方式做好施工质量的全过程监督检查。要注重设备基础、电缆敷设、电气接地、预埋件施工等隐蔽工程检查并留存记录资料，发现问题，及时提出整改意见并督促做好整改工作。各阶段介入重点包括以下方面。

（一）站前接口工程施工介入重点

1. 检查接口工程施工方案，参加接口工程施工图技术交底。检查施工方案和施工图是否符合国家标准、行业标准以及运行维修规则要求。

2. 监督检查供电接口工程设计方案（含预留基础、综合接地、预埋管线、预埋槽道及预埋件、电缆沟槽、隧道洞室、室内设备基础、设备房屋、通所道路）的实施。站前接口工程——电缆沟槽如图 5-1 所示。

图 5-1　站前接口工程——电缆沟槽

(二)电力工程施工安装介入重点

1. 参加主要材料设备技术规格审查,监督检查电力关键设备、材料抽样送检相关资料(含 CRCC 证书等供应商资质、产品合格证、检验试验报告等),监督检查设备及材料进场检验。监督检查主要设备、材料的进场检验、抽样送检工作。

2. 检查线路两侧电缆沟槽及盖板、电缆井及井盖、过轨预留管、电缆排管、设备房屋及基础、门窗、通风、空调、除湿、消防、防水、防小动物措施是否符合设计和规范要求。

3. 检查电力架空线路、电缆施工工艺及质量、电力电缆与其他电缆分隔状态。检查架空线路杆塔基础、线路通道和导线弛度、对地距离、电缆敷设工艺、电缆中间及终端头制作安装工艺质量是否达标,电气连接是否良好,电气安全距离是否符合规范要求。检查电缆路径标识是否齐全,是否符合要求。架空及电缆线路是否有建筑物、施工等外部环境影响等。

4. 检查 10/0.4 kV 变电所、箱式变电站等设备安装工艺及质量,箱式变电站等设备以及相关二次接线的安装工艺是否符合规范,接线是否正确、电气连接是否良好,各类电气安全距离是否满足规范要求,各级开关容量和时限是否匹配,设备性能是否满足设计要求,低压断路器定值设定是否正确。电力箱式变电站施工图如图 5-2 所示。

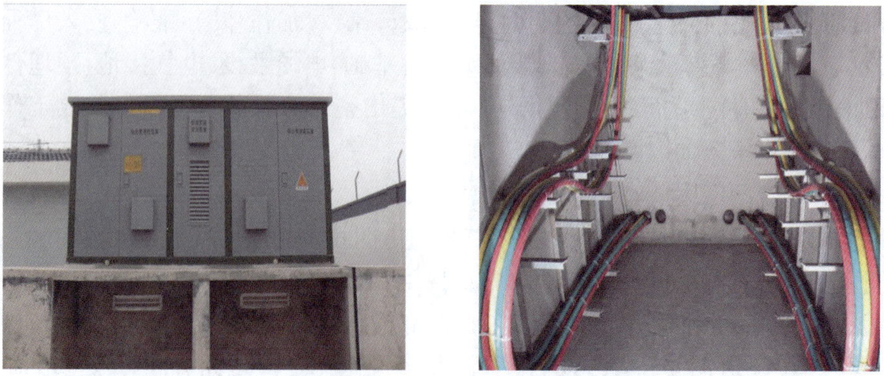

图 5-2　电力箱式变电站施工图

5. 检查电力远动系统 SCADA 组网形式和接入方案，检查电力远动各项功能是否满足设计和运行需求。

6. 检查贯通线电缆、地区高压电缆接线是否正确，变配电所及信号、通信等双电源供电的相序、相位是否正确。

7. 检查设备编号、标志、标识是否满足运行需求。

8. 检查施工标准、工艺是否符合细部设计及相关设备安装标准。

（三）变配电设备调试介入重点

1. 一次设备调试。检查是否严格按照施工工艺及施工规范调试，电气特性试验是否满足相关规范标准要求。主变压器滤油、绝缘油化验及其铁芯是否两点或多点接地，断路器机构机械参数是否严格按照出厂标准调试，断口耐压试验是否合格，隔离开关分合闸同期性是否满足要求，机构箱是否存在漏水渗水现象，电压（电流）互感器变比、精度是否与设计一致、极性是否正确，各设备连接端子与线夹是否接触良好，高压电缆外绝缘是否完好、接地方式是否合理，各回流通道是否畅通，标识是否准确。

2. 二次设备调试。检查二次设备功能配置是否满足相关文件要求，相关试验是否合格，二次配线工艺是否满足相关规范要求。校验继电保护装置各项保护功能，核算设计整定值，必要时可以采取低压通流试验验证差动回路接线的准确性。

3. 交直流系统调试。检查交直流系统功能配置是否完善，相关试验是否合格。交流电源自动投切、绝缘监测功能测试、蓄电池容量、开路电压是否满足要求，监控装置监测及保护功能是否正常，电动操作机构遥控功能是否满足要求。

4. 电气设备交接试验。按照电气装置安装工程电气设备交接试验标准，参与所内一次设备、二次设备、交直流系统交接试验，检查试验报告。

5. 远动系统调试。监督检查所内综合自动化系统设备的远动调试、交直流设备的远动调试及其他设备的远动调试。参与远动系统 SCADA（含复示）当地和远方的系统调试，检查遥控、遥信、遥测、遥调的正确性和功能完整性。

（四）电力设备检查及调试介入重点

1. 对变配电所、10/0.4 kV 变电所、箱式变电站、线路杆塔和电缆的接地电阻进行逐点试验检查。

2. 对电缆本体和电缆头按交接试验标准进行检查试验等。

3. 变配电所、10/0.4 kV 变电所、箱式变电站设备调试。对变配电所、10/0.4 kV 变电所、箱式变电站的高低压开关柜、变压器、调压器、隔离开关、电抗器、接地装置、交直流系统、微机保护系统、低压断路器、UPS 电源、双切开关等按交接试验标准和相关要求进行检查试验、功能检测，检查试验报告。变配电所施工图如图 5-3 所示。

4. 远动系统调试。参与远动系统（含复示）单体调试与系统联调工作，检查遥控、遥信、遥测、遥调的正确性和功能完整性。

（1）单体调试：指设备进行本体调试及一对一的调试，如图 5-4 所示。

（2）系统联调：指设备单体调试合格后，为使系统达到整套启动必须具备的条件而进行的调试工作，是一对多的调试，如图 5-5 所示。

图 5-3　变配电所施工图

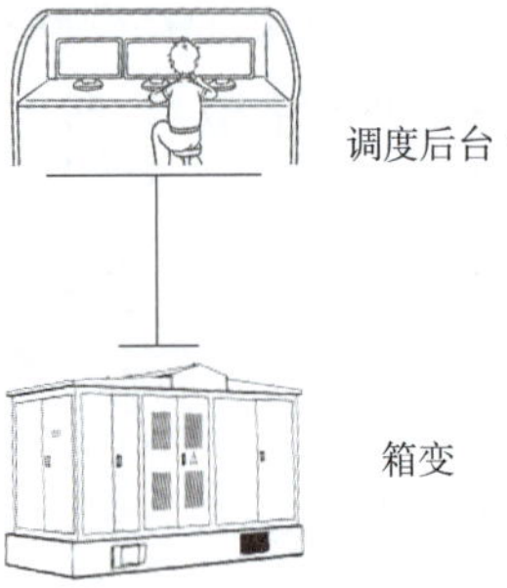

图 5-4　单体调试

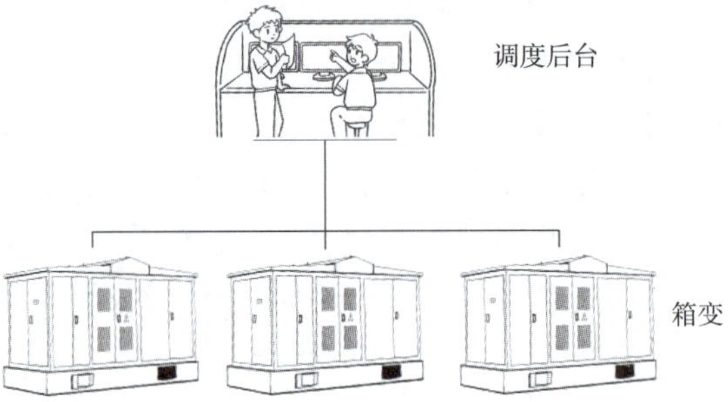

图 5-5　系统联调

在工程调整调试阶段结束前，应督促各参建单位及时整改提前介入发现的问题，并进行复验，确保在静态验收前全部完成整改并销号。

三、验　　收

（一）静态验收

1. 概念

静态验收，是指由建设单位（或委托单位）组织验收工作组，对建设项目进行检查，确认工程是否按设计完成且质量合格，系统设备是否已安装并调试完毕[12]。

重点检查电力设备安装质量及各项功能调试效果。

2. 静态验收阶段工作重点

（1）核查施工单位内业资料，督促建设单位组织工程技术资料核对组卷，并向设备管理单位移交。

（2）依据设计、施工资料全面检查现场设备，确认前期介入问题整改情况。

（3）对电力重点设备进行检查。

检查变配电所高压开关柜、交直流系统、综合自动化保护系统等设备安装工艺及电缆接线工艺是否达标。电气性能、保护定值、电气安全距离、电气连接是否满足设计和相关规范。检查变配电所接地系统施工工艺是否满足规范要求、接地电阻是否达标。检查变配电所 SF_6 报警系统、通风、空调、除湿、排水及安防设施是否满足设计和规范要求。检查 10/0.4 kV 变电所、箱式变电站、高低压开关柜、变压器、RTU 装置、UPS 及蓄电池等设备安装工艺及一、二次电缆安装接线工艺是否达标。电气性能、功能参数、保护定值、电气连接是否满足设计和规范要求。检查 10/0.4 kV 变电所、箱式变电站接地系统施工工艺是否满足规范要求,接地电阻是否达标。检查 10/0.4 kV 变电所、箱式变电站通风、空调、烟感及温湿度报警、排水、隧道洞室防护门是否满足设计和规范要求。检查架空线路电力杆塔、金具、绝缘子、导线、变压器台、避雷器、隔离开关、拉线等安装是否满足设计和工艺要求。检查功能参数、电气性能、电气试验和抽样送检是否合格。检查杆塔基础、线路电气安全距离和通道是否满足设计和规范要求。检查线路接地系统施工工艺是否满足规范要求、接地电阻是否达标;高低压电缆外观检查和本体试验是否合格。检查电缆敷设是否满足设计和规范要求并试验合格(含外护套)。检查电缆终端头和中间头制作工艺是否达标并试验合格,电缆铠装及屏蔽层接地方式是否满足设计和工艺要求,接地电阻是否达标。检查电缆沟槽、电缆井内有无积水,电缆槽及盖板、电缆沟盖板安装固定是否满足设计和规范要求。检查电缆对接箱和电缆线路标识、标志是否符合设计和运行要求。检查电力远动系统组网和接入方式是否满足设计要求,远动调试数据的正确性和功能是否满足设计和运行要求。检查站场照明灯塔、照明灯具等的安装是否满足设计和工艺要求,功能参数、电气性能是否满足设计和规范要求。检查杆塔基础、接地电阻、电气安全距离和通道是否满足设计和运行要求,灯塔铁路侧面限界是否满足规范要求。

(4)对防雷及接地装置、绝缘子、供电电缆、电缆头及相关配件检测试验进行检查。

(5)督促施工单位建立并提交竣工图纸、工程施工记录等技术资料,配合完成一杆一档、一台一档、电力台账,并与现场设备进行核对。

(6)督促建设单位组织完成生产、生活设施、备品备件的移交。

(7)建立静态验收问题库,督促建设、设计及施工单位整改,逐一验收销号。

(二)动态验收

1. 概念

动态验收,是指铁路建设项目静态验收合格后,由建设单位(或委托单位)组织整个系统验证性综合调试,并委托专业机构进行动态监测,对工程安全运行状态进行的全面检查和验收[13]。验证电力设施能否满足运输要求。

2. 动态验收阶段工作重点

(1)供电部门参与制定联调联试、动态检测、开展远动系统测试、应急抢修和故障模拟演练等工作。检查联调联试、动态检测相关检测指标参数及故障模拟、应急救援演练效果是否满足大纲评判标准要求。

(2)参与系统调试工作。

(3)远动系统的遥控(调)、遥信、遥测的功能、历史记录是否完整、正确,是否符合设计要求及相关技术标准规定。

(4)督促施工单位补充完善竣工图纸等技术资料。

(5)建立动态验收问题库,督促建设、设计及施工单位整改,逐一验收销号。

(三)初步验收

初步验收是指建设项目动态验收合格后,由初步验收单位对静态验收、动态验收结果进行检查和确认[14]。

复习思考题

1. 铁路施工分类为哪两种?
2. 邻近营业线A类施工有哪些?
3. 驻站联络员的主要职责有哪些?
4. 铁路工程建设主要程序包括哪些?
5. 一次设备调试介入重点有哪些?
6. 远动系统调试分为哪两类?
7. 静态验收阶段的重点工作有哪些?

引用规章文件

[1]《国铁集团铁路营业线施工管理办法》(铁调〔2021〕160号)第一章第二条
[2]《国铁集团铁路营业线施工管理办法》(铁调〔2021〕160号)第二章第八条
[3]《国铁集团铁路营业线施工管理办法》(铁调〔2021〕160号)第二章第九条
[4]《国铁集团铁路营业线施工管理办法》(铁调〔2021〕160号)第三章第十条
[5]《国铁集团铁路营业线施工管理办法》(铁调〔2021〕160号)第三章第十三条
[6]《国铁集团铁路营业线施工管理办法》(铁调〔2021〕160号)第十一章第六十五条
[7]《国铁集团铁路营业线施工管理办法》(铁调〔2021〕160号)第十一章第六十六条
[8]《国铁集团铁路营业线施工管理办法》(铁调〔2021〕160号)第八章第四十六条
[9]《国铁集团铁路营业线施工管理办法》(铁调〔2021〕160号)第十一章第六十七条
[10]《铁路建设项目预可行性研究、可行性研究和设计文件编制办法》(TB 10504—2018)总则
[11]《中国铁路总公司关于铁路局集团公司提前介入铁路建设项目管理工作的指导意见》(铁总办〔2017〕320号)
[12]《铁路建设项目竣工验收交接办法》(铁建设〔2008〕23号)第五章第十七条
[13]《铁路建设项目竣工验收交接办法》(铁建设〔2008〕23号)第六章第二十一条
[14]《铁路建设项目竣工验收交接办法》(铁建设〔2008〕23号)第七章第二十六条

第六章

典型案例

学习任务

《铁路电力安全工作规程》及行业规章制度,是广大电力职工长期生产实践的总结,是加强管理、提高质量、保证安全供电的基本规则,对保障人身、设备安全起着重要作用。通过典型案例介绍,可以认识违章的危害,提高安全意识。

本章主要从触电伤害、车辆伤害、高处坠落及电力典型故障(事故)案例进行介绍。

通过学习,吸取经验教训,牢固树立安全意识,牢记《铁路电力安全工作规程》相关内容,严格落实作业标准,杜绝事故(故障)发生。

第一节　电力人身安全案例

一、触电伤害案例

案例一　作业人员误登带电线路电杆触电伤害事故

1. 事故概况

某日,电力工区进行自闭线检修作业。××等4人由××大桥北端作业口进入栅栏上桥,边走边检查电缆槽。该电力工先行到达××大桥南端作业口,按照工作任务应检修10 kV自闭线ZB008号杆(杆号牌蓝色)设备,擅自误登10 kV贯通线GT009号杆(杆号牌红色),造成触电伤害死亡,如图6-1所示。现场贯通、自闭电杆相对位置如图6-2所示。

2. 错误做法

(1)在无人监护的情况下擅自登杆,违反了设备复杂处所登杆"设专人监护,以防误登杆塔"的监护制度。

(2)在未核对杆号牌、上杆前未验电的情况下,盲目登杆作业。

3. 正确做法

(1)严格落实设备复杂处所登杆作业监护制度,一人作业、一人监护。

(2)登杆作业前确认杆号牌是否与作业任务相符合,并进行验电,如图6-3所示。

图 6-1 误登带电线路电杆触电示意

图 6-2 现场贯通、自闭电杆相对位置

图 6-3 正确做法

案例二 作业人员电弧烧伤

1. 事故概况

某日，电力工××在处理箱式变电站故障时，只断开 603 负荷开关，未断开箱式变电站 601 电源开关，在负荷开关柜未完全断电的情况下，进入柜内检查高压负荷开关熔断器时，万用表的测试线掉到下方带电母排上，造成带电设备相间短路，该作业人员被电弧烧伤，如

图 6-4 所示。箱式变电站一次系统图如图 6-5 所示。

图 6-4　作业人员触电示意

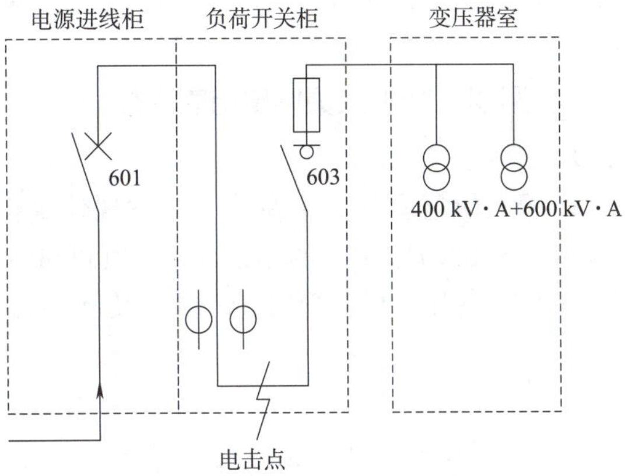

图 6-5　箱式变电站一次系统

2. 错误做法

(1)停电时只断开馈出线开关,未断开箱式变电站电源开关。

(2)未落实“一人操作、一人监护”制度。

3. 正确做法

(1)停电要彻底。停电范围大于封线范围,封线范围大于作业范围。

(2)落实监护制度。严格落实“一人操作、一人监护”[1]。

案例三　作业人员反送电触电伤害事故

1. 事故概况

某日,电力车间在变电所内进行电源工程施工,由于车辆段职工违章接引临时电源,导致电源通过低压线路经变压器反送至高压侧,造成正在变电所内进行高压电缆中间接头作业的电缆试验工触电死亡,如图 6-6 所示。

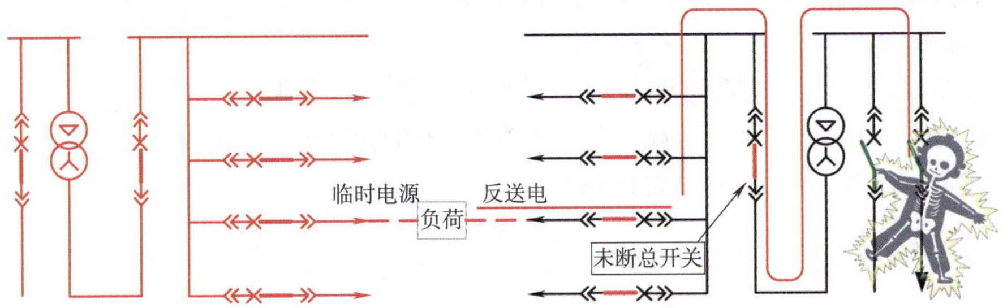

图 6-6　作业人员反送电触电伤害示意

2. 错误做法

现场作业人员停电不彻底、安全措施不完备。对有来电可能的方向,未断开开关,挂设接地封线。

3. 正确做法

应采取完备的安全措施。对所有有来电可能的方向,断开开关,挂设接地封线[2]。

案例四　作业人员触电伤害事故

1. 事故概况

某日,配电所值班长××在抄表时发现计量柜PT熔管有问题,在没有向段调度汇报要令,没有填写倒闸作业票的情况下,与值班员××进行处理。值班长右手戴绝缘手套伸入高压柜取高压PT熔管时,身体触及本柜内高压带电母线,被电击死亡,如图6-7所示。

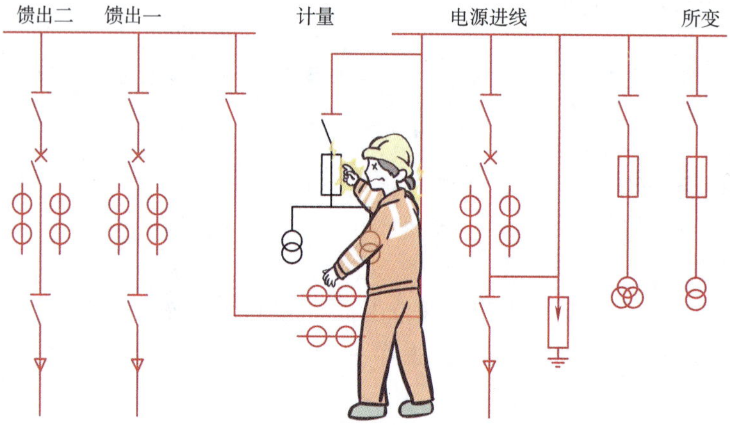

图6-7　作业人员触电伤害示意

2. 错误做法

(1)作业人员没有向段调度汇报要令,没有填写倒闸作业票。

(2)作业人员处理设备故障既不请示,也未按标作业。

(3)邻近带电作业时,与带电体安全距离不足。

3. 正确做法

(1)应将信息及时汇报调度并要令,开具停电作业倒闸作业票。

(2)认真执行标准化作业程序,采取完备的安全措施后进行作业。

(3)邻近带电作业时,保持与带电体足够的安全距离。

二、车辆伤害案例

案例　作业人员车辆伤害事故

1. 事故概况

某日,供电工区工长×××接到管内××车站21号接触网支柱倾斜信息的通知后赶往现场。工区作业人员4人乘接触网作业车到达××车站后,违章行走道心,如图6-8所示,被后方驶来的旅客列车以110 km/h的速度碰撞,其中3人当场死亡。

2. 错误做法

(1)作业人员违章行走道心。

(2)未按照规定进行人员分工和安全风险提示。

(3)未按规定设置现场防护,未与驻站联络员保持通信畅通。

3. 正确做法

(1)严禁作业人员在道心行走。

(2)严格落实工作票制度,按规定详细人员分工,严判安全风险控制。

(3)严格按《铁路电力安全工作规程》有关规定,设置好驻站联络和现场作业防护。

图 6-8 作业人员车辆伤害示意

三、高处坠落案例

案例一 作业人员高处坠落重伤事故

1. 事故概况

某日,电力车间电力工××在贯通线杆上更换导线作业时,错误将 3 根旧导线同时解开,电杆倾倒,如图 6-9 所示,造成该电力工随电杆一起倒地,双腿骨折。

图 6-9 电杆倾倒示意

2. 错误做法

(1)登杆前作业人员未对电杆基础埋深进行检查和确认(电杆根部有一约 16 m×9 m 的不规则取土坑,取土坑平均深度约 1.2 m,杆长 10 m,埋深 0.8 m,根部填充物为砂土),盲目登杆。

(2)更换导线作业的同时将三条导线解开。

3. 正确做法

(1)登杆前应检查确认电杆基础埋深是否满足规范要求。

(2)更换导线时,确保电杆受力平衡,防止电杆受力不平衡倒杆伤人。

案例二 作业人员高处坠落轻伤事故

1. 事故概况

某日,供电工区职工××,在进行电力专业技能鉴定时,使用登高板下电杆步幅不适,一支脚踏板滑落,从高约 4 m 处坠落,如图 6-10 所示,造成右耻骨下肢骨折。

2. 错误做法

作业人员未按标作业。在下电杆的过程中,脚踏板滑落、手未抓牢而坠落摔伤。

图 6-10 作业人员高处坠落伤害示意

3. 正确做法

严格按标作业，完善防高处坠落的措施。

第二节　电力典型设备故障（事故）案例

一、电缆烧损案例

案例　× ×动车所 10 kV 配电所电缆烧损故障

1. 故障概况

某日，× ×动车所同沟敷设的 10 kV 配电所两路电源进线电缆、两路至动车所 7 号所的馈出电缆短时间内发生 5 处电缆烧损故障，造成× ×动车所 7 个站区变电所无电，影响× ×高铁线路 20 列动车组不同程度晚点。故障位置和× ×动车所的供电示意，如图 6-11 所示。

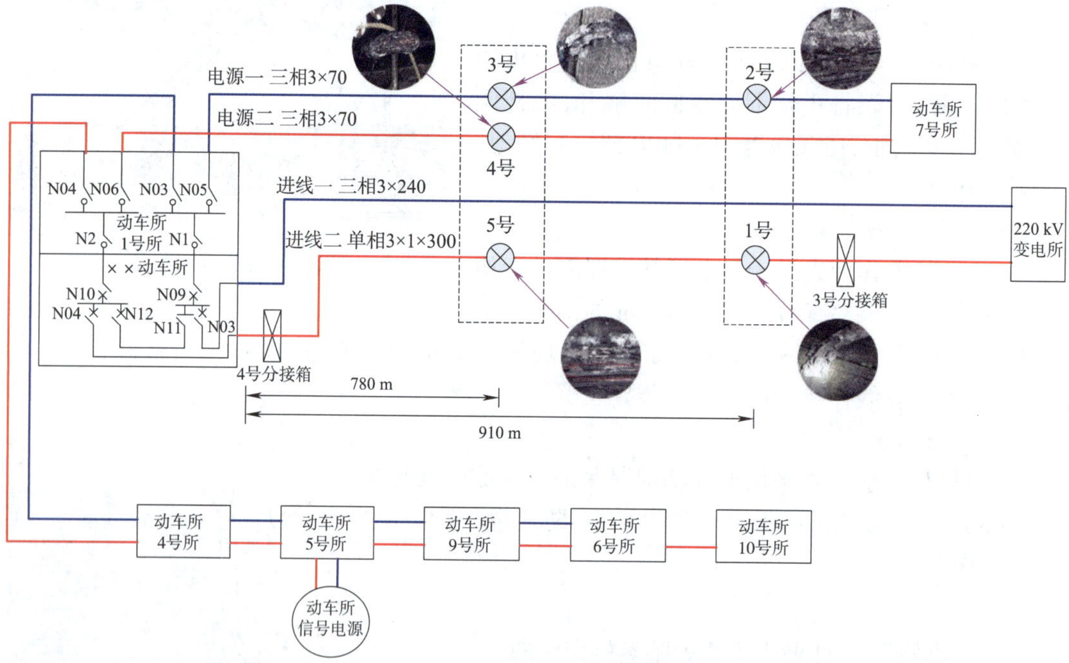

图 6-11　× ×动车所的供电示意

2. 故障原因

（1）一处绝缘薄弱电缆头绝缘击穿发生 A 相电缆单相接地，由于多根电缆同沟敷设，造成多处电缆同时烧损故障。

（2）接地系统保护和环形供电方案不完善。一是全电缆线路，中性点不接地电力系统发生单相接地故障时，不跳闸，扩大了故障范围。二是环形供电不完善，一路电源故障后，另一路电源无法通过环网供电。

3. 暴露出的问题

（1）多根电缆同沟敷设。两条电源电缆和两条馈出电缆同沟敷设，施工单位未按设计图设置 800 mm×900 mm（宽×深）电缆沟、设四层电缆支架，而随意改变设计方案。

（2）接地系统保护和环形供电不可靠。一是应完善全电缆线路变配电所中性点经小电阻接地系统，迅速切断故障点。二是应完善环形供电方案，每个负荷点均可以通过环网由不同电源供电。

二、电杆侵限案例

案例 电力贯通线电杆倾斜侵入行车限界事故

1. 事故概况

某日，××贯通线 39 号电杆向铁道线路侧倾斜近 45°，侵入铁路安全限界，如图 6-12 所示。

图 6-12 贯通线 39 号电杆倾斜

2. 事故原因

该电杆地处路堑边坡边缘，埋深不足，受降雨因素影响，土质松软，基础不牢，导致电杆向铁道线路侧严重倾斜。

3. 暴露出的问题

（1）日常巡检不到位。事故发生前不久，工区多次徒步巡视检查，未发现贯通 39 号杆受雨水冲刷，造成埋深不足、基础不牢的隐患。

（2）安全敏感性不强。工区对电杆外部环境以及基础变化情况不掌握，对坡脚、路堑、沟边等轨旁设备隐患排查整治不到位。

引用规章文件

[1]《铁路电力安全工作规程》（铁运〔1999〕103 号）第三章第 34 条

[2]《铁路电力安全工作规程》（铁运〔1999〕103 号）第三章第 37 条

第七章

职工队伍建设

学习任务

铁路电力线路工工种是铁路特有的专业工种，该工种专业性强，职业技能要求高。一名优秀的铁路电力线路工需要较高的综合素质。

本章主要介绍铁路电力线路工的工种结构与要求、职业技能、职业发展等内容。

通过学习，了解铁路电力线路工岗位技能要求，合理规划职业生涯。

第一节　工种结构与要求

一、工种结构

铁路电力线路工，是指从事铁路生产、生活供电设备安装、调试、检修、保养的人员。该工种共设五个等级，分别为：初级（国家职业资格五级）、中级（国家职业资格四级）、高级（国家职业资格三级）、技师（国家职业资格二级）、高级技师（国家职业资格一级）[1]。

二、岗位准入要求

（一）基本素质要求

1. 文化素质：高中毕业及以上。
2. 专业要求：本专业中专（技）及以上毕业或经专业、安全培训合格。
3. 职业资格：取得初级及以上职业资格证书。
4. 工作经历：一年本岗位学习、实习期，本专业院校毕业半年见习期。
5. 身体要求：身体健康，能胜任本职工作。
6. 职业道德：遵章守纪、敬业爱岗、服从指挥、团结协助。

（二）基本技能要求[2]

1. 制图基本原理及电气图的读图知识。
2. 钳工、金属工艺及材料的基本知识。

3. 机械零件、机械传动的基础知识。
4. 高电压技术知识。
5. 电工学、企业供电的理论知识及法定计量单位的换算知识。
6. 常用电气、建筑图例符号知识。
7. 常用材料及绝缘材料的型号、规格、性能、使用知识。
8. 计算机及远动技术的基础知识。
9. 消防安全知识。
10. 触电急救、现场一般救护常识。
11. 全面质量管理知识。
12. 电力设备运行、检修、安装、试验的相关知识。
13. 电力设备的技术性能、技术要求、安装标准。
14. 电力设备的能力查定、设备鉴定、故障处理方法。
15. 自动闭塞信号供电知识。
16. 铁路电力线路的组成、特点、供电方式及电压等级相关知识。
17. 配电装置及继电保护基础知识。
18. 铁路电力安全用电知识。
19. 铁路电力管理单位与用电单位的设备分界知识。

(三)工具的使用与维护知识[3]

1. 兆欧表、万用表、电压表、电流表、钳形电流表、电能表、无功功率表、功率因数表、接地电阻测试仪、低压相序表的使用与维护知识。

2. 验电器、验电笔、接地封线、绝缘操作杆、并相杆的使用与维护知识。

3. 绝缘手套、绝缘靴、绝缘鞋、绝缘垫、安全标示牌、安全遮栏、护目镜的使用与维护知识。

4. 安全带、安全帽、工具绳、脚扣的使用与维护知识。

5. 紧线器、压接工具、电钻、断线钳、手搬葫芦、喷灯、梯子的使用与维护知识。

6. 通信工具的使用与维护知识。

第二节　职业技能

一、初级职业技能[4]

(一)电力设备巡视

1. 能识别、使用安全带、断线钳、兆欧表等常用的安全工具、作业工具、仪器仪表。
2. 能进行电力线路的巡视,进行电压、电流的测量。
3. 能填写电力线路巡视记录。
4. 能进行变配电设备巡视作业。

5. 能测量变配电所、室的电压电流。
6. 能填写变、配电设备巡视记录。

(二)设备检修

1. 能识别并选用兆欧表、万用表、钳形电流表等仪器仪表和安全工具。
2. 能进行登杆保养作业。
3. 能进行设备清扫、绝缘电阻测量。
4. 能描述故障现场的实际情况。
5. 能处理开关跳闸、熔断器熔断等故障。
6. 能更换破损的绝缘子、松断的绑扎线等。

(三)电力施工

1. 能根据施工需要识别并选用电力设备的材料。
2. 能根据施工需要进行工具准备。
3. 能按要求登杆进行施工作业。
4. 能进行直线杆杆顶组装等电力设备安装。
5. 能进行挖掘杆塔基础、地锚坑,安装抱箍等施工作业。

二、中级职业技能[5]

(一)电力设备巡视

1. 能处理巡视中发现的设备缺陷。
2. 能对限界、电杆、导线、拉线等进行检查。
3. 能进行电力远动设备的巡视,能检查各回路电压、电流。
4. 能对变配电设备的控制、保护、自动装置进行巡视检查。
5. 能对高低压变配电设备进行巡视检查。
6. 能对接点发热、变压器声音异常等设备异常情况进行分析、上报。

(二)设备检修

1. 能对架空电力线路、电缆线路、隔离开关、避雷器等进行保养。
2. 能对变压器、高低压配电装置等进行测试、保养。
3. 能填写倒闸作业票。
4. 能对架空线路进行导线弛度调整和瓷瓶、金具更换。
5. 能对熔断器、避雷器、接地装置等进行更换、维修。
6. 能根据供电设备和负荷情况选择开关和熔断器熔丝容量。
7. 能按要求调整变压器负荷。
8. 能按要求停电、检电、接地封线、悬挂标示牌。
9. 能处理悬式绝缘子的故障。
10. 能处理、更换故障的小容量变压器。
11. 能查找、判定相间短路、单相接地等故障。
12. 能检查、判定变压器故障。
13. 能安装行车事故救援现场抢修照明设备。

(三)电力施工

1. 能按施工图要求准备施工材料。
2. 能根据施工内容准备施工工具、机具、仪器。
3. 能组装终端杆金具、架设导线。
4. 能安装线路上电缆、熔断器、避雷器等设备。
5. 能制作安装电杆拉线、接地装置。

三、高级职业技能[6]

(一)设备检修

1. 能组织设备维修的修前缺陷调查。
2. 能填写签发停电作业工作票。
3. 能对隔离开关进行调试、维修。
4. 能维修、处理导线断股等缺陷。
5. 能对低压配电装置进行维修和附属装置的更换。
6. 能进行电力线路的能力查定。
7. 能进行电力线路的质量鉴定。
8. 能测量架空线路导线弛度。
9. 能进行变压器电压调整。
10. 能进行电力线路接地电阻的测量。
11. 能操作电力远动终端控制开关等设备。
12. 能制定电力线路、变压器和低压配电装置故障抢修预案。
13. 能对电力线路故障组织抢修。
14. 能对变压器和低压配电装置故障组织抢修。
15. 能对故障抢修过程进行总结分析。

(二)电力施工

1. 能进行施工前的现场调查。
2. 能进行电力线路的路径测定和杆基定位。
3. 能组织实施施工现场的安全、技术措施。
4. 能组装耐张杆、转角杆。
5. 能安装变压器、隔离开关。
6. 能组立杆塔。
7. 能制作低压电缆终端和中间头。

(三)变、配电设备维护和施工

1. 能调试、更换高低压配电柜内隔离开关。
2. 能维护、更换低压配电装置附属指示灯、控制开关、熔断器等。
3. 能测量接地电阻。
4. 能进行低压配电屏、配电箱的二次配线。
5. 能安装低压开关柜。

6. 能制作、安装配电所、车间变电所、变压器台(室)、箱式变电站接地网、接地体。

四、技师职业技能[7]

(一) 设备检修

1. 能进行补偿电容器、变压器投入运行前的检查和电气性能试验。
2. 能进行电力线路的相位检查和高压核相。
3. 能组织站场、自闭(贯通)电力线路等涉及 2 个以上班组的电力设备检修。
4. 能处理预防性试验发现的设备缺陷。
5. 能排除配电装置控制、保护、测量回路的故障。
6. 能检查电力远动控制终端高低压设备。
7. 能组织站场、自闭(贯通)电力线路等涉及 2 个以上班组的故障抢修。
8. 能查找电力电缆路径和故障点。
9. 能组织审查故障抢修预案。
10. 能对惯性电力设备故障进行分析并提出防范措施。
11. 能处理电力远动控制终端开关、电缆等故障。

(二) 电力施工

1. 能组织施工前的现场调查。
2. 能组织电力线路的路径选定和复测。
3. 能根据施工图编制施工材料清单。
4. 能组织制定涉及 2 个班组以上施工作业的安全组织、技术措施。
5. 能组织、指挥站场、自闭(贯通)电力线路等涉及 2 个以上班组的施工。
6. 能进行 10 kV 及以下变配电所的设备安装施工。
7. 能进行新建和改造电力工程的验收。
8. 能进行电力工程施工工艺的检查评定。
9. 能审核新建和改造电力工程的竣工图纸和相关资料。

(三) 技术管理

1. 能整理、归档电力设备履历。
2. 能填写电力设备运行、检修技术资料。
3. 能分析电力线路及设备结构、零部件、工具存在的不足并提出改进建议。
4. 能提出电力施工、检修工艺的修改建议。
5. 能根据年度工作情况撰写技术总结。

(四) 培训指导

1. 能对高级及以下电力线路工进行安全、技术培训。
2. 能编写培训讲义。
3. 能制作相关教具。
4. 能对高级及以下电力线路工进行安全、技术指导。
5. 能在作业中应用、推广新技术、新工艺、新材料、新设备。

五、高级技师职业技能[8]

(一)设备检修

1. 能进行 35 kV 及以下变配电设备安装。
2. 能组织 10 kV 及以下变配电设备调试和试运行。
3. 能组织 35 kV 及以下整区段电力线路施工。
4. 能组织电力远动设备的安装、调试施工。
5. 能指挥变配电所、电力线路的事故处理。
6. 能组织电力远动设备的故障处理。
7. 能组织事故的调查分析,撰写事故报告。

(二)技术管理

1. 能针对电力设备存在的问题组织开展技术攻关。
2. 能提出电力设备运行管理的改进建议。
3. 能编制新投入运行设备的检修工艺。
4. 能编制新投入运行设备的操作程序。
5. 能根据工作中的实际情况撰写技术论文。

(三)培训指导

1. 能对技师及以下电力线路工进行安全、技术培训。
2. 能进行新技术、新工艺、新材料、新设备的应用培训。
3. 能制作模拟教学设备。
4. 能编写培训教案。
5. 能使用多媒体课件进行教学培训。
6. 能对技师及以下电力线路工进行业务技术指导。

第三节 职业发展

一、新职人员培养管理

新职人员培养管理的时间大致可以分为 4 个阶段,分别是定向培养阶段、岗前培训阶段、技能提升阶段和独立作业阶段。4 个阶段 3 年左右时间定义为新职人员培养期。高职生"2+1"定向培养的半年为定向培养阶段;新职工从入路到取得岗位任职资格的半年为岗前培训阶段;从取得岗位任职资格到岗位独立作业前的 1 年为技能提升阶段;岗位独立作业的第 1 年为独立作业阶段。

(一)定向培养阶段

1. 时间界定:本阶段从高职生参加"2+1"培训起,至实作、理论培训考试结束时止,是学校与企业衔接的重要时期,也是人员可塑性最强的时期。

2. 培养目标:通过组织高职生开展“2+1”培训,帮助学生熟悉适应工作环境和企业文化,明确自身角色定位,树立安全意识、规章敬畏意识和纪律规矩意识,掌握基本的铁路安全知识和拟任岗位操作技能;完成规定的培训科目,经考试考核合格,基本达到上岗条件,并鼓励取得“职业技能等级证书”。

(二)岗前培训阶段

1. 时间界定:本阶段从签订劳动合同起,至正式取得岗位任职资格时止,是铁路主专业本科毕业生见习期,也是检验高职生定向培养成效、补强技能短板的重要时期。根据工种岗位差异,时长一般不超过6个月。

2. 培养目标:参加入路教育及岗前资格性培训,达到上岗条件;进行入职后安全、理论、实作补强培训,使职工安全意识、专业知识、技能水平得到质的提升,取得“铁路岗位培训电子证书”“职业技能等级证书”,达到岗位任职资格条件。

(三)技能提升阶段

1. 时间界定:本阶段从取得岗位任职资格起,至通过独立上岗鉴定,达到独立上岗作业条件时止,一般为半年至1年时间,根据岗位性质和个人能力素质不同,时间也有不同。这一阶段的新职人员具备岗位任职资格和一定的岗位能力,但受工作阅历、实践经验等限制,业务技能还不纯熟,还不能够完全独立上岗作业,在培养管理上区别于工作年限较长的职工。

2. 培养目标:在上岗半年内应以“老带新”“师带徒”等方式为主加强持续培养,半年后做好重点盯控和岗位综合素质能力评价。通过“师带徒”培训、技能提升培训班、多岗位实践锻炼等,提升本岗位必需的理论知识、操作技能、应急处置能力;通过参与岗位作业、熟悉作业流程,使新职人员业务技能更加熟练,综合分析判断和应急处置能力更强,达到岗位独立作业条件。

(四)独立作业阶段

1. 时间界定:本阶段职工开始独立作业,要持续关注其独立作业情况,及时释疑解惑,做好持续提升和重点培养,原则上为1年时间。

2. 培养目标:补强新职人员短板弱项,丰富工作经验,独立作业技能持续提升,为运输站段培养一批生产骨干;通过对部分优秀职工重点培养,为运输站段培养高技能人才奠定基础。

二、职业生涯发展空间

个人能力积累达到一定等级后,可以根据发展需要和自身特点,进入操作技能、专业技术或者管理岗位发展,在整体职业生涯发展过程中有充分的晋升机会和广阔的职业生涯发展空间。

(一)操作技能人才方向

对操作技能优秀的人员,采取理论培训和实际操作技能提升相结合的方式,通过岗位练兵、技能竞赛、技术比武、技术交流、名师带徒等活动,营造比、学、赶、帮、超的浓厚氛围,重点培养在相关工作岗位上的技能、工艺革新、解决生产实践中疑难问题的能力。参与大师工作室、劳模工作室、工匠工作室、攻关小组等平台,锻炼专业技能,培养成为技师、高级技师、铁路工匠等高技能人才。

(二)专业技术人才方向

对专业技术有钻研精神,能胜任专业技术工作的人员,根据专业、特长、意向和岗位任职等实际情况,采用特岗特培、对口强化、联合培养、重点深造等方式,重点培养专业能力、学习能力、科研攻关和创新能力。充分利用攻关课题、重大科技项目改造研究、创新提案等平台,培养专业技术领域人才,成为工程师、高级工程师,负责专业技术工作。

(三)专业管理人才方向

对管理能力突出,有团队领导者潜质的人员,开展管理岗位业务培训班,包括安全管理、规章制度、质量管理等方面内容,从安全管理、经营管理等方面,提高管理能力。通过主持工作、向下兼职、横向轮岗、机关现场交流、党政交流、跨区域岗位交流等方式,逐渐压担子,加强多岗位磨炼,不断提高综合素养,培养成为车间主任、主管干部等专业管理人员。

复习思考题

1. 铁路电力线路工工种有几个等级?分别是什么?
2. 如何学习才能成为符合专业发展要求的铁路电力线路工?
3. 你对你的职业生涯有什么规划?

引用规章文件

[1]《电力线路工(国家职业标准)》1. 3
[2]《电力线路工(国家职业标准)》2. 2. 1
[3]《电力线路工(国家职业标准)》2. 2. 2
[4]《电力线路工(国家职业标准)》3. 1
[5]《电力线路工(国家职业标准)》3. 2
[6]《电力线路工(国家职业标准)》3. 3
[7]《电力线路工(国家职业标准)》3. 4
[8]《电力线路工(国家职业标准)》3. 5

参考文献

[1] 铁道部劳动和卫生司,铁道部运输局．高速铁路变配电设备检修岗位[M]．北京:中国铁道出版社,2012.

[2] 铁道部劳动和卫生司,铁道部运输局．高速铁路电力线路维修岗位[M]．北京:中国铁道出版社,2012.

[3] 中华人民共和国铁道部．铁路电力设备安装标准[S].3 版．北京:中国铁道出版社,1997.

[4] 铁道部专业设计院．铁路工程设计技术手册电力[M]．北京:中国铁道出版社,1991.

[5]《工厂常用电气设备手册》编写组．工厂常用电气设备手册．上册[M].2 版．北京:中国电力出版社,1997.

[6]《工厂常用电气设备手册》编写组．工厂常用电气设备手册．下册[M].2 版．北京:中国电力出版社,1998.

[7]《工厂常用电气设备手册》编写组．工厂常用电气设备手册．上册补充本[M]．2 版. 北京:中国电力出版社,2003.

[8]《工厂常用电气设备手册》编写组．工厂常用电气设备手册．下册补充本(一)[M].2 版．北京:中国电力出版社,2003.

[9]《工厂常用电气设备手册》编写组．工厂常用电气设备手册．下册补充本(二)[M].2 版．北京:中国电力出版社,2003.